跨境电商运营实务

郑　颖　徐高峰　主编

天津出版传媒集团

天津科学技术出版社

图书在版编目（CIP）数据

跨境电商运营实务 / 郑颖, 徐高峰主编. -- 天津：
天津科学技术出版社, 2023.6
ISBN 978-7-5742-1378-4

Ⅰ.①跨… Ⅱ.①郑… ②徐… Ⅲ.①电子商务 – 运
营管理 Ⅳ.①F713.365.1

中国国家版本馆CIP数据核字(2023)第118347号

跨境电商运营实务
KUAJING DIANSHANG YUNYING SHIWU

责任编辑：马　悦

责任印制：兰　毅

出　　版：天津出版传媒集团
　　　　　天津科学技术出版社

地　　址：天津市西康路35号

邮　　编：300051

电　　话：（022）23332490

网　　址：www.tjkjcbs.com.cn

发　　行：新华书店经销

印　　刷：定州启航印刷有限公司

开本 787×1092　1/16　印张 16.25　字数 310 000
2023年6月第1版第1次印刷
定价：59.00元

前　言

　　党的二十大报告提出，加快建设贸易强国。作为一种新业态新模式，跨境电子商务已成为我国外贸发展的新动能、转型升级的新渠道和高质量发展的新抓手。2015年，我国设立首个跨境电子商务综合试验区。近年来，我国跨境电商综试区模式愈发成熟，跨境电商综试区已扩至165个，在跨境电商发展中发挥了重要的作用。

　　在这个全球化的时代，跨境电商已成为一种不可或缺的商业模式，它打破了传统贸易的限制，为企业提供了更广阔的市场空间。本书旨在帮助您更好地理解跨境电商B2B的运营模式，并为您提供一系列实用的运营策略和技巧。

　　本书共分为九章，涵盖了跨境电商B2B运营的各个方面。

　　第一章主要介绍跨境电商B2B的形成、发展、运营模式、交易流程以及岗位设置与职业素养。

　　第二章着重介绍跨境电商B2B运营准备阶段所需的知识，包括市场调研、主流平台与规则、平台选择、选品与采购、商品定价以及法律法规等内容。

　　第三章和第四章关注店铺注册与开通，以及产品发布与管理。详细介绍了如何在跨境B2B电商平台上注册和开通店铺，以及产品发布规则、流程和橱窗展示、在线批发、多语言等产品发布策略。

　　第五章讲述了店铺装修的相关知识，包括店铺装修的基础模块特点、核心价值与关注点，以及设计思路和流程。这一章将帮助您更好地理解如何打造一个具有吸引力的店铺，从而吸引更多潜在客户。

　　第六章重点讲解了跨境电商的推广引流策略，涉及搜索引擎推广、QQ、微信、抖音直播平台营销、SNS推广营销、EDM推广营销以及SEM推广营销等多种渠道。这些推广策略将助力您在竞争激烈的跨境电商市场中脱颖而出。

　　第七章探讨了商机获取与管理的各个环节，包括交易磋商流程、贸易术语基础知识、国际商品价格以及签订合同等方面。通过本章的学习，您将能够更加熟练地与国际买家进行商业沟通，并在谈判中争取到最有利的条件。

　　第八章专注于订单处理与结算环节，涵盖了支付与结算、物流管理、出口退税以及售后与申诉等关键环节。这一章将帮助您更好地理解在跨境电商中如何高效处理订单，确保顺利完成交易并维护良好的客户关系。

第九章讨论了大数据环境下跨境电商网络安全与监管的问题，包括用户信息的安全管理、交易数据的安全管理、支付工具的安全管理以及税收监管的安全管理等方面。在数字化时代，网络安全对于跨境电商的成功运营至关重要，因此本章将为您提供一系列实用的安全管理建议和策略。

《跨境电商运营实务》将为您提供一份全面且实用的指南，帮助您在跨境电商B2B市场中取得成功。无论您是刚刚开始涉足跨境电商行业的新手，还是已经在这个领域积累了一定经验的老手，本书都将为您提供宝贵的启示和实用技巧。

在撰写本书的过程中，我们力求使内容具有实用性、易于理解和操作。然而，由于跨境电商领域的知识体系庞大且不断更新，我们难免会疏漏或存在错误。因此，我们诚挚地欢迎广大读者提出宝贵意见和建议，以便我们不断改进和完善。

目 录

第一章　跨境电商 B2B 认知

【情境导入】

DEF 智能穿戴设备出口有限公司，是一家专注于研发和生产智能穿戴设备的出口贸易公司。公司拥有丰富的行业经验和稳定的工厂供应链，产品质量有保障，主要销往欧美等发达国家和地区。在跨境电商市场迅速崛起的背景下，DEF 公司决定通过入驻跨境平台，将产品销往全球各地的商家。

小 A 是 DEF 公司新成立的电子商务部门的一名新入职员工。尽管公司的电子商务部门刚刚成立，小 A 就接到了第一个任务，就是对当前跨境电商的业务运营模式、跨境电商 B2B 交易流程、岗位设置及工作要求进行调研和梳理，为公司领导提供快速、科学的组织架构和发展目标规划。

由于经验不足，小 A 在最初的调研过程中遇到了很多困难，未能按时完成任务。拖延了公司发展的脚步。为了改善这一情况，小 A 决定系统学习跨境电商的业务运营模式、B2B 交易流程、岗位设置和工作要求，深入研究国内外成功的跨境电商企业案例，了解他们的运营策略和成功经验。请教有经验的电子商务专家和同事，获取实际操作中的经验教训和建议。

经过努力，小 A 逐渐掌握了跨境电商的核心基础知识和技巧。在后续的任务中，思路清晰，做事专业，她运用所学知识成功完成了公司领导交给的各项工作，不仅提高了自己的业务能力，还为公司的跨境电商业务发展贡献了力量。最终，公司领导对小 A 的表现表示满意，并给予了肯定和赞扬。

【学习目标】

（1）了解跨境电商 B2B 发展历程。

（2）熟悉跨境电商 B2B 平台的运营模式。

（3）掌握跨境电商 B2B 平台的交易流程。

（4）了解跨境电商 B2B 平台的岗位设置及相关职业素养。

第一节　跨境电商 B2B 形成与发展

跨境电子商务根据商品流向可分为出口跨境电子商务和进口跨境电子商务。在交易模式方面，可分为 B2B 模式、B2C 模式、C2C 模式、B2M 模式、M2C 模式以及 O2O 模式。其中，B2B 模式成为跨境电商发展的重点，原因有以下几点：首先，它符合我国对外贸易稳定增长的需求；其次，它适应了我国经济结构调整的需要；最后，通过采用 B2B 模式，可以降低监管成本并提高货物通关效率。

一、跨境电商 B2B 模式的定义

B2B 即 Business to Business，是指企业与商家之间的电子商务，即企业与商家之间以互联网作为媒介，通过互联网进行一些产品、服务以及信息之间的交换。具体过程包括发布供求信息，订货及确认订货，支付过程及票据的签发、传送及接收，确定配送方案并监控配送过程等。B2B 模式下，企业主要是通过互联网进行广告以及信息的发布，具体的产品成交以及通关等环节都基本上在线下完成的，和传统贸易相比只是信息的获取途径以及洽谈方式有所转变，本质上没有太大差别，所以还被海关统计在我国的一般贸易中。

跨境电商 B2B 模式是指国内外贸企业与国外进口企业之间通过互联网平台进行交易、支付结算，并通过跨境物流运送商品、完成交易的一种活动。

二、跨境电商 B2B 形成背景

（一）全球经济一体化

全球经济一体化是当今世界经济发展的一个重要趋势，它体现在国际贸易、资本流动、技术交流、人才流动等方面。在全球化经济的推动下，各经济体之间的联系日益紧密，不仅给国际贸易带来了巨大的便利，还促进了全球产业链的优化与整合。正是在这种背景下，跨境电商 B2B 应运而生，为全球企业间提供了一个方便、快捷的贸易平台。

随着全球经济一体化进程的深入，国际的市场壁垒逐渐被拆除，各国企业逐步拓展海外市场，以获取更多的商业机会。跨境电商 B2B 正是这一时期的产物，它通过打破地域限制，让企业能够更容易地寻找合作伙伴、获取市场信息、降低成本以及提高效率。此外，跨境电商 B2B 还使得中小企业得以直接参与到全球竞争中，缩小了与大型企业之间的差距。

全球经济一体化还为跨境电商 B2B 的发展提供了政策支持。各国政府纷纷出台一系列鼓励跨境贸易的政策，如关税优惠、简化通关手续、资金扶持等，以促进本国企业参与全球市场竞争。此外，国际组织也在推动全球贸易自由化和便利化，为跨境电商 B2B 的发展提供了有利条件。

全球经济一体化还带动了技术交流和创新，为跨境电商 B2B 提供了强大的技术支持。随着互联网、大数据、人工智能等技术的快速发展，企业间的信息交流、合作协同变得更加便捷。这些技术的应用不仅提高了跨境电商 B2B 平台的交易效率，还为企业提供了丰富的市场分析和决策支持工具。

（二）互联网技术的快速发展

互联网技术的快速发展在过去几十年里，极大地改变了全球贸易的形式。在跨境电商 B2B 领域中，互联网技术的高速发展不仅为企业间提供了基础设施支持，还极大地推动了整个行业的创新与繁荣。

首先，网络购物的普及使得企业可以在全球范围内寻找产品和供应商，同时让各国厂商有了更多的机会接触到潜在的国际客户。这些平台极大地降低了信息不对称的问题，提高了采购效率，进一步推动了国际贸易的便捷化。

其次，移动支付的发展为跨境电商 B2B 提供了更加便捷和安全的支付方式。企业之间可以实现实时支付，快速完成交易，降低了货币兑换和汇款的风险。同时，支付服务商也在不断创新，提供更加个性化和多样化的支付解决方案，以满足不同企业的需求。此外，大数据技术的应用使得企业可以对市场趋势、消费者行为等进行深入分析，为决策提供有力支持。通过数据挖掘和分析，企业可以更好地了解目标市场和潜在客户，制定更加精准的营销策略和产品策划，进一步提升竞争优势。

最后，云计算和人工智能等技术的发展也在推动跨境电商 B2B 行业的变革。云计算使得企业可以在云端存储和管理数据，节省了大量的硬件投入，提高了数据处理效率。而人工智能技术则在客户服务、智能推荐、物流调度等方面发挥着越来越重要的作用，提升了整个行业的运营效率。

（三）跨境物流的成熟

跨境物流的成熟在很大程度上推动了跨境电商 B2B 的发展。随着物流体系的不断完善，企业可以更加便捷、高效地进行国际贸易，从而加速全球贸易的交流与合作。

（1）跨境物流体系的完善降低了运输成本和时间。众多国际快递和物流企业的加入使得跨境货物运输变得更加快捷，降低了国际贸易的时间成本。这有助于企业更快地满足市场需求，提高竞争力。

（2）跨境物流体系的成熟带来了更加丰富的运输方式。除了传统的海运、空运外，多式联运等多元化的运输方式为企业提供了更多选择。这使得企业可以根据自身需求和成本预算，选择最合适的物流方案。

（3）跨境物流企业为跨境电商 B2B 提供了一站式物流服务。从商品仓储、报关、物流跟踪到最后的送货上门，一站式物流服务为企业节省了大量时间和精力，降低了跨境贸易的复杂性。与此同时，跨境物流企业也在不断创新服务，提升用户体验。例如，企业可以通过物流企业的在线平台实时追踪货物位置，掌握物流动态。此外，部分物流企业还提供智能仓储、智能分拣等高科技服务，提升物流效率。

（4）跨境物流的成熟还促使各国政府优化通关政策和流程。为了支持跨境电商 B2B 的发展，许多国家简化了通关手续，降低了关税，缩短了通关时间，使得跨境贸易更加便捷。

三、跨境电商 B2B 的发展历程

（一）1999—2004 年：跨境电商 B2B 的萌芽期

随着全球经济一体化和互联网技术的迅速发展，越来越多的企业意识到跨境贸易的巨大潜力。尽管跨境电商 B2B 市场规模较小，但这个阶段对于整个行业的发展具有重要意义。

在这个时期，跨境电商 B2B 主要以一些大型企业间的贸易为主。这些企业通常具备较强的资金实力、技术能力和市场资源，有能力应对跨境贸易所面临的各种挑战，如物流、通关、汇率风险等。此外，这些大型企业也在积极探索跨境贸易的新模式和新机遇。此时，阿里巴巴、eBay 等电商平台开始涉足跨境电商领域，为全球企业提供了一个便捷、高效的贸易平台。这些电商平台充分利用互联网技术，打破了地域和时间的限制，使得企业可以在全球范围内寻找产品、供应商和客户。通过这些平台，企业可以轻松发布产品信息、获取行业动态、建立联系，从而降低贸易成本、提高交易效率。

阿里巴巴和 eBay 等电商平台在这个阶段的成功探索为跨境电商 B2B 行业的发展奠定了基础。随着市场需求的不断增长，这些平台逐渐吸引了更多的中小企业加入，形成了更加丰富的生态体系。这使得中小企业也能够分享到跨境贸易的红利，进一步推动了跨境电商 B2B 市场的拓展。

此外，各国政府在这个阶段也开始关注跨境电商 B2B 的发展。为了促进国际贸易的便捷化，许多国家逐步完善了相关政策法规，以支持跨境电商 B2B 的快速发展。此外，各国政府还加大了对互联网基础设施建设的投入，提高了网络速度和覆盖范围，为跨境电商 B2B 的发展提供了良好的外部环境。

在这个阶段，跨境电商 B2B 行业虽然仍处于初步发展阶段，但已经开始显示出巨大的潜力和发展空间。企业、电商平台和政府部门的共同努力为跨境电商 B2B 的持续发展奠定了基础。随着行业竞争日益激烈，跨境电商 B2B 逐渐从一个起步阶段转向了更加成熟和稳定的发展阶段。

（二）2005—2009 年：跨境电商 B2B 的发展期

在全球经济一体化和互联网技术的推动下，跨境电商 B2B 市场逐渐壮大，吸引了越来越多的企业参与。与此同时，政府、物流、支付等各方面的配套服务也在逐步完善，为跨境电商 B2B 的持续发展创造了有利条件。

一方面，跨境电商 B2B 市场在这个阶段得到了迅速扩张。越来越多的企业认识到跨境电商所带来的机遇，并纷纷投身其中。这不仅包括大型企业，还有众多中小企业。这使得跨境电商 B2B 市场的竞争愈发激烈，进一步推动了行业的创新与变革。另一方面，政府在这个阶段逐步完善了与跨境电商 B2B 相关的政策法规。为了支持跨境电商 B2B 的发展，各国政府进一步简化通关手续，降低关税，优化税收政策等。这些举措为企业参与跨境电商 B2B 创造了更为便利的条件，进一步推动了市场的繁荣。另外，物流和支付等配套服务在这个阶段也得到了较大发展。随着跨境物流体系的完善，越来越多的国际快递和物流企业加入跨境贸易中，为跨境电商 B2B 提供了有力的物流保障。同时，支付服务商也不断创新，推出了更加便捷、安全的支付方式，满足企业间跨境交易的需求。

在这个阶段，跨境电商 B2B 的发展也带动了其他相关产业的繁荣。例如，电子商务技术服务提供商、物流技术解决方案供应商等领域的企业得到了快速发展，形成了完整的跨境电商产业链。

（三）2010—2019 年：跨境电商 B2B 的繁荣期

跨境电商 B2B 市场规模迅速扩大，形成了一个庞大的全球贸易网络。这一时期，跨境电商 B2B 得到了空前的关注和支持，为全球贸易注入了新的活力。

越来越多的国家和地区参与到跨境电商 B2B 中，平台竞争也日益激烈。各大电商平台不断创新和优化，以提升用户体验、降低交易成本、扩大市场份额。此时，亚马逊、京东等大型平台也纷纷涉足跨境电商 B2B 领域，提供了丰富的产品和服务。这些平台凭借庞大的用户基础、强大的技术实力和丰富的资源，为全球企业提供了更多的商业机会。

随着移动互联网的普及，移动端跨境电商 B2B 交易也逐渐兴起。越来越多的企业开始利用移动设备进行商务操作，实现线上线下融合，拓展国际市场。移动支付、大数据分析、智能推荐等技术的应用，使得移动端跨境电商 B2B 交易变得更加便捷、高效。此外，在这个阶段，各国政府进一步完善相关政策，支持跨境电商 B2B 的发展。例如，简化通关手续、优化税收政策、提升物流效率等措施，旨在促进国际贸易的便捷化和跨境电商 B2B 的繁荣。

跨境电商 B2B 的繁荣期见证了行业的快速发展和技术的革新。这一时期，跨境电商 B2B 市场不仅规模迅速扩大，而且涌现出了许多创新型企业和颠覆性商业模式。展望未来，跨境电商 B2B 行业将继续保持高速发展态势，推动全球贸易的进一步繁荣。

（四）2020 年至今：跨境电商 B2B 的创新与升级

在这个阶段，跨境电商 B2B 不仅在市场规模上继续扩大，还在技术、服务等方面不断升级，为全球贸易提供了更加便捷、高效的解决方案。

人工智能、大数据、物联网等前沿技术的应用，进一步提升了跨境电商 B2B 的交易效率和体验。例如，人工智能技术的应用，使得平台可以为企业提供精准的推荐、个性化的定制服务，大大提高了企业间的匹配度。大数据技术则帮助企业深入了解市场趋势和消费者需求，实现精细化的市场拓展。物联网技术的运用，为跨境电商 B2B 物流环节带来了诸多便利，实现了实时追踪、智能调度等功能，提高了物流效率。同时，政府对跨境电商的政策扶持力度不断加大，推动了行业的持续发展。各国政府加强了跨境电商法规的制定和完善，保障了市场的公平竞争。此外，政府还通过设立跨境电商园区、优化税收政策、加强国际合作等措施，为跨境电商 B2B 提供了良好的发展环境。

在这个阶段，跨境电商 B2B 行业也呈现出多样化的发展趋势。传统的 B2B 平台不断优化升级，同时许多创新型跨境电商模式和细分市场也应运而生。例如，垂直领域的专业跨境电商平台、跨境电商供应链解决方案等，为企业提供了更加精细化、专业化的服务。

总之，自 2020 年至今，跨境电商 B2B 行业在创新与升级方面取得了显著成果。前沿技术的应用、政府政策的支持以及多样化的发展趋势，共同推动了跨境电商 B2B 行业的繁荣与进步。

四、跨境电商 B2B 的前景展望

（一）市场规模将继续扩大

跨境电商 B2B 市场仍然具有巨大的潜力，随着全球经济的复苏，市场规模有望继续扩大。越来越多的中小企业将加入跨境电商 B2B 行列，推动行业的繁荣发展。

（二）技术创新将推动行业升级

随着科技的不断进步，人工智能、大数据、区块链等技术将在跨境电商 B2B 中发挥更大作用，提升交易效率，降低交易成本，提高用户体验。

（三）跨境电商 B2B 将更加多元化

跨境电商 B2B 将涵盖更多行业和领域，为企业间提供更加丰富多样的产品和服务。此外，跨境电商 B2B 平台的竞争将更加激烈，促使平台不断创新和优化服务。

（四）政策支持将持续加大

政府将继续出台各种政策支持跨境电商 B2B 的发展，包括税收优惠、资金扶持、简化通关流程等，以促进跨境贸易的繁荣发展。

跨境电商 B2B 作为全球贸易的重要组成部分，其发展前景广阔。在全球经济一体化的大背景下，跨境电商 B2B 将继续保持快速发展势头，为世界各国企业提供更加便捷、高效的贸易途径。为了应对市场竞争，各大跨境电商 B2B 平台需要不断创新和优化服务，提升用户体验，增强核心竞争力。

（五）更加注重绿色和可持续发展

随着全球环保意识的不断提高，跨境电商 B2B 将越来越注重绿色、环保、可持续发展。各平台需要采取更加环保的包装、物流方式，推广绿色产品，降低碳排放，为全球环境保护做出贡献。

（六）深化全球合作与交流

跨境电商 B2B 将继续促进全球企业间的合作与交流，推动各国间的技术、产品、人才等资源互通共享。通过深化国际合作，跨境电商 B2B 有望在全球范围内实现共赢发展。

（七）加强数据安全与隐私保护

随着跨境电商 B2B 交易数据量的不断增长，数据安全与隐私保护问题日益突出。各平台需要加强数据安全管理，遵守相关法律法规，保护企业和用户的隐私权益。

（八）拓展新兴市场和地区

新兴市场和地区具有巨大的潜力和需求，跨境电商 B2B 可以通过拓展这些市场，进一步提高市场份额。这将有助于推动全球贸易均衡发展，缩小发展中国家与发达国家之间的贸易差距。

综上所述，跨境电商 B2B 未来将在市场规模、技术创新、多元化、政策支持、绿色发展、全球合作、数据安全与隐私保护以及拓展新兴市场等方面取得更大突破。这将对全球贸易格局产生深远影响，为世界各国企业创造更多的商业机遇。

第二节　跨境电商 B2B 运营模式

一、跨境电商 B2B 模式分类

我国跨境电商 B2B 平台现在主要有三大类：一是第三方平台，二是独立站，三是企业自建网站。信息服务平台指买卖双方通过平台进行信息的发布，沟通交流，并且享受线上的增值服务，然后在线下完成交易的平台，国内代表的企业有，中国制造网，环球资源等。交易服务平台在信息服务的基础上加入了线上交易环节，买卖双方可以直接在平台上完成支付的商业模式，主要代表企业阿里巴巴国际站、大龙网、敦煌网等。国外的主流 B2B 平台主要有 Amazon Business、Tiu.ru、Zoodel、EC21、Etsy Wholesale 等。

（一）水平 B2B 的运作

B2B 电子商务的另一种形式是基于中立的网上交易市场模式，也可叫作网上交易市场解决方案，是指由买方、卖方之外的第三方投资建立起来的中立的网上交易市场，如图 1-1 所示。第三方本身不参与交易，它提供买卖多方参与的电子交易市场平台，是一对多的卖方集中和多对一的买方集中交易模式的综合，如阿里巴巴网站就是典型的中立的网上交易市场。

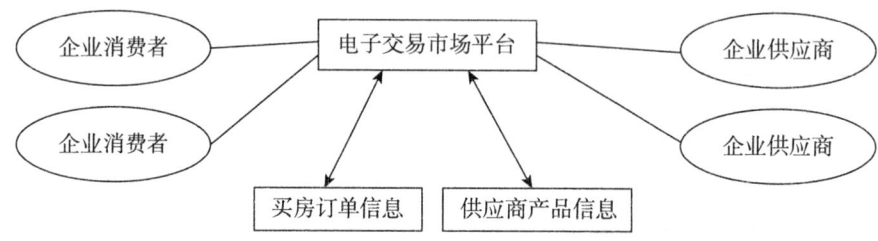

图 1-1　基于中立的网上交易市场运作模式

网上交易市场的发展初期更多地表现为一种买卖企业信息发布和交易撮合的信息平台，随着企业信息化应用的不断深入，将企业内部运作的业务系统通过网上交易市场与合作伙伴联系起来，这将是中小企业信息化应用未来的发展方向。

网上交易市场有别于某些以供需信息为主导的 B2B 网站的根本所在，它的每个成员都拥有自己的交易系统，可实现内部运作与交易的一体化，从而明显提高信息的价值。它的另一个显著特点就是着重强调开放性和标准化，只有满足这两个条件，网上交易才能真正开展起来，企业才能真正参与到网上交易市场中。

（二）垂直 B2B 的运作

（1）基于买方市场的运作模式。基于买方市场的运作模式是指一个卖家与多个买家之间的交易模式，也称为集中销售模式或者卖方解决方案。卖方（如生产商、供应商）在网上发布欲销售的产品信息（产品名称、规格、数量、交货期、参考价格），吸引买方前来认购，如图 1-2 所示。

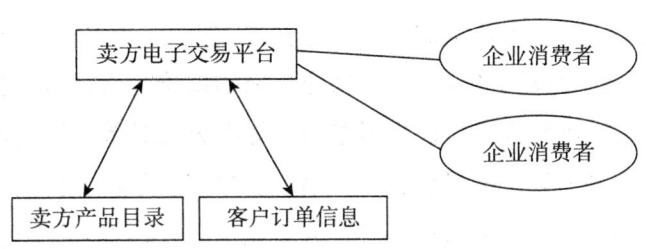

图 1-2　基于买方市场的运作模式

基于买方市场的运作模式可以实现企业加快产品的销售过程（特别是新产品的推广）、降低销售成本、扩展卖方渠道（包括数量、区域）等目的。这种模式的一个显著特征是它比较偏向于为卖家提供服务，而不会更多兼顾到买家的利益。

目前在这种模式中，也出现了几家大型的卖家联合起来组建交易平台面向多个买家的形式。例如，位于芝加哥的固安捷公司（Grainger），它主要是供应工程设备，但并不是什么都有，所以 Grainger 就与其他的供应商联合。如果制造商 A 供应锤子，而与 A 联合的供应商 B 供应钉子，作为房产建造商的买家 C 到 A 的网站上来寻找他所要的产品就容易多了。

（2）基于卖方市场的运作模式。B2B 电子商务最普通的模式是卖方集中模式，也称为集中采购模式或者买方解决方案，是指一个买家与多个卖家之间的交易模式。买方发布需求信息（产品名称、规格、数量、交货期），召集供应商前来报价、洽谈、交易，如图 1-3 所示。对于一些大型的公司来说，查看、比较供应商的信息成本是相当高的，因此，一些大型用户在自己的服务器上建立一个市场，邀请广大的供应商进行竞价。

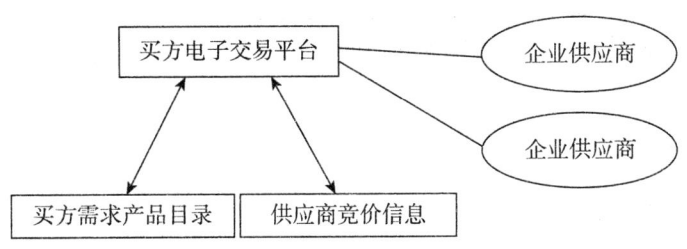

图 1-3　基于卖方市场的运作模式

通常企业自建的、服务于本企业的电子采购就是这种模式，一般以大型企业为主。因为该类公司负责管理旗下所有企业的统一采购。通过物资采购网能使采购过程公开化、规范化，实现了信息共享，加快了信息流动速度，扩大了询价、比价范围，节省了交易费用，强化了监督控制体系，提高了整个运营环节的工作效率。它不仅产生了规模效益，而且由于公司掌握整个数据流，对整个交易的监督、管理、考评、分析等工作有着不可估量的价值。这种方式也可以由几家大买家共同构建平台用来联合采购，因为投资者希望通过联合买家的议价力量得到价格上的优惠。这类网站最适合的是企业的非直接性物料采购，如办公文具等。这类网站有一个显著的特征，它比较偏向于为买家提供服务，而不会更多兼顾供应商的利益。例如，零售业交换市场（World Wide Retail Exchange）就是由大约 27 家零售商联合创办的。再如，通用电气公司（GE）的信息服务公司的创立始自通用电气公司内部有关合并采购的举措，开始仅限于一个分公司（通用照明公司），接着扩大到所有分公司，最后它越出通用电气公司的扩展范围，将业内其他主要公司也包括进来，组成了一个采购联盟，这样处理订货的时间从一周缩短到了一天，处理成本下降，价格也能下降 10% ～ 15%。

第三节　跨境电商 B2B 交易流程

跨境电商 B2B（Business-to-Business）交易流程通常涉及多个环节，从寻找合适的供应商和采购商，到最终完成交易和物流配送。以下是一般的跨境电商 B2B 交易流程如图 1-4 所示。

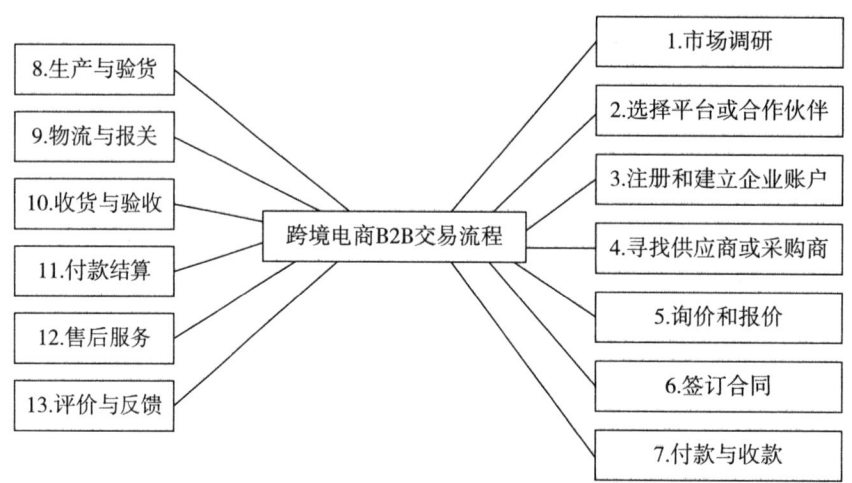

图 1-4　跨境电商 B2B 交易流程

一、市场调研

市场调研的目的是了解目标市场的需求、行业动态、竞争对手等信息，为企业制定相应的市场策略提供参考和依据。市场调研可以帮助企业了解目标市场的需求。通过调查和研究，企业可以了解目标市场的消费者群体的消费习惯、需求偏好、购买力等信息，从而制定针对性的产品策略、价格策略、促销策略等。此外，市场调研还可以发现市场的潜在需求，为企业开发新产品提供灵感和切入点。市场调研可以帮助企业了解行业动态。行业动态包括行业发展趋势、政策法规变化、技术创新等方面的信息。企业可以通过市场调研了解行业的未来发展方向和趋势，从而制定相应的战略规划和调整经营策略。同时，企业还可以通过了解行业的政策法规和技术创新，为自己的发展规划提前布局，抢占市场先机。

市场调研可以帮助企业了解竞争对手的情况。了解竞争对手的产品、定价、促销等策略，可以帮助企业更好地制定自己的市场策略，避免盲目竞争和价格战，提高自身的竞争力和市场占有率。

二、选择平台或合作伙伴

企业需要选择合适的跨境电商平台或合作伙伴，以便更有效地开展业务。这可以是综合性的 B2B 平台（如阿里巴巴、慧聪网等），也可以是针对特定行业或领域的垂直平台。

（一）选择合适的跨境电商平台

选择合适的跨境电商平台或合作伙伴，是企业开展跨境电商业务的关键步骤。本文将探讨企业如何选择合适的跨境电商平台或合作伙伴，以便更有效地开展业务。

1. 综合性 B2B 平台

综合性 B2B 平台是指提供广泛的产品分类、多种交易方式和全球范围的交易服务的电子商务平台。例如阿里巴巴、慧聪网、GlobaleMarket 等平台。这些平台可以为企业提供一站式的采购、销售、物流等服务，让企业轻松进入全球市场。

2. 垂直电商平台

垂直电商平台是指面向特定行业或领域的电子商务平台。例如：Amazon、Ebay 等。这些平台可以为企业提供精准的目标客户群，以及更加细致的市场定位和服务。企业可以根据自己的产品和市场定位，选择适合自己的垂直电商平台，以获得更好的业务表现。

3. 海外代购平台

海外代购平台是指一些代购公司和电商平台合作，为国内消费者提供跨境购物服务。例如：海拍客、淘宝海外等。企业可以通过这些平台，把自己的产品推荐给海外代购商，让他们代为销售，以便更好地拓展海外市场。

（二）选择合适的跨境电商合作伙伴

除了选择跨境电商平台之外，企业还可以选择跨境电商合作伙伴，以便更好地开展业务。跨境电商合作伙伴通常包括以下几种类型：

1. 物流公司

跨境电商的成功离不开高效、快速的物流服务。因此，选择一家好的物流公司是企业开展跨境电商业务的必要条件之一。物流公司可以帮助企业处理跨境运输、海关清关、关税等问题，确保商品能够准确、快速地送达目的地。

2. 支付服务提供商

跨境电商支付服务提供商是指提供跨境支付、结算、货币兑换等服务的公司。由于不同国家和地区的支付方式和货币种不同，因此选择合适的支付服务提供商可以帮助企业更好地解决支付问题，降低支付风险，提高交易成功率。

3. 市场营销公司

市场营销公司是专门从事跨境电商营销的公司，可以为企业提供各种营销策略和服务。例如 SEO 优化、社交媒体营销、电子邮件营销等。选择一家好的市场营销公司，可以帮助企业更好地推广产品，增加曝光率，提高销售额。

4. 跨境电商平台

跨境电商平台也可以作为企业的跨境电商合作伙伴。这些平台可以为企业提供一系列的服务，包括产品推广、订单处理、物流服务等。选择合适的跨境电商平台，可以帮助企业更好地开展业务，提高业绩和市场占有率。

在选择跨境电商平台或合作伙伴时，企业需要考虑以下几个因素：

（1）平台或合作伙伴的规模和信誉度。选择规模较大、信誉度较高的跨境电商平台或合作伙伴可以降低交易风险，提高业务成功率。

（2）平台或合作伙伴的服务能力。选择服务能力较强的跨境电商平台或合作伙伴可以为企业提供更好的服务体验，提高交易效率和质量。

（3）平台或合作伙伴的定位和客户群体。选择适合自己产品和市场定位的跨境电商平台或合作伙伴可以更好地满足客户需求，提高销售效率。

（4）平台或合作伙伴的成本和费用。选择合适的成本和费用可以为企业节约开支，提高利润率和竞争力。

三、注册和建立企业账户

在选择好跨境电商平台之后，企业需要注册并建立企业账户。注册和建立企业账户是开展跨境电商业务的重要步骤。通过注册和建立企业账户，企业可以完善企业资料，上传产品信息，向潜在客户展示企业形象和产品优势，从而吸引更多的客户，提高销售量和市场占有率。

在注册和建立企业账户时，企业需要准备相关的资料，包括企业证件、税务证件、银行账户等。不同的平台可能对资料要求不同，企业需要按照平台要求提供相应的资料。注册过程中需要填写企业名称、联系方式、所在地等基本信息，并选择适合自己的行业和类别，以便更好地展示企业形象和产品信息。

建立企业账户后，企业需要完善企业资料，包括企业简介、营业执照、税务登记证、产品信息等。企业需要在平台上上传自己的产品信息，包括产品名称、图片、价格、规格、材质等。此外，企业还可以上传产品视频、360 度展示图等，以吸引更多的客户。在上传产品信息时，企业需要注意信息的准确性和真实性，避免虚假宣传和误导客户。

注册和建立企业账户可以帮助企业更好地展示自己的企业形象和产品优势，吸引更多的客户，提高销售量和市场占有率。此外，企业需要定期更新和优化自己的企业资料和产品信息，以适应市场的变化和客户需求的变化。只有不断地改进和优化，企业才能在激烈的市场竞争中占据优势地位，获得更大的市场份额和利润。

四、寻找供应商或采购商

在跨境电商业务中，企业需要在平台上寻找合适的供应商或采购商。通过寻找合适的供应商或采购商，企业可以扩大供应链，提高产品品质和降低采购成本。初步沟通可以让企业了解对方的需求和期望，从而展开进一步的合作。

在寻找供应商或采购商时，企业需要注意以下几点。首先，企业需要选择信誉度高、质量可靠的供应商或采购商，以降低交易风险。其次，企业需要了解对方的产品品质、价格、交货期限等相关信息，以便选择合适的供应商或采购商。此外，企业还需要关注对方的交易记录、评价等信息，以评估对方的诚信度和可靠性。

初步沟通是建立长期合作关系的重要步骤。在沟通过程中，企业需要了解对方的需求和期望，展示自己的企业形象和产品优势，以建立良好的合作关系。此外，企业还需要制定合理的采购计划，根据市场需求和采购成本等因素，选择合适的供应商或采购商，以便更好地开展业务。

综上所述，寻找合适的供应商或采购商是跨境电商业务中的重要环节。企业需要选择信誉度高、质量可靠的供应商或采购商，并进行初步沟通，以建立良好的合作关系，提高采购效率和产品质量。

五、询价和报价

在跨境电商业务中，找到合适的合作伙伴后，双方需要进行询价和报价环节，讨论产品价格、交货期、付款方式等具体事项。在询价和报价的过程中，双方需要考虑到多方面的因素，包括市场需求、供求关系、产品品质、采购成本等。

在询价和报价的过程中，供应商需要提供清晰、准确的产品价格、交货期限、付款方式等信息。采购商需要考虑产品质量、交货期限、采购成本等因素，并据此选择合适的供应商。双方还需要就价格、交货期限、付款方式等方面进行充分的协商，以便达成共识并开展进一步的合作。

在询价和报价的过程中，双方还需要注意以下几点。首先，双方需要建立信任和互惠的合作关系，以便更好地开展业务。其次，双方需要保持开放和透明的沟通，及时解决遇到的问题和难题。最后，双方需要建立合理的付款方式和交货期限，以确保交易的顺利进行。

询价和报价是建立长期合作关系的重要步骤。在询价和报价的过程中，供应商和采购商需要建立良好的信任和合作关系，并充分考虑各种因素，以达成共识并开展进一步的合作。

六、签订合同

在跨境电商业务中，当供应商和采购商在询价和报价的过程中达成一致后，需要签订正式的合同。合同是双方之间的法律约束文件，明确双方的权利和义务，确保交易的顺利进行。

在签订合同之前，双方需要仔细地阅读和理解合同条款。合同条款通常包括以下内容：产品规格、数量、价格、交货期限、付款方式、质量保证、违约责任等。双方需要确保合同条款的准确性和清晰性，以避免产生不必要的争议和纠纷。

签订合同的过程需要注意以下几点。首先，双方需要确保合同内容的一致性和准确性，并充分理解合同条款的含义和影响。其次，双方需要在签订合同前认真核对对方的身份和资质，以确保交易的安全性和可靠性。最后，双方需要在签订合同前进行详细的沟通和协商，以便解决遇到的问题和难题。

签订合同是建立长期合作关系的重要步骤。通过签订合同，双方可以明确各自的权利和义务，建立起互信和互惠的合作关系，提高交易的安全性和可靠性。

七、付款与收款

根据合同约定，买方需要按时付款，卖方需要按时收款。为保障双方利益，可以选择使用跨境支付工具，如支付宝、PayPal 等，以便进行安全、便捷的跨境支付。

在付款和收款的过程中，双方需要注意以下几点。首先，双方需要了解跨境支付的相关规定和政策，以避免不必要的违规和风险。其次，双方需要选择信誉度高、安全可靠的跨境支付工具，以确保资金安全和交易顺利。最后，双方需要保持开放和透明的沟通，及时解决遇到的问题和难题。

使用跨境支付工具可以帮助双方进行安全、便捷的跨境支付。跨境支付工具可以提供多种付款和收款方式，包括信用卡、银行转账、电子钱包等，满足不同双方的需求和期望。跨境支付工具还可以提供在线付款和收款服务，简化交易流程，提高交易效率。

通过选择信誉度高、安全可靠的跨境支付工具，双方可以保障资金安全和交易顺利。只有在付款和收款过程中注意相关规定和政策，并保持开放和透明的沟通，双方才能够更好地开展业务，创造更大的价值和利润。

八、生产与验货

在收到定金后，供应商需要按照合同约定进行生产。同时，采购商可以安排第三方检验机构进行产品质量验货，确保产品符合约定标准。

在生产过程中，供应商需要按照合同约定进行生产，确保产品数量和质量符合采购商的需求和期望。供应商还需要及时与采购商沟通生产进度和质量问题，以避免生产过程中出现意外和纠纷。

在验货过程中，采购商可以安排第三方检验机构进行产品质量验货。第三方检验机构可以根据产品规格和标准，对产品的外观、质量、功能等方面进行全面的检验和测试，确保产品符合合同约定的标准。在验货过程中，双方还可以根据检验结果进行协商和沟通，以便解决问题和难题。

通过按照合同约定进行生产和验货，双方可以确保产品数量和质量符合采购商的需求和期望。同时，通过使用第三方检验机构进行产品质量验货，可以提高验货的准确性和客观性，避免争议和纠纷的发生。

九、物流与报关

生产完成并通过验货后，供应商需要安排货物运输，并完成出口报关手续。同时，采购商需要准备好进口报关所需的资料和手续。

在物流方面，供应商需要选择可靠的物流服务提供商，以确保货物能够及时、安全地运输到目的地。供应商还需要及时通知采购商货物的发运情况和运输信息，以便采购商进行相应的安排和准备。

在报关方面，供应商需要完成出口报关手续，并提供相关的单证和证明文件。采购商需要准备好进口报关所需的资料和手续，并确保报关程序符合相关法规和规定。双方需要保持开放和透明的沟通，及时解决遇到的问题和难题，以避免交易受阻或延误。

通过选择可靠的物流服务提供商和完成出口报关手续，供应商可以确保货物能够及时、安全地运输到目的地。通过准备好进口报关所需的资料和手续，采购商可以保证交易符合相关法规和规定。

十、收货与验收

在跨境电商业务中，收货与验收是交易过程中非常重要的环节之一。采购商在收到货物后，需要进行验收，确保货物质量与订单要求相符。如有问题，采购商应及时与供应商沟通，协商解决。验收通过后，采购商需要完成入库手续，并将验收结果反馈给供应商。

在收货方面，采购商需要确保收货人信息和交付方式与订单一致，并在收到货物后进行验收。验收应根据合同约定和产品标准，对货物进行外观、质量、数量等方面的检查，以确保货物符合订单要求。如有问题，采购商需要及时与供应商沟通，协商解决。

在入库方面，采购商需要完成相应的入库手续，以确保货物能够安全、便捷的存放。同时，采购商还需要将验收结果反馈给供应商，以便供应商对产品质量和服务进行评估和改进。

通过进行验收，采购商可以确保货物质量与订单要求相符，避免交易风险和争议。

十一、付款结算

根据合同约定的支付方式和时间，采购商需按时支付货款。供应商在收到货款后，应提供相应的发票和其他结算文件。双方根据合同条款进行最后的结算和确认。

在付款方面，采购商需要按时支付货款，以确保交易的顺利进行。根据合同约定的支付方式和时间，采购商可以选择电汇、信用证、支付宝等不同的付款方式。

在付款过程中，采购商需要确保付款信息的准确性和安全性。

在结算方面，供应商需要提供相应的发票和其他结算文件，以证明货款已经收到。双方根据合同条款进行最后的结算和确认，确保交易顺利完成。如有争议，双方可以进行协商和调解，以避免交易受阻或延误。

通过按时支付货款和提供相应的发票和其他结算文件，双方可以确保交易的顺利进行。只有在付款和结算过程中注重细节和质量，双方才能够更好地开展业务，创造更大的价值和利润。

十二、售后服务

供应商应提供一定的售后服务，如产品保修、维修和技术支持等。采购商在使用过程中遇到问题，可以向供应商寻求帮助和解决方案。双方应保持良好的合作关系，以便应对可能出现的问题和纠纷。

在售后服务方面，供应商需要提供相应的产品保修和维修服务，以确保产品质量和客户满意度。供应商还需要提供技术支持和解决方案，以帮助采购商解决使用中的问题和难题。采购商在使用过程中遇到问题，应及时与供应商联系，并提供详细的问题描述和相关信息。通过提供产品保修、维修和技术支持等服务，供应商可以确保产品质量和客户满意度。

十三、评价与反馈

采购商在交易结束后，可以在跨境电商 B2B 平台上对供应商进行评价和反馈，以帮助其他企业了解供应商的信誉和服务质量。同时，供应商也可以根据采购商的反馈，改进产品和服务，提高客户满意度。

在评价方面，采购商可以根据交易过程中的各个环节，对供应商进行评价和打分。评价内容可以包括交货期、产品质量、售后服务、沟通反应等方面。评价信息可以为其他企业了解供应商的信誉和服务质量提供有价值的参考。

在反馈方面，采购商可以向供应商提供详细的反馈信息，包括产品质量、服务态度、交货期等方面。供应商可以根据反馈信息，改进产品和服务，提高客户满意度。供应商还可以通过反馈信息，了解客户的需求和期望，进一步优化产品和服务，提高市场竞争力。

通过评价和反馈，采购商可以为其他企业了解供应商的信誉和服务质量提供有价值的参考。供应商可以根据评价和反馈信息，改进产品和服务，提高客户满意度和市场竞争力。

综上所述，跨境电商 B2B 交易流程包括了寻找供应商、询价与报价、签订合同、生产与质检、物流与报关、收货与验收、付款结算、售后服务和评价与反馈等环节。通过这一系列流程，企业能够完成跨境贸易，实现全球范围内的商业往来。

第四节　跨境电商 B2B 岗位设置及职业素养

根据跨境电商 B2B 的操作流程，跨境电商人才主要分为采购员、美工、推广 / 运营人员、外贸员、跟单员以及其他人员五类岗位。

一、岗位及职责

（一）采购员岗位职责

（1）与跨境电商平台运营人员密切配合，完成选品审核、供应商甄选、样品审核及产品资料管理。

（2）负责跟进采购订单并与仓库进行入库对接。

（3）鼓励有行业经验或跨境平台销售经验的人才进行自主选品，通过公司的跨境渠道实现销售并打造品牌产品线。

（4）完成上级安排的其他临时性工作。

（二）美工岗位职责

（1）负责公司产品的拍摄、精修美化。

（2）负责产品推广配套设计如展示页面、细节图等。

（3）负责公司店面及网站的设计、装修。

（4）负责分析同行业商品，检验店铺的展示效果做出提升方案。

（5）完成上级交代的其他工作事项。

（三）推广 / 运营人员岗位职责

（1）熟悉平台，了解平台优势。

（2）熟悉排名交易规则和优化，发布更新产品。

（3）全面负责公司平台的运营管理。

（4）利用站内外各种网络平台，推广公司产品。

（5）对推广效果进行跟踪、评估，及时改善营销方案。

（6）运营数据的统计分析与汇报。

（四）外贸业务员岗位职责

（1）执行公司的贸易业务，实施贸易规程，开拓市场。

（2）按照公司业务的操作流程及管理制度执行和跟踪业务。

（3）完成公司业务的工作目标及工作计划。

（4）负责与客户的联系、沟通、接待、报价、处理询盘等。

（5）通过各网络平台开拓国外市场，挖掘潜在客户。

（6）协助公司参与国内外展会。

（7）相关业务工作的汇报。

（五）跟单员岗位职责

（1）负责联系客户、编制报价、参与商务谈判、签订合同。

（2）负责生产跟踪、发货、现场检装。

（3）负责单证审核、报关、结算、售后服务等工作。

（4）客户的拓展与维护。

（5）业务相关资料的整理和归档。

（6）相关业务工作的汇报。

二、职业素养

（一）跨境电子商务 B2B 从业人员的能力要求

从事跨境电子商务工作需要具备以下核心职业能力。

（1）**市场分析能力**：搜集分析市场状况及竞争对手状况，制定销售计划。

（2）**市场策划能力**：策划促销活动、市场推广方案。

（3）**外语沟通能力**：运用外语与国外客户沟通、处理订单问题。

（4）**计算机运用能力**：使用软件上传产品信息、处理图片。

（二）跨境电子商务 B2B 从业人员的知识要求

（1）**市场营销知识**：市场分析、市场策略、市场营销组合等相关知识。

（2）电子商务知识：熟悉电商平台规则、网络营销等相关知识。

（3）物流管理知识：发货流程、仓库管理、采购管理等相关知识。

（4）国际贸易知识：外贸流程、商检、海关等相关知识。

（5）商品知识：主要商品的规格、性能、用途等，商品编码。

（三）跨境电子商务B2B从业人员的职业素养

（1）良好的职业道德：遵纪守法、恪守信用，不售假货或伪劣商品，不侵犯知识产权。

（2）吃苦耐劳的精神：脚踏实地、埋头苦干、任劳任怨。

（3）服务客户的精神：客户至上，积极主动为客户提供优质服务。

（四）跨境电子商务B2B从业人员的心理准备

跨境电商从业人员应该具备较好的心态和性格特征，要善于和客户沟通，处理各种纠纷。要时刻保持高涨的工作热情和激情，做事持之以恒，不因一时的失败而灰心丧气。

（五）跨境电子商务B2B从业人员的配合工具的应用

（1）很多跨境电商业务员习惯用 Skype 进行沟通。Skype 是一款即时通信软件，其具备实时通信所需要的功能，如视频聊天、多人语音会议、多人聊天、传送文件、文字聊天等。通过它可以进行免费、高清晰语音对话，也可以拨打国内国际电话，固定电话、手机等均可以直接拨打，并且可以实现呼叫转移、短信发送等功能。

（2）WhatsApp 是一款方便用户发送信息又不需要支付短信费用的跨平台应用程序，目前可以在 iPhone、Android、Symbian、Windows Phone、BlackBerry 和 Nokia 等平台上运行。在智能手机迅速发展的今天，WhatsApp 非常受欢迎，借助它，可以及时接收亲友和同事发送的消息，并且包括图片、音频和视频文件等。WhatsApp 的使用与接发邮件或者浏览网页一样，无须为联络和发送信息付费。并且，WhatsApp 第一年使用费全免，以后每年仅收取 0.99 美元。未来，该公司将通过帮助企业与用户沟通来获取收入。

（3）随着电子商务的迅速发展，网商企业规模的不断扩大，跨境从业人员更要掌握 Office 工具使用、PPT 制作、简单的图片处理等硬性技术。在装修店铺、上传产品图片时，清晰、优美的图片会更多地吸引顾客的目光，而最专业的图片处理软件就是 Photoshop，对于电商企业或者个人来说，系统地学习所有的 Photoshop 处理技术是没有必要的，只需要熟练掌握一些常用的修图技术即可。

（六）跨境电子商务 B2B 从业人员的资质准备

1.跨境电商中常用的商务英语

在跨境电商活动中，从业人员会经常和外国人打交道，并且需要经常浏览英文网站，与国外的交流和联系较为密切。一般来说，交易双方的沟通以英语为主，因而从业人员必须具有相当丰富的商业英语词汇量，并且要熟练掌握常用的商务英语口语表达及书面表达，只有这样，才能将其自如地运用到工作中。

（1）常用的商务英语词汇。不同领域的商务英语常用词汇也不尽相同，如服装类、玩具类、家居装饰类、器械类等，而且常见词汇量数不胜数，不可能全部列举出来，平时在学习跨境电商和工作中要注意学习和积累。

（2）商务英语的口语表达。在跨境电商中，需要经常和国外合作伙伴进行电话交流或见面洽谈相关事宜，因而从业人员必须具备一定的口语表达能力，只有这样，才能顺利开展电商业务。

（3）商务英语的书面表达。在进行商务英语对话时，除了电话或当面会谈，还需要和对方时刻保持邮件联系。这就要求从业人员不但需要锻炼口语表达能力，更需要了解如何进行规范的书面表达。在和交易方发邮件沟通时，要使用规范标准的英语表达方式，尽量避免使用口语化的英语表达方式。

2.跨境电商中要注意的商务礼仪

在跨境电商中，遵循基本的商务礼仪之余，还要了解世界上其他国家的消费习惯和风土人情，这有利于在商务活动中了解对方国家的习惯和禁忌，有利于双方建立愉快互利的长期合作关系。

在商务活动中要坚持商务礼仪的基本原则：仪表仪态规范、互相尊重和理解、待人真诚友好。注重个人和企业的形象、遵循国内法律、遵循国际准则和规范也十分重要。总而言之，在跨境电商中要注重商务礼仪，了解国外的风土人情和消费习惯。

【思考题】

（1）跨境电商 B2B 的发展历程是什么？

（2）跨境电商 B2B 的运营模式是什么？

（3）跨境电商 B2B 平台的交易流程是什么？

第二章　跨境电商 B2B 运营准备

【情境导入】

经过一段时间的调研和规划，DEF 公司的电商部门已经完成了组织架构的搭建，准备投入跨境电商业务。小 A 和团队成员肩负着新的任务，他们需要在第三方跨境电商平台开设企业店铺，以拓展公司产品销售渠道。

为了顺利开展这项任务，小 A 和团队成员需要完成以下工作：

（1）国际市场调研：了解目标市场的需求和消费习惯，为公司的产品定位提供数据支持。

（2）跨境电商 B2B 平台调研：研究主流跨境电商 B2B 平台的特点和规则，为公司选择合适的平台提供依据。

（3）跨境电商选品调研：分析市场趋势，确定适合销售的产品种类和采购渠道。

（4）产品定价：根据产品成本、竞争环境和目标市场的消费水平，制定合理的产品定价策略。

（5）法律法规了解：在涉足跨境电商业务之前，团队需要详细了解相关国家的跨境电商法律法规，确保公司业务合法合规。

小 A 和团队成员通过系统地学习和实践，不断提高自己的跨境电商业务能力。他们成功地为公司开设了企业店铺，并积极拓展国际市场。同时，团队始终关注法律法规的变化，确保公司跨境电商业务的合法性和可持续性。在这个过程中，小 A 和团队成员逐渐成为跨境电商领域的专业人才，为公司的业务拓展奠定了坚实的基础。

【学习目标】

（1）了解跨境电商国际市场现状。

（2）了解主流跨境电商 B2B 平台及规则。

（3）掌握跨境电商的选品与采购注意事项。

（4）熟悉跨境电商商品的定价与法律法规。

第一节 国际市场调研

一、确定产品的主要目标国市场

第一，根据统计数据，找到消费量大的国家，还可结合人口和 GDP 数据考虑。分析统计数据，如联合国贸易统计数据库、世界银行数据等，找到产品消费量大、人口众多、GDP 较高的国家。这些国家往往具有较大的市场潜力，适合作为目标市场。通过对这些国家的经济、人口、贸易数据进行详细分析，可以筛选出具有较高市场潜力的目标国家。

第二，根据搜索热度估算判断。通过谷歌趋势、百度指数等搜索引擎工具，分析目标国家内消费者对产品的搜索热度。高搜索热度意味着消费者对产品的需求较大，有助于判断产品在目标市场的受欢迎程度。

二、国际市场情况调研

（一）市场环境调研

1.经济环境

要了解市场的经济状况，首先需要收集各类经济数据。可参考国际组织和官方机构发布的统计数据，如联合国、世界银行、国际货币基金组织等。同时，关注权威经济研究机构和媒体发布的经济分析报告，以获取更深入的洞察。

在了解目标国家经济增长情况时，关注 GDP 增长率、行业增速、投资水平等指标。通过对这些指标的分析，可以判断市场的增长潜力和稳定性。通货膨胀情况可通过消费者物价指数（CPI）和生产者物价指数（PPI）了解，以评估市场的购买力和成本压力。研究贸易政策时，关注目标国家与我国之间的贸易关系，包括贸易协定、关税和非关税壁垒等。了解这些政策对市场准入和贸易成本的影响，以便制定合适的市场策略。同时，关注目标国家的外汇政策、投资政策和税收政策等，以评估市场的投资环境和盈利潜力。通过对目标国家的经济增长、通货膨胀、贸易政策等进行综合分析，可以全面了解市场的经济状况，为进入市场提供有力的决策支持。

2.政治和法律环境

研究目标国家的政治稳定性、法律法规、税收政策等，以确保业务合规。需要关注目标国家的政治形势和国际关系。可通过观察新闻报道、政治分析文章以及国际组织和智库发布的报告来了解政治稳定性。政治稳定性对投资环境、市场准入和企业运营具有重要影响。

在了解法律法规方面，需要研究目标国家的商法、知识产权法等与业务相关的法律，确保合同签订、产品销售和知识产权保护等方面的合规性。可以通过官方网站、专业律师事务所和法律咨询公司等渠道获取相关法律信息。

对于税收政策，关注目标国家的企业所得税、增值税、关税等税种的税率和优惠政策。了解税收政策有助于评估企业的税收负担，并为制定合理的财务规划和成本控制策略提供依据。可以通过税务局官方网站、财务咨询公司和税务顾问等途径获取税收政策信息。

通过系统地研究目标国家的政治稳定性、法律法规、税收政策等，企业可以确保业务的合规性，降低运营风险，为在海外市场取得成功奠定坚实基础。

3.社会文化环境

了解目标国家的文化习惯、价值观、消费观念等，以便产品更好地适应市场。要了解目标国家的文化习惯、价值观、消费观念等，以便产品更好地适应市场，可以采取以下方法：

（1）研究文献和报告。阅读关于目标国家文化、消费者行为和市场趋势的学术文章、研究报告以及行业分析，了解当地的文化特点和消费习惯。

（2）观察社交媒体和网络论坛。关注目标国家的社交媒体平台和网络论坛，了解当地人的生活方式、消费观念和对产品的评价，以便洞察潜在市场需求。

（3）参加国际展会和行业活动。通过参加目标国家的展会、行业研讨会等活动，与当地企业和消费者直接交流，获取第一手市场信息和文化认知。

（4）考察实地考察和市场调研。前往目标国家进行实地考察，深入了解当地的生活方式、消费行为和购物习惯。通过与消费者、分销商和同行业人士的交流，深入了解目标市场的文化和消费特点。

（5）请教专家和顾问。咨询具有跨文化背景的专家和顾问，他们能提供宝贵的见解，帮助企业更好地适应目标市场的文化环境。

4.技术环境

调查目标国家的科技发展水平、网络基础设施、电商渗透率等，评估市场的技术成熟度。可以采取以下方法：

（1）收集官方数据和报告。查阅目标国家政府发布的科技、网络基础设施和电商发展报告，获取关键数据和统计信息。同时，关注国际组织（如世界银行、国际电信联盟等）发布的相关报告，了解全球和区域性的发展趋势。

（2）分析市场研究报告。查阅权威市场调查机构发布的关于目标国家科技、网络和电商发展的研究报告，了解市场现状、趋势和竞争格局。

（3）了解主流企业和创新公司。研究目标国家科技和电商领域的主要企业、创新公司以及行业领导者，了解他们的技术发展水平、市场份额和竞争优势。

（4）参加行业活动和论坛。参加目标国家举办的科技、网络和电商行业活动，如展览、研讨会、培训课程等，与行业专家、企业和政府部门交流，了解行业动态和技术创新。

（5）与当地合作伙伴交流。与目标国家的合作伙伴、分销商、供应商等进行深入交流，了解他们对当地科技、网络基础设施和电商市场的看法和预期。

（6）实地考察和调研。到目标国家进行实地考察，亲身体验当地的网络基础设施和电商服务，了解市场的实际情况和技术发展水平。

5.对外贸易环境

（1）研究目标国家的进出口政策、关税、物流等，以便制定合适的贸易策略。需要收集和查阅目标国家政府和关税局发布的相关信息，如进出口政策、关税税率和商品分类。

（2）要关注世界贸易组织（WTO）和其他国际组织发布的贸易数据和政策分析报告。了解目标国家参与的国际贸易协定，如自由贸易协定（FTA）和区域经济一体化组织，分析这些协定对进出口政策、关税和物流的影响。同时，需要研究目标国家的物流市场，包括主要物流公司、运输方式、运输成本、时效等信息。

（3）参加目标国家举办的贸易、关税和物流行业活动，如展览、研讨会、培训课程等，与行业专家、企业和政府部门交流，了解行业动态和政策变化。与目标国家的合作伙伴、分销商、供应商等进行深入交流，了解他们对当地进出口政策、关税和物流市场的看法和经验。

（4）寻求专业的贸易顾问、律师等专业服务机构的帮助，以便更准确地了解目标国家的进出口政策、关税和物流情况。

（二）市场行情调研

（1）市场规模分析。分析目标市场的消费规模、消费结构、行业增长趋势等。

（2）消费者分析。调查消费者的年龄、性别、收入、消费需求、购买习惯等，以便制定针对性的营销策略。

（3）竞争者分析。研究竞争对手的产品特点、价格策略、市场份额等，以便找到竞争优势。

三、国内市场情况调研

（1）国家标准。了解与产品相关的国家标准，确保产品质量和安全。

（2）行业技术标准。研究行业内的技术标准和最佳实践，确保产品质量和性能符合市场需求。

（3）出口政策。熟悉国内针对出口商品的政策、法规和要求，确保业务合规。

（4）企业分布区域调研。了解产业集聚区和企业分布，以便寻找合适的合作伙伴和资源。

（5）供货商分布区域调研。调查供应链资源的地理分布，以降低物流成本和提高供应链效率。

四、主要调研的途径和工具介绍

（1）数据库和报告。利用国内外权威数据库和报告，如世界银行、IMF、国家统计局等，获取宏观经济和行业数据。

（2）搜索引擎。使用谷歌、百度等搜索引擎，获取关于目标市场和竞争对手的信息。

（3）行业论坛和社交媒体。参与行业论坛、社交媒体群组等，与业内专家和从业者交流，获取第一手行业动态和经验分享。

（4）调查问卷。通过在线或线下调查问卷，收集消费者和供应商的意见和需求，了解市场情况。

（5）实地考察。进行实地考察，亲身体验目标市场的环境、消费水平和消费习惯，以便更直观地了解市场情况。

（6）行业协会和政府部门。与行业协会、政府部门建立联系，获取行业政策和发展趋势信息。

第二节　主流跨境电商 B2B 平台及规则

主流跨境电商 B2B 平台有很多，如阿里巴巴国际站、敦煌网、中国制造网、全球资源等，本节重点对阿里巴巴国际站和敦煌网进行介绍。

一、阿里巴巴国际站

（一）平台介绍

阿里巴巴集团成立于 1999 年，是一家提供电子商务在线交易平台的公司，是全球批发贸易的领先平台。为全球数百万买家和供应商提供服务。服务范围包括 B2B 贸易、网上零售、购物搜索引擎、第三方支付和云计算服务。集团的子公司包括阿里巴巴、淘宝网、天猫、一淘网、阿里云计算、支付宝、蚂蚁金服等。

阿里巴巴国际站作为阿里巴巴集团的一部分，它的使命是使在任何地方开展业务变得容易。为此，我们为供应商提供了必要的工具来吸引其产品的全球受众，并帮助买方快速有效地找到产品和供应商。

（二）平台特点及入驻条件

1. 平台特点

（1）平台体系完善、店铺经营状况一目了然，可及时调整推广策略。

（2）1.5 亿注册会员，大平台，安全有保障。

（3）日均询盘订单 30 万，流量大，用户多，覆盖广。

2. 入驻条件

（1）营业执照合法真实有效。

（2）法人身份证正反面的扫描件。

注：若公司服务类型如物流、检测认证、管理服务等企业暂不能加入，另外离岸公司和个人也办理不了。不管你是生产型还是贸易型，只要是中国大陆工商局注册的做实体产品的企业，就可以申请开通。有很多套餐，客户经理会根据想要的推广效果给出合适的方案。

（三）阿里巴巴平台规则

阿里巴巴国际站规则体系包括：总则、内容与信息发布规则、交易规则、供应链规则、其他规则。这些规则和要求是保证阿里巴巴和各大品牌上在平台上和谐共存的基本准则，商家需要在平台上遵循这些规则进行合法经营。

阿里国际站的跨境供应链联合阿里达摩院，利用云端和人工智能等技术，打造服务外贸企业、报关行、货代的一站式智能报关平台，实现了图文识别、智能录单、自动跟进、全程可视、数据对接、单证管理等功能，不仅为报关企业及货代减少差错、降成本、提时效，也给广大外贸企业提供出口履约确定性的报关服务。

阿里跨境供应链引进全国证服务商合作，后台专家提供专业方案支持，为出口外贸企业提供原产地证、贸促会证明书、大使馆加签等出口外贸单证办理服务。优质的平台资源，签证机构优先审核，为平台客户提供高效率、低成本、更具确定性的专业办证服务。

1. 平台准入规则

（1）实名认证。商家需提供有效的身份证件进行实名认证，如身份证、护照等。平台会对提交的证件进行审核，确保信息真实有效。

（2）企业资质审核。商家需提交企业营业执照、税务登记证、组织机构代码证等相关证明材料。平台会对提交的材料进行核实，以确保商家具备合法的经营资质。

（3）服务协议和规则。商家在注册成为平台用户时，需同意遵守平台的《阿里巴巴国际站服务协议》和其他相关规则。违反协议和规则可能导致账号被限制或封禁。

2. 信息发布与推广规则

（1）信息真实性。商家发布的产品信息、公司介绍、联系方式等需真实准确。发布虚假信息可能导致信息被删除、账号受到处罚等后果。

（2）产品类目规定。商家发布产品时需按照平台规定的类目进行归类，不得发布与类目不符的信息。发布错误类目的信息可能导致信息被删除或账号受到处罚。

（3）推广规则。商家在进行推广活动时，需遵守平台的广告法规和推广规则。不得利用虚假宣传、刷单等违规手段进行推广。违反规定可能导致推广效果受到影响、账号受到处罚等后果。

（4）违禁品规定。商家不得发布违禁品信息，如毒品、武器、假币等。发布违禁品信息可能导致信息被删除、账号被封禁等后果。

3. 交易规则

（1）诚信原则。商家和买家需遵循诚信原则，进行真实、合法的交易。欺诈交易、虚假交易等违规行为可能导致交易失败、账号受到处罚等后果。

（2）商品质量和服务水平。商家需确保所售商品质量符合相关法律法规和平台规定，提供满足买家需求的服务。销售劣质产品、提供不良服务可能导致交易纠纷、账号受到处罚等后果。

（3）交易流程。商家和买家需遵守平台的交易流程，包括支付、发货、收货、退货等。违反交易流程可能导致交易失败、账号受到处罚等后果。

（4）交易纠纷解决机制。在交易过程中遇到纠纷时，商家和买家应积极沟通，寻求解决方案。如双方无法达成一致，可通过平台提供的纠纷解决机制寻求帮助。合理利用纠纷解决机制，有助于维护自身权益。

4. 处罚规则。

（1）处罚措施。平台根据违规行为的严重程度，采取相应的处罚措施，如警告、限制功能使用、降权、暂停服务、永久封禁等。

（2）侵犯知识产权的行为。对于侵犯知识产权的行为，平台会依法采取措施，如移除相关内容、暂停或终止服务等。商家应尊重他人的知识产权，避免侵权行为。

（3）违反交易规则的处理。对于违反交易规则的行为，平台可能会扣除保证金、扣减信用分、取消交易资格等。商家应遵守交易规则，确保交易顺利进行。

（4）欺诈、虚假交易等行为。对于涉嫌欺诈、虚假交易等行为，平台将进行严肃处理，并可能移交相关法律部门处理。商家应诚信经营，杜绝违法行为。

5. 供应链规则

（1）供应链合法合规。商家需确保其供应链的合法合规，遵循相关国家和地区的法律法规，如产品安全、质量、环保等方面的要求。

（2）供应链管理。商家需对供应链进行有效管理，对供应商进行资质审核、合同管理、风险控制等。合理管理供应链，有助于降低经营风险。

（3）货物运输规定。商家需确保货物运输符合相关法规，如国际贸易条款（INCOTERMS）、运输方式选择、报关等。合规运输货物，有助于保障交易顺利进行。

（4）售后服务体系。商家应建立完善的售后服务体系，处理客户投诉、退货、维修等问题。提供良好的售后服务，有助于提高客户满意度和口碑。

二、敦煌网

（一）平台介绍

敦煌网成立于 2004 年，是全球领先的在线外贸交易平台，致力于帮助中国中小企业通过跨境电子商务平台走向全球市场，开辟一条全新的国际贸易通道，让在线交易不断地变得更加简单，更加安全、更加高效。多年的专业与口碑使得敦煌网目前有 120 多万国内供应商、3000 多万种商品，遍布全球 224 个国家和地区，以及 1000 万买家在线购买的规模。每小时有 10 万买家实时在线采购，每 3 秒产生一张订单！敦煌网是国内首个为中小企业提供 B2B 网上交易的网站，它采取佣金制，免注册费,只在买卖双方交易成功后收取费用。敦煌网是在线外贸交易额中亚太排名第一、全球排名第六的电子商务网站,其在2011年的交易达到100亿规模。

(二)入驻条件

(1)个人卖家需提供带身份证的正反两张照片。

(2)企业卖家,营业执照要合法且真实有效。

(3)法人身份证正面和背面照片。

(4)如果有商标或授权产品,则商标注册证书及授权书应完整。

(5)一些准入类别要求有相关进入资质提供。

(6)新的卖家需要支付平台使用费,季度299元;半年598元;一年999元(三选一)。

(三)平台规则

1.注册规则

(1)注册人年龄须在18周岁到70周岁之间;仅限中国内地的企业或个人,或香港地区企业申请注册。

(2)使用同一营业执照注册的企业卖家账户数量不得超过10个;使用同一身份信息注册的个人卖家账户数量仅限1个。

(3)企业关联账户不得超过10个,个人无关联账户。关联卖家禁止对同一产品重复上架。

(4)卖家每个关联账,户使用独立的资金账户,当任意一个资金账户余额为负时,敦煌网有权从其关联账户的资金账户中扣除相应款项,卖家账户如发生违规行为,敦煌网有权视情节严重程度,对其关联账户进行连带处罚。

2.发布规则

(1)禁止销售(限售)产品规则。敦煌网卖家禁止销售国家法律法规禁止销售、买家所在国家的法律规定禁止销售、根据敦煌网平台要求禁止销售的商品,或被信用卡组织、政府监管机构等第三方机构投诉发布的相关禁限售产品。因卖家违反禁限售产品规则,发布禁限售产品的,平台会对此类产品收取罚金,该罚金需由卖家自行承担。

(2)知识产权规则。违规情形包括但不仅限于以下举例:

①卖家账户频繁上传侵权产品。

②采取刻意规避平台规则或监管措施的方式销售侵权产品，如以错放类目、使用变形词、遮盖或涂抹商标等手段规避，以各种形式暗示产品为品牌产品。

③信用卡组织、政府监管机构、法院、其他国际权益组织等第三方机构提起诉讼或法律要求。

④因应司法、执法或行政机关要求，敦煌网对卖家账户进行处理或采取其他相关措施。

每条违规记录自处罚之日起有效期为 1 年；针对多次发生侵权违规行为或违规情节严重的卖家，平台有权直接进行关闭账户的处罚。

每条投诉记录自投诉之日起有效期为 1 年；卖家账户在 3 个自然日内被同一知识产权人投诉多次或多个产品均计为 1 次有效投诉；平台会根据司法或行政机关的要求对卖家账户做出处理，包括无固定期限冻结、关闭账户、终止账户。

因卖家售卖侵权品、禁销品等行为导致品牌商信用卡组织或其他国际权益组织的罚款，需由卖家自行承担。

卖家账户产生的罚金或罚款，敦煌网有权从卖家资金账户扣除相应款项。该款项优先从卖家美元资金账户扣除，如美元资金账户余额不足，剩余款项会通过人民币资金账户扣除（汇率以处罚当日的中国银行第一笔的现汇买入价为准），若卖家所有资金账户余额不足以支付相应款项，敦煌网有权处理卖家账户及关联账户，并且保留追究相关损失或法律责任的权利。

3. 交易规则

（1）禁止销售未经授权的产品和相应的仿制品。敦煌网是一个外贸交易平台，买家全部为海外用户，不允许销售未经授权的产品和相应的仿制品。

系统随时对网站上的所有产品进行过滤筛选，挑选出违规产品并下架；与品牌拥有者联合执法，凡被品牌拥有者指正的商品将立即下架；建立一整套举报机制，产品经理甚至卖家有权对违规商品进行举报。

对于违规卖家将采取警告、冻结账户以及关闭账户的惩罚。同时，违规行为将会被记录到卖家档案，从而影响卖家的信用评分以及产品展示。

（2）禁止拷贝他人产品图片以及产品描述内容。卖家如果发现自己拥有的产品图片以及描述内容被其他卖家抄袭，可以向敦煌网进行举报，经核实后敦煌网会协助卖家联系抄袭者并勒令其下架产品并进行信息修改。

（3）禁止在网站上留有联系方式。敦煌网为广大卖家提供了一个免费的交易平台，建立了站内沟通工具（站内信），并且提供了国际支付的解决方案，过滤了绝大多数的欺诈行为，为买卖双方交易进行担保。所有的这些都是能够帮助买卖双方在未曾谋面的基础，上建立信任，形成在线交易，因此线下联系和交易是不允许发生的，联系方式包括买卖双方的电子邮件、电话、网址、MSN以及其他通信方式，在网站的任何地方留有联系方式都是不允许的。网站系统和专门的巡逻人员将对网上内容进行检查，发现违规现象就对卖家采取警告、冻结账户以及关闭账户的惩罚。

（4）禁止采用不正当手段扰乱市场秩序产品描述和实物严重不符的情况有买家收到的实际产品不具备产品描述功能、实际产品材质和描述不符、以次充好等，此类情况发生会影响到其他诚信卖家的正常经营，使平台的买家流失，并且增加了交易纠纷，无形中延长了付款周期，严重扰乱市场秩序。

设置低廉的商品价格吸引买家注意，与此同时有意提升运输价格，造成运输价格和实际严重不符，导致买家对卖家和网站不信任，买家不但不会继续付款而且会放弃平台。

扰乱平台经营秩序一般违规，给予1张黄牌/次；严重扰乱平台经营秩序，给予6张黄牌/次；扰乱平台经营秩序情节严重者将会被关闭账户。

4. 评价规则

和国内采购商过分关注价格不同，海外采购商非常重视诚信问题。正是由于了解到这一点，敦煌网十分关注评价机制，针对供货商制定了一系列诚信机制，统计方面包括成功交易次数、交易金额、失败交易描述、买家评价等各个大项。

供货商在平台上所有交易行为都会被记录下来，商品描述真实与否、回复询盘是否及时、交易发生时候如何兑现、交易过程中服务能力、产品质量、客户评价等这些数据是最为宝贵的，这些数据汇聚在一起，成为描绘供应商服务能力和专业能力的真实画像，反映到敦煌网平台上是越诚信的供货商得到的推广机会和曝光度越高，而那些不诚信的供货商生意机会则越来越少，甚至有可能被踢出交易平台。不过，敦煌网在如何驾驭这些数据上的技能还需要不断改进，最重要的是建立惯性的内部机制，能够做到持续性地收集、分析客户数据。

5. 售后规则

（1）提供第三方质保服务。2014年10月，敦煌网和全球最大的第三方质保服务提供商Foursquare达成战略合作，Foursquare将为敦煌网平台上的3C产品提供第三方质保服务。对于敦煌网来说，该服务一方面能为国外买家购买的3C产品提供持续有效的售后保障，另一方面也为平台的卖家减轻售后服务的负担和压力，有利于提升买家的购买体验，提高敦煌网3C类产品的销售量和好评率。

（2）卖家售后服务承诺。2015年7月，敦煌网"卖家售后服务承诺"正式上线，卖家可以根据不同的产品自己设置相关的服务承诺，有售后服务承诺的产品在订单展示页都会有标记，买家能很清楚地知道服务范围具体是什么以及对他有什么保障，让买家觉得选择购买该产品将更有保障。不仅如此，还能有效避免纠纷引起的麻烦，真正做到"我的服务我做主"。

第三节　跨境电商 B2B 平台的选择

在进行选择时，选择的方法和选择的原则必须是对应的，在原则考量之上，进行选择方法的研究与实践。选择平台的方法原则并不是单一的，可以多角度综合考量。可从平台综合测评与数据横向比对来看，进行企业 B2B 平台优选，选出合适的外贸 B2B 平台。下面从 6 种方法入手，帮助企业进行选择。

一、多途径了解 B2B 平台的基本情况

在选定一个 B2B 平台之前，我们要做的第一件事情就是对此平台的基本情况做个详细的了解。这些基本情况包括此平台的建立时间、运营团队、国籍、平台的定位和经营目标、主营业务范围、企业规模、企业文化、媒体评价、服务条款、隐私声明、平台所取得的成绩等。了解 B2B 平台的基本情况的目的主要是弄清它是否与企业的业务匹配以及匹配程度高低，从总体上确定此平台是否与企业所期望的目标一致。

在使用互联网的情况下，我们一般可以从以下三个途径来获得相关信息：一是在百度、Google 等搜索引擎上对目标 B2B 平台进行搜索或者针对平台专业性查询即可以获得一些 B2B 平台的信息；二是进入专业的外贸论坛，比如福步外贸论坛、精英外贸论坛等查看其客户评价等；三是进入目标 B2B 平台的网站，浏览其相关网页，即可了解相关信息。例如 Alibaba，是全球专业的 B2B 跨境贸易平台，拥有超过 1.5 亿海外跨境买家，每天在平台上产生 30 万个跨境电商和国际贸易采购订单需求，为中小企业提供跨境商机匹配、国际贸易。中国制造网创建于 1998 年，系国内最著名的 B2B 电子商务网站之一，已连续多年被《互联网周刊》评为中国最具商业价值百强网站。其注册会员超过 800 万位，访问量超过 5.5 亿人次。

掌握了类似的几家 B2B 平台的这些基本信息后，企业大体上做一个比较，看哪些网站的风格和理念自己比较认同，哪些网站历史悠久、经验丰富、知名度较高或是创新、赶超能力很强等。我们需多种方式相结合，综合选出一个或多个跨境电商 B2B 平台。

二、从 B2B 平台信息流、物流、资金流确定提供的产品与服务

从总体上来讲，我们考察 B2B 平台可以从信息流、物流、资金流三个大的方面进行。信息流服务，主要是了解 B2B 平台是否能够提供足够多和足够好的产品信息、买家信息、卖家信息、行业信息及相关服务信息。物流服务，主要是了解 B2B 平台是否能够提供贴心到位的物流公司信息、货物运输跟踪等物流解决方案。资金流服务，主要是看 B2B 平台是否能够提供网上支付、资金转移跟踪等服务。一般 B2B 平台都可以提供信息流服务，但有很多不能提供物流和资金流服务，当然对于外贸业务而言，B2B 平台最应该提供的服务就是信息服务，物流和资金流相对较为复杂，而且不能标准化，所以在考察时主要关注所提供的信息服务质量。

通常 B2B 平台会把它所提供的服务，以板块的形式展示在首页上。登录卖家 B2B 平台的首页，大体就可以看出它所提供的主要服务内容。而海量有效信息则可以提高效率，满足客户的需要，提升企业产品品牌特色，在客户心目中留下好的印象，以便将来获取客户的信任，创造出源源不断的新客户。人们希望物流的各个过程都能够进行公开，由人们自行监督，增加人们的安全感和自信心。这样极大的提升物流配送效率，得到了客户的认可，增加客户使用体验的满意度。而稳定的平台资金可确保平台各项业务正常的运转，不会出现破产的情况，还可以对企业提供必要的资金进行周转。这样的话，可以提供较为全面的服务平台，这对企业的选择具有很大的影响力。

三、以多角度信息覆盖量衡量 B2B 平台是否符合企业要求

对于同类型的贸易 B2B 平台来说，信息覆盖面越大越好。对于同一家 B2B 平台来说，信息覆盖范围的扩大反映了该平台业务和规模的扩张，是其成长的表现。企业可以从以下角度来衡量一个网站贸易平台的信息覆盖范围。

第一，国家总数、企业总数和各种语言版本总数。国家总数是指该平台提供的信息涉及的国家总数。平台能够覆盖的国家数量越多，参与该网站交易平台的企业所属的国家越多，供应商开拓新市场的机会就越多，采购商充分比较获得物美价廉商品的机会也越多。企业总数是指平台提供的信息所涉及的企业总数，也就是参与 B2B 平台的企业总数。参与的企业数目越多，表明该网站越活跃，获得商业机会的可能性也就越大。因此，企业应该选择参与的企业用户数目较多的 B2B 平台。语言版本总数是指 B2B 平台能够提供的不同语言种类的总数，比如英语、日语、俄语等。提供的语言版本越多，意味着对参与此平台的不同语种、不同国家的企业越

方便，进而更能吸引他们加入进来。从这些资料中我们可以知道其基本情况。也有的平台并没有提供详细资料，企业可以根据它所提供的供求信息和公司信息大体判断参与该平台的用户来自哪些国家和地区，也可以到搜索引擎上搜一下其他网站对该网站的介绍和评价。

第二，以平台数据检索与实操考量其有效询盘的数量和质量。B2B 平台的推广效果最直接的体现应该是询盘的数量和质量。如果企业没有买某个 B2B 平台的服务，那么就很难获得此平台推广的真实效果。所以，必须从另外的角度去获取相关信息大体判断询盘数量与质量的效果。对于采购商来说，最主要的是供应商的数量，供应商越多可选择性也越多。一般来讲，B2B 平台的知名度越高，是采购国家、具有第三方认证服务，吸引的供应商也会越多。对于供应商而言，判断询盘数量和质量较难，因为大部分的 B2B 平台提供了供应商和采购商发布的求购信息库，却没有采购商的信息库，所以供应商很难判断究竟有多少采购商在此平台上。不过我们可以试着用以下方法去判断一下对各个平台的效果进行一个大概的排序。我们知道很多 B2B 平台提供求购询盘的搜索功能，所以我们可以使用自己产品的关键词进行搜索，然后将结果进行比较。首先比较数量，可以确定一段时间，看一看各个平台对这个关键词商品的询盘数量，基本能够反映出不同平台询盘上的数量差异。其次，我们在不同平台上选择数量相当的询盘，点击进入后看其具体询盘内容，根据内容判断询盘人的国家，所求购的数量、质量、金额等信息，综合判断其询盘质量。以上的方法并非绝对有效，原因是很多的采购商并不会公开发布询盘，而是直接将询盘发给目标供应商，所以很多数据我们无法获得。

另外，可以引入 Alexa 综合排名及区域性客户分析的评估方法，运用 Alexa 网页工具遴选出综合排名较高的 B2B 平台，再根据企业目标市场查询该平台区域性客户的占比，去判断该平台在目标区域客户眼里的地位及该平台在当地的活跃程度等，结合进入平台的多项指标进行测试。我们需要从不同的层面去了解信息，从不同的角度对问题和信息进行一个分析，全面地去了解跨境电商 B2B 平台，根据信息的数量与质量去衡量 B2B 平台是否符合我们企业的要求。这是一种相对科学的选择跨境电商 B2B 平台的方法。

四、以行业活跃度及行业话语权等确定 B2B 平台的专业性

各个平台都有自己的强势产品，比如阿里巴巴在轻工业产品、家居用品、家具、化工产品等方面具有优势，文笔天天网在纺织面料、五金工具、玩具礼品、汽车配件等方面具有优势，环球资源在电子产品、成衣等产品上有优势。外贸企业根

据自己的产品，选择优势的平台很重要，合适的产品投入正确的平台，才能起到事半功倍的效果。比如，你是一个生产礼品、赠品的企业，则可以使用中国台湾的文笔天天网，因为其在日本的多数地区、中国台湾举办过多档礼品展，在礼品、赠品的推广效果上大陆很少有企业能够相媲美一个行业是否专业对于我们企业未来的发展是相当重要的。

我们要根据平台在我们企业发展的这个领域里的活跃度及行业话语权等确定B2B平台的专业性。举例来讲，近期我国B2B行业的翘楚争相改革，向着不同的方向迈进。这或许对于我们中小企业的选择有着些许影响。对阿里巴巴而言，交易就着眼于打通线上的B2B2C之路，阿里巴巴和淘宝网的账户体系相互打通即是明证。对于慧聪网而言，线上线下的有机结合成为其探索交易的最佳路径，从慧聪中国家电城到河北电子商务产业园，从杭集酒店行业零展费到线下52场交易会，慧聪网正在把进军交易这一战略执行落地。如此优秀的两个平台究竟该如何抉择，这就需要考虑企业自身的情况。我们企业自身就需要根据自己的目标市场和发展前景，来确定在本行业中哪一个平台更适合自己的产品推广和发展，可以使得本企业本品牌走得更远，甚至走出中国。

五、精选几个重点 B2B 平台进行深耕细作及重点推广

在庞大的网络信息时代，我们所产生的信息都是相互连接的，信息之间有着千丝万缕的关系，所以推广的第一步便是要广撒网。从理论上讲，在越多的B2B平台上发布商机意味着更多的交易机会，但是实际上更多的B2B平台同时也意味着更多的资金投入，还有宝贵的时间和精力。所以最好精选几个平台深耕细作、重点推广，否则可能会投入产出的性价比不高，会影响搜集到的商业机会和信息的质量及有效性。我们可以在百度去搜索一些和自己企业特色产品具有一定相关性的B2B网站。在百度搜索框输入你产品的关键词，就会出现一篇相关的产品信息，这些信息当中就有你需要的一些B2B平台。这样我们可以在所选择的平台上面去进行我们企业特色产品的推广，让大家可以了解到我们企业的特色产品。我们需要进行逐一对比分析，选择出比较适合企业自身的几个重点B2B平台进行深耕细作及重点推广。我们采取广撒网多侧重的原则。将同一产品的信息同一时间在不同的跨境电商B2B平台上发布后，随着时间流逝，我们只需要关注不同的B2B平台上给我们带来的不同的效益。我们将效益进行对比。我们要多次进行特色产品信息的推广，选取平均效益较高作为该平台的最终效益值，选定最适合自己的一个B2B平台。

六、注重企业品牌营销与网络多渠道引流与拓展

我们在选择跨境电商 B2B 平台时，时刻注重企业品牌的营销。要积极使用多种营销手段来增加我们产品的销量。要加大网络多渠道引流与拓展的力度。我们可以在 QQ、微信、微博等各种社交软件上进行企业特色产品的推广。也可以在各种网站上多发表相关的原创创意推文，吸引大众的眼球，使得他们对于我们的产品有个初步的印象。总而言之，企业自身在进行选择时，需要考虑各个方面的因素，做好比较，综合各项指标找到一个适合企业自己发展的网站平台。跨境电商 B2B 平台选择得好，将极大地提升自身企业的优势，提高产品的销量，获得较大的收益。这将是我们期待的一个理想状态，它可根据现实情况的发展，这将逐步变成现实的一部分，就可实现企业的经营目标，甚至可以左右一个外贸企业的发展走向。

第四节　跨境电商选品与采购

一、跨境电商选品

（一）跨境电商选品的要求

1.跨境电商选品的核心要求

跨境电商选品的核心要求包括优质的商品、优势的价格、符合跨境销售特性、满足目标海外市场需求、突出自己的特色竞争优势等。具体包括以下几点。

（1）市场潜力。市场潜力较大，利润率比较高，做跨境电子商务的产品利润率最基本在 50% 以上，甚至是 100% 的利润。

（2）产品操作简单。产品操作一定要简单，需要指导安装的产品不适合做跨境，因为后续的投诉和客户服务成本非常高。操作简单的商品售后服务也简单，基本上不需要有什么售后服务的产品最适合跨境电商。

（3）适合国际物流。产品还要适合国际物流，体积比较小、重量轻、不容易破碎产品比较适合。产品的大小和重量会直接影响到库存成本和物流运输，对同一件产品而言，尺寸也会影响到顾客的使用体验，因此合适的产品尺寸对打造爆款而言十分重要。

（4）产品性能好。产品不仅要求性能好，最好有自己独立的产品设计，企业有

产品研发能力、包装设计能力等。

（5）产品没有法律纠纷。产品不能违反平台和目的国的法律法规。知识产权、盗版或者违禁品不适合跨境电商，这种产品不仅赚不了钱，甚至需要付出法律代价。

（6）产品定价。任何超过替代品售价50美元的产品都不在顾客的"冲动购买范围"，或许更高的利润可以弥补销售量的不足，但这也仅限于一定的范畴。

2.跨境电商选品的其他要求

跨境电商选品也要注意以下几点。一是避免产品受季节性波动，从而只能在特定季节销售的产品，例如，只能在春季销售的复活节彩蛋以及只能在冬天售卖的圣诞树；能够全年稳定销售的产品不仅可以降低业务风险，也会有更多的数据反馈，以便于卖家做相关调整。二是避免生产过程过于复杂或时长过久的产品，一旦接到这些类目的大批量订单就意味着按时交付的生产压力以及运输损坏的风险，而且这些品类的退款和换货数量也高于一般品类。

挖掘产品亮点时需要考虑以下几点。一是利基产品。卖家在进行选品调研时不妨考虑尚未饱和的利基市场，这意味着较弱的市场竞争、固定的需求受众和稳定的市场利润。二是用户痛点。卖家在选品时一定要关注产品是否解决了顾客的需求痛点。尤其是在同类产品的筛选中，一些产品细节的设计或变化或许就可以解决顾客的某个痛点，从而获得顾客的喜爱。

（二）跨境电商选品的方法

1.店铺定位

做任何事情，没有人能够随随便便成功的。有些人在某个时候突然成功了，也是在以前所付出的积累的基础上起来的。对于做跨境电商的人来说，需要去梳理下自身有哪些优势，目前有哪些客户资源、产品资源、人脉资源等。如果以前有在某个行业有积累，可以先从这个行业入手，选择合适的产品来做跨境电商。这就涉及店铺的定位了，需要从目标市场、目标客户需求以及经营者的个性化核心竞争力来确定。定位是我们做任何事情的目标和基础，有了这个我们才好延伸下去，进行深入挖掘。

2.需求分析

店铺定位做跨境电商的行业之后，就需要针对这个行业去了解市场的需求。我们需要结合行业与国家的特点，这个国家的客户对这个行业的产品需求情况，目前国内哪些行业内产品能够与他们对接起来。因此，我们需要对目标海外市场进行需求分析，既然是分析就需要结合第三方数据信息来做，只有建立正确的数据基础上才能得出有力的证明，这些数据需要通过行业协会、行业展会等去获取。此外，还需要定期地去跟进，使得自己的产品能够与海外目标市场的需求更好地对接。

3. 通过跨境平台确定热销产品

产品的选择，需要通过来自各方面的信息去综合考虑。目前，跨境电商 B2B 平台主要有阿里巴巴、一达通、慧聪网、环球资源等。我们可以在这些平台上，输入确定行业的相关关键词，在平台的搜索框会出现一些热门搜索词，通过这些词，我们再结合第三方数据工具进行分析，从而得出供参考结论。

4. 浏览国外行业网站查看受欢迎款式的产品

在行业网站上，聚集着专业性较强的信息，如新闻资讯、产品款式。这些行业网站也是通过对当地的消费者进行分析之后，才提供内容来吸引消费者的关注。所以，我们在选择产品的时候，可以去看目标国家相关行业网站的产品，以作为自己做跨境电商选择产品的参考。

5. 借助社交媒体了解产品需求

社交媒体，聚集了大量的终端客户，社交媒体上的人气很旺，而且与我们的生活紧密相关，看看国内的微信就知道了。我们可以通过到国外的社交媒体了解用户的习惯和兴趣，关注社交媒体的热词。可以通过社交媒体，了解所选行业和目标市场对哪些产品的品类和款式的喜爱程度。国外常见的社交媒体有 Facebook、Titter 等。

6. 借助做得好的跨境电商商家

在任何一个行业，有做得好的商家，我们都可以去借鉴他们。在跨境电商平台，可以通过关键词搜索到一些排名靠前的榜样店铺，进入店铺之后，可以通过买家页面去研究选品的技巧，可以研究产品的标题、关键词、市场定位以及市场活跃度。可以经常去关注这些店铺，哪些地方调整了，产品的特性，定价，等等。在借鉴商家店铺的时候，需要去了解下该店铺的产品的盈利能力如何，从而有助于自身店铺在产品的选择与定价。

7. 产品的分类与产品线

任何一个商铺，不可能只销售几个产品，需要选择合适的产品分类、产品线。为了能够准时地给客户发货，做跨境电商需要做一些库存。但是，对于库存的把控，不同的产品，要求就不一样，因为这涉及资金流的问题。做得好的跨境电商，肯定不是什么产品都做，看见哪个产品卖得好就卖什么，而且有自己的定位。通过引流产品、核心盈利产品、常见产品进行合理搭配，同时做好产品之间的关联性，这样可以吸引潜在的目标客户，增加客户的黏合度。同时，也有助于占据消费者的心智。

从客户需求的角度来看，目标产品必须先满足用户的某种效用。比如俄罗斯用户，处于北半球的较高纬度，长时间处于寒冷的环境中，对于服饰的要求就要有很好的保暖性能。从选品自身的角度来看，选品在质量，外观和价格等方面要符合目标客户的需求。

虽然经济、科技、文化、市场等方面仍在不断变化，跨境电商选择商品也是个无休止境的事，但是无论市场如何改变，跨境电商选择目标产品不能是盲目而没有依据的，而是要有切实的数据分析，最终选择能够带来最大效益的产品。

（三）跨境电商选品的步骤

1.研究行业动态

要从行业角度对产品进行分析，这些产品均建立在以中国为制造或创造基地并面向国际市场出口的背景下。通过深入了解中国出口贸易中该类产品的市场规模和目标国家分布，旨在明确产品运作的空间和发展方向。为了获取行业动态和目标市场信息，寻找相关行业数据研究报告是最快捷、最有效的方法。

关于获取行业数据研究报告的途径，可以通过访问中国制造网、敦煌网等 B2B 平台以及跨境电商服务商。然而，报告中的数据价值需由跨境电商企业自行评估。在数据分析过程中，重要的是发现和挖掘报告中的关键信息，以便为企业的发展提供有力支持。

2.挖掘分析产品数据

电子商务是在信息技术化和互联网发展的背景下迅速兴起的行业，因此，懂得快速利用互联网获取有价值的商务信息是当今跨境电商必备的生存技能。数据驱动，是指通过对营销产品数据的提取、分析及监控，让数据作为管理者决策、员工执行的有效依据，作为跨境电商运营中的一个统一尺度和标准。一切以数据说话，一切以结果说话，即是数据驱动在跨境电商中应用的体现。

分析思路：灵活运用各种分析工具、系统等全面掌握商品的有关数据，对数据进行精细的分析研究，获取产品的有关信息，供确定目标产品的过程做决策参考。比如通过 Google Trends 工具分析产品的周期性特点，把握产品开发先机；借助 KeywordSpy 工具发现产品搜索热度和产品关键词，同时借助 Alexa 工具，选出至少3 家该品类中以该市场作为主要目标市场的竞争对手网站，作为对目标市场产品品相分析和选择的参考，但是目前谷歌相关搜索工具在我国需要翻墙才能使用。

3.产品定位

产品定位，即目标产品确定、目标市场或目标消费群体选择。通过对产品整体定位的理解和把握，跨境电商把目标产品在目标市场上营销才能获取更大的利益。依据行业分析和产品数据分析，先确定产品的相关属性，最后确定目标产品。

产品宽度方面：充分研究产品品类，拓展产品品类开发的维度，全面满足用户对该类产品的不同方面的需求，拓宽品类宽度的同时，也提升了品类的专业度；开发产品时，应考虑该品类与其他品类之间的关联性，提高关联销售度和订单产品数。

产品深度方面：每个子类的产品数量要有规模，品相足够丰富；产品有梯度（如高、中、低三个档次），体现在品相、价格等方面；挖掘有品牌的产品进行合作，提高品类口碑和知名度；对目标市场进行细分研究，开发针对每个目标市场的产品。

另外，还可以借助第三方信息研究报告及网络分析工具、第三方云销系统分析数据等，明确目标产品和目标产品的最优投放市场。

二、跨境电商产品采购

（一）采购渠道介绍

1. 成品贸易渠道

（1）快消品进口贸易。快消品是指消费者比较频繁购买的日常消费品，它们需要比较优质、比较新颖、比较可靠且相对较便宜。大多数快消品都是由国际上苛刻质量标准的出口国生产，也就是中国这类东南亚国家，其中中国是出口国的质量和供应能力的先驱。做跨境电商的货源渠道，快消品就是要重点考虑的一大类产品。

（2）精品贸易。精品贸易也是跨境电商货源渠道的一个重要组成部分。精品产品的特色是性价比高，外观精致、耐用、品质过硬，在货源渠道来说就是性能及质量都较高的比较受青睐的产品，所以是很重要的一个领域。一般由各类家电、厨卫等家居产品，以及精品箱包、礼品饰物、婚庆、XBOX 游戏机等家用类电子电器等组成。

2. 样品贸易渠道

（1）国际展会。国际展会是由各类展览和活动组成的一种综合性行业文化和社会活动，也是国际贸易的重要窗口。展会有专门的展商，专为各大商家供应展出新品，也是加厚样品宣传的一种平台，特别适合跨境电商企业进行货源渠道的拓展与洽谈，同时进一步增强口碑的功能。

（2）国际定制。国际定制是根据客户要求专门为客户制作的服务和产品，它包括服装行业，比如服装，鞋履等；家具行业，比如家具，灯具等；工艺品行业，比如金银制品，珠宝等。它和快消品的货源有些不同，使用国际定制的货源渠道，可以为消费者提供更优质而又个性化的产品，可以根据消费者的需求尽情定制，同时又保证产品不同阶段的流转过程，解决质量问题等。

3.淘宝等各大电商平台货源渠道

（1）淘宝。作为现在全球最受欢迎的同时也是国内最大的一家电商平台，淘宝国际版则拥有16个主要销售地区，除国内外各国均可买卖。货源渠道也是国际贸易中不可或缺的一环，而淘宝平台的众多货源渠道可以满足做跨境电商的企业的各项需求，有中国大陆渠道，海外渠道，开放平台等，这些货源渠道使跨境电商的企业客户可以在各种货源处购买的产品便宜、杂牌多质有保障、各个主要流通渠道可用。

（2）其他电商平台。电商平台是指受消费者欢迎、持续开展网络销售活动的平台，可以满足跨境电商企业对货源渠道的拓展和选择。除了淘宝以外，还有像当当，京东，拍拍等，他们在同行业中拥有较强的影响力及较多的受众群体，所以作为跨境电商企业也是一个相对重要的货源渠道。

4.货源渠道的基本说明

（1）货源渠道是指多个商业者接入环节，交易活动及分配流程，当消费者需求的商品出现的时候能够以有效的方式及时传递而满足消费者需求的整个渠道。

（2）货源渠道主要起到一个沟通双方进行供需调节、分配商品以及资金等信息的作用，对商品分配行为产生负面影响，从而影响各方获取收益的目的，使得交易无法正常进行，将流通变得不便捷。

（3）货源渠道的建立必须充分把握当地的消费者需求，合理配置好货源数量、类型，以及同步建立良好的仓储运输物流等，能够以有效的方式将需求调节成正确的一致性，并有效保证后续的流通，最终使消费者获得满意的服务。

5.跨境电商平台的货源渠道

（1）跨境电商平台可以通过贸易链条中多个参与者（供应商、渠道商、代理商、零售商等）的协调协作来满足消费者的需求，使货源得以有效的供给，以最低的成本把货物从国外运到国内，渠道商定期对央行金融机构及海关等部门进行备案，确保服务质量和便捷性。

（2）全球各个市场消费能力不同，因此需要掌握全球各地消费者的购买习惯及喜好，有的地方购买行为波动特别大，必须时刻调整货源量，以避免过多或过少的供货。平台可以通过实地调研、比较各个市场的消费者喜好和市场价格，有效的调节货源渠道，从而解决资源利用问题。

（3）在跨境市场，订单跟踪系统具有较高的价值，跨境电商平台可以通过有效的订单跟踪系统，以前置数据管理及分析系统，以不同的信息评分系统，以及

SYNC FTP 的交互方式，有效的管理客户订单信息，最大限度提升订单跟踪效率，避免流通过程中资源的浪费。

（4）同时跨境电商平台还要支持国际金融服务，如多币种结算、货币换算及清算缴纳等，需要集中放款给货源渠道，对流通货品进行实地核实，并有效的收集金钱数据及资料，最终达到系统联动的效果，全程有效的管控。

（二）供应商选择标准

1.选择供应商的概念

狭义地讲，选择供应商是指企业在研究所有的建议书和报价之后，选出一个或几个供应商的过程。广义的选择供应商则包括企业从确定需求到最终确定供应商以及评价供应商的不断循环的过程。

2.选择供应商的因素

根据企业调查研究，影响供应商选择的主要因素可以归纳为企业业绩、业务结构与生产能力、质量系统和企业环境四类。

3.优质供应商的特点

在全球化浪潮的进程中，中国制造低价优势渐失，中国供应商要想在竞争激烈的市场上谋求生存与发展，就必须让自己足够优秀，力争成为优质的供应商。那么优质的供应商又该具备哪些要素呢？

（1）优质的供应商不仅专注于工厂，还关注市场、工厂以外的内容。好的供应商会看市场的动向，什么产品流行，需要生产什么产品。一般的供应商只知道生产产品，只想把生产出来的产品卖掉。

（2）优质的供应商会坚持自己的定位和选择，会做出艰难的决定。比如说，美国西部的一家中等规模的采购商，他会专注于自己这个领域，会专门向他的目标客户推广和营销。有些供应商会尝试不同的渠道，看看是否可行，产品有不同的价格，他想尝试每个机会，这样做其实是非常危险的。

（3）优质的供应商会控制企业规模，更会关注现金流和利润。我国很多企业只是希望自己的企业能成长、成长、成长，他们可能会找到一个大客户，但大客户往往带来的利润微薄。反而中小规模的订单利润更多，所以多拿一些中小规模的订单，对一些大型订单应该要适当减少。

与此同时，供应商不能单独依靠一个大客户，这会非常危险。如果这个大客户公司经营状态不佳，或者换了供货商，公司就会非常危险，我们要降低运营风险，在接大单的时候要非常小心。此外，作为一个优质的供应商，在进行自动化时，也应多加考虑，不能用机器完全取代员工，并且尽可能地避免价格战。很多中国供应商认为自己价格是最低的，这样单子就多，但总会有人比你的价格更低。

总的来说，要想成为一个优质的供应商，当然不止上述的这些情况要注意，还有很多事情值得去做，比如建立品牌、提升产品质量、把产品做得更加多样化等，走向成功的道路非常多，就看你选择怎么走了。

4. 选择供应商的原则

供应商开发的基本准则是"Q.C.D.S"原则，也就是质量、成本、交付与服务并重的原则。

这四者中，质量因素是最重要的，首先要确认供应商是否有建立一套稳定有效的质量保证体系，然后确认供应商是否具有生产所需特定产品的设备和工艺能力。其次是成本与价格，要运用价值工程的方法对所涉及的产品进行成本分析，并通过双赢的价格谈判实现成本节约。在交付方面，要确定供应商是否拥有足够的生产能力，人力资源是否充足，有没有扩大产能的潜力。最后一点，也是非常重要的，就是供应商的售前、售后服务的记录。

（三）供应商选择步骤

很多跨境电商企业在选择供应商时，主观的成分过多，有时根据供应商的印象而确定供应商的选择，供应商选择中还存在一些个人的成分；此外，也有一些跨境电商企业在供应商选择的标准上不够全面，企业的选择标准多集中在供应商的产品质量、价格、柔性、交货准时性、提前期和批量等方面，没有形成一个全面的供应商综合评价指标体系，不能对供应商做出全面、具体、客观的评价。供应商的选择可以包括以下步骤。

1. 分析市场竞争环境

这个步骤的目的在于针对产品进行市场开发、确定供应链的合作关系。在此之前，必须知道产品需求是什么，产品的类型和特征是什么，以确认用户的需求，从而确认供应商评价选择的必要性。同时分析现有供应商的现状，分析、总结企业存在的问题。

2. 建立供应商选择目标

企业必须确定供应商评价程序如何实施，信息流程如何，负责人是谁，而且必须建立一个实质性的目标。其中降低成本是主要目标之一。供应商的评价、选择不仅仅是一个简单的评价、选择过程，它本身也是企业自身和企业与企业之间的一次业务流程重构过程，实施得好，它本身就可带来一系列的利益。

3.建立供应商评价标准

供应商综合评价的指标体系是企业对供应商进行综合评价的依据和标准，是反映企业本身和环境所构成的复杂系统不同属性的指标，是按隶属关系、层次结构有序组成的集合。根据系统全面性、简明科学性、稳定可比性、灵活可操作性的原则，建立集成化供应链管理环境下供应商的综合评价指标体系。不同行业、企业、产品需求、环境下的供应商评价应该是不一样的，但应涉及供应商的业绩、设备管理、人力资源开发、质量控制、成本控制、技术开发、用户满意度、交货协议等方面。

4.建立评价小组

企业必须建立一个小组以控制和实施供应商评价。评价小组必须同时得到制造商企业和供应商企业最高领导层的支持。

5.供应商参与

一旦企业决定实施供应商评价，评价小组必须与初步选定的供应商取得联系，以确认他们是否愿意与企业建立合作关系，是否有获得更高业绩水平的愿望。企业应尽可能早地让供应商参与到评价的设计过程中来。然而，因为企业的力量和资源是有限的，企业只能与少数的、关键的供应商保持紧密的合作，所以参与的供应商不宜太多。

6.评价供应商

评价供应商的一个主要工作是调查、收集有关供应商的生产运作等信息。在收集供应商信息的基础上，可以利用一定的工具和技术方法对供应商进行评价。根据评价结果可以确定供应商，通过评价的供应商可以进行合作；如果没有供应商通过评价，则返回步骤（二）重新开始供应商的遴选和评价。

7.实施合作关系

在实施合作关系的过程中，市场需求将不断变化，可以根据实际情况的需要及时修改供应商评价标准，或重新开始供应商评价选择。在重新选择供应商时，应给予之前合作的供应商以足够的时间适应变化。

（四）产品包装与运输

1.产品的包装

跨境电商产品运营是中心，物流售后是底子，图片优化是很多卖家在花心思的主要重点，产品改进和微立异是近两年我们煞费苦心在做的事情，或许很多卖家会忽视产品包装的重要性。

好的产品包装，往往会影响顾客对产品的评价，使它从很多竞品中脱颖而出，同时它也是一个削减产品运输成本。

（1）货物的形式分类如下：①包装货是指货物本身被包装材料全部包装而不能直接看到的货物，如香烟、饼干、电脑等日常生活消费品一类的货物。②裸装货是指货物本身主要部位被包装材料包装，而其他部分并未包装甚至货物的整体都未包装可以直接看见货物本身的货物，如钢材、发电机、机床等生产资料货物。③散装货物是指货物本身呈聚散状且没有任何包装物的货物，如散粮、煤炭、矿石等初级产品。

（2）包装有以下五种功能。

①保护与盛载被包装物是包装制品的最基本功能。被包装物品的复杂性决定了它们具有各样的质地和形态，有固体的、液体的、粉末的或膏状的等。这些物品一旦形成商品后，就要经过多次搬运、贮存、装卸等许多过程，最后才能流入到消费者手中。在以上流通过程中，都要经历冲撞、挤压、受潮、腐蚀等不同程度的损毁。如何将商品保持完好状态，使各类损失降到最低点，这是包装制品生产制造之前首先考虑的问题，同时也是选材设计乃至结构设计的理论依据。具体表现在以下几个方面：

一是防止震动、挤压或撞击：商品在运输过程中要经历多次装卸、搬运。如震荡、撞击、挤压及偶然因素，极易使一些商品变形、变质。因此在包装选材上应该选取那些具有稳定保护性的材料，设计结构合理的盛装制品才能充分发挥包装的功能。

二是防干湿变化：过于干燥、过分潮湿都会影响某些被包装物品的品质，在这一类物品的包装选材上，就应选取那些通透性良好的材料。

三是防冷热变化：温度、湿度高低会影响某些商品的性质。适宜的温度、湿度有利于保质保鲜，不适宜的温度、湿度往往造成商品干裂、污损或霉化变质；因此，包装在选材上要考虑温度、湿度变化会对包装的适应性的影响。

四是防止外界对物品的污染：包装能有效地阻隔外界环境与内装物品之间的联系，形成一个小范围的相对"真空"地带，这样，可以阻断不清洁环境产生的微生物对内装物品的侵害，防止污物接触物品而使其发生质变。

五是防止光照或辐射：有些商品不适于紫外线、红外线或其他光照直射。如化妆品、药品等，光照后容易产生质变，使其降低功效或失去物质的本色。

六是防止酸碱的侵蚀：一些商品本身具有一定的酸碱度，如果在空气中与某些碱性或酸性及具有挥发性的物质接触时，就会发生潮解等化学变化，影响被包装物质本质。如油脂类，如果用塑料制品包裹时间过长，就会产生化学变化而影响产品的品质。

七是防止挥发或渗漏：许多种液态商品的流动性，极易使其在储运过程中受损，如碳酸饮料中溶解的二氧化碳膨胀流失，某些芳香制剂和调味品挥发失效等，而包装物的选择恰恰能避免其特性的改变。

②储运与促销。由于包装与被包装物都属于商品，商品在流通领域中就存在着运输储存等客观因素。各类商品大小形态不一，这样会给运输或储存带来许多不便，而包装恰恰能够解决这一问题，它可以统一商品的大小规格，以方便贮运或流通过程中的搬运或数量的清点。同时，包装物还可以印上各类图形、文字，利用鲜明的色彩，提醒消费者使用或注意，以达到促进消费的最终目的。在食品包装中，关于注意卫生或有关其他方面的教育也屡见不鲜。

③美化商品与传达信息。包装中视觉效果的传达是包装中的精华，是包装最具商业性的特质。包装通过设计，不仅使消费者熟悉商品，还能增强消费者对商品品牌的记忆与好感，贮存对生产商品企业的信任度。包装物还可以通过造型给人以美感，体现浓郁的文化特色。包装物品以明亮鲜艳的色调，使之在强烈的传统文化节律中表达或渗透着现代的艺术风韵和时代气息。这就使包装的商品具有了生命活力和美妙的诗意。当然商品的自身价值也会身价百倍。有的包装制品甚至可以当作艺术品供人玩味珍藏。这样一来，就能将消费环节的诸多因素调动起来，在消费环节中进行全方位的渗透，以达到促进消费的最佳实效。

④卫生与环保。包装就是将各类物品盛装在特定的容器中，在盛装之前包装物都要经过清洗、干燥、消毒、除尘等几道工序的处理。盛装物品后，使物品与外界细菌或有毒物质隔离，在一定程度上保持了物品加工流通过程中的稳定性。包装的这个功能恰恰减少了物品的二次污染，充分体现了现代文明社会中产品卫生的首要准则。包装制品除了美观大方、便于使用外，而且更要无毒无污染。特别是近几年刚刚兴起的包装行业中的绿色革命，在人们心目中形成了环保消费的观念。提倡消费者使用那些可以循环再生利用的或是不会造成环境污染的包装制品。如我们常见的啤酒瓶、可降解的一次性快餐盒等，已广为人知，并备受广大消费者的青睐。而那些污染性强的包装物，一方面已被限制或禁止使用，另一方面也没有市场前景，最终被社会所淘汰。

⑤循环与再生利用。包装制品有许多是可以多次循环使用的，有的可以通过回收处理后反复使用，有的通过有效的方式进行再加工处理，也可制成包装制品。包装制品的这种循环与再生利用功能，一方面可降低包装制品的成本，另一方面可充分利用和节省资源，更符合可持续发展的要求。

（3）包装的分类。由于运输、堆存、销售、陈设、爱护商品等的不同要求，产品的包装设计产生了不同的种类和形式。有些包装只供生产记数和装运、堆存之用，并不一定都与消费者见面。有些包装则随产品一起卖给消费者。由于作用与用途的区别，按照我国贸易实践和国际贸易的统一规定，我们把包装划分为运输包装、销售包装两大类。

①运输包装。外包装，又称大包装。生产部门为了方便记数、仓储、堆存、装卸和运输的需要，必须把单体的商品集中起来，装成大箱，这确实是运输包装。它要求牢固耐用，不使商品受损，并要求提升使用率，在一定的体积内合理地装更多的产品。由于它一样不和消费者见面，故较少考虑它的外表设计。为方便计数及标明内在物，只以文字标记货号、品名、数量、规格、体积，以及用图形标出防潮、防火、防倒、防歪等要求就能够了。

外包装的材料最常用的是瓦楞纸箱、麻包、竹篓、塑料筐、化纤袋、铁皮等。中包装，也属运输包装一部分（视用途而定），它是为了打算生产和供应，有利于推销，计数和爱护内包装而设计的。如：10包香烟为一条，8个杯子为一盒，20罐易拉罐啤酒为一箱，等等。

这种设计比较简要、单纯，这要按照是否与消费者直会见面来确定设计。但在包装本身的制作上由于不是个体的小包装，因此，必须考虑制作是否结实。

随着带有中包装的产品习惯超级市场的销售，因此关于中包装在考虑制作结实的基础上，设计也越来越受到重视。它起到的作用往往与小包装是同等的。它的外形，图形，色彩，标记，符号同样构成了产品的外貌，代表着某种特定的商品，成为直截了当与消费者交流的桥梁。

②销售包装。根据商品的特征和形状，销售包装可采用不同的包装材料和不同的造型结构与样式。常见的销售包装有以下几种：

一是挂拭包装。可在商店货架上悬挂展示的包装，其独特的结构如吊钩、吊带、挂孔、网兜等，可充分利用货架的空间陈列商品。

二是堆叠式包装。这种包装通常指包装品顶部和底部都设有吻合装置使商品在上下堆叠过程中可以相互咬合，其特点是堆叠稳定性强，大量堆叠而节省货位，常用于听装的食品罐头或瓶装商品。

三是便携式包装。包装造型和长宽高比例的设计均适合消费者携带使用的包装，如有提手的纸盒、塑料拎包等。

四是一次用包装又称单份包装、胞装或方便包装，使用次为目的的较简单的包装。如一次用量的药品、饮料、调味品等。

五是易开包装。包装容器上有严格的封口结构，使用者不需另备工具即可容易地开启。易开包装又分为易开罐、易开瓶和易开盒等。

六是喷雾包装。在气性容器内，当打开阀门或按压按钮时，内装物由于推进产生的压力能喷射出来的包装。例如，水、气清新剂、清洁剂等包装。

七是配套包装。将消费者在使用上有关联的商品搭配成套，装在同一容器内的销售包装。如工具配套袋、成套茶具的包装等。

八是礼品包装。专作为送礼用的销售包装，礼品包装的造型应美观大方，有较高的艺术性，有的还使用彩带、花结、吊牌等。它的装潢除了给消费者留下深刻印象外，还必须具有保护商品的良好性能。使用礼品包装的范围极广，如糖果、化妆品、工艺品、滋补品和玩具等。

延伸阅读：销售包装。销售包装又称"内包装"（INNER PACKING），"小包装"（SMALL PACKING）或直接包装（IMMEDIATE PACKING），是在商品包装制造出来以后，以适当的材料或容器所进行的初次包装。

销售包装除了保护商品的品质外，还能美化商品，宣传推广，便于陈列展销，吸引顾客和方便消费者识别、选购、携带和使用，从而能起到促进销售，提高商品价值的作用。有的商品如照相胶卷、罐头食品只有进行了销售包装，生产才真正完成。

（4）包装的标志。包装标志是为了便于货物交接、防止错发错运，便于识别，便于运输、仓储和海关等有关部门进行查验等工作，也便于收货人提取货物，在进出口货物的外包装上标明的记号。包装的标志可分为运输标志和指示性标志两种。

①运输标志，即唛头。这是贸易合同、发货单据中有关标志事项的基本部分。它一般由一个简单的几何图形以及字母、数字等组成。唛头的内容包括：目的地名称或代号，收货人或发货人的代用简字或代号、件号（即每件标明该批货物的总件数），体积（长 × 宽 × 高），重量（毛重、净重、皮重）以及生产国家或地区等。

②指示性标志。按商品的特点，对于易碎、需防湿、防颠倒等商品，在包装上用醒目图形或文字，标明"小心轻放""防潮湿""此端向上"等。只是标志用来指示运输、装卸、保管人员在作业时需要注意到事项，以保证物资的安全。这种标志主要表示物资的性质，物资堆放、开启、吊运等的方法。

根据国家标准 GB191-2008 规定，在有特殊要求的货物外包装上黏贴、涂打、钉附以下不同名称的标志。如向上、防潮、小心轻放、由此吊起、由此开启、重心点、防热、防冻等。

此外，在跨境贸易中，产品包装还有以下注意事项：

第一，适宜的箱子尺寸。过大的箱子会造成较高运费以及填充物的。巨细适宜的箱子能够削减产品与箱子之间的磕碰。可以挑选适合的箱子，试着用不同的方法将产品装箱。

第二，避免使用有裂痕的原料封装。一般人有重复使用纸箱的习惯，但绝对不要使用有裂痕的纸箱。一旦有裂痕，纸箱可接受的力气将会削减70%。

第三，选用较高受力度的包装原料。比起聚苯乙烯只能接受一次的冲撞力，聚乙烯和聚氨基甲酸酯的原料相对有较高的受力度。易碎的产品一定要运用聚苯乙烯填充粒子或是气泡纸来包装。必要时运用双层包装。箱子外面一定要注明"易碎"的标明。

第四，保证礼物和节假日出售商品包装完好。生日、纪念日或中秋节这类的特别节日，商家除了要愈加注重产品能够按时送达以外，更要留意到收到产品时的质量一定要完好的。

第五，避免用太小尺寸的箱子包装高价位产品。为了避免所寄出的高价位产品在半途遗失，建议采用至少7×4×4巨细的箱子来寄送昂贵的珠宝首饰等，太小的箱子容易在运输的过程中被错放或遗忘。

第六，提前测试适应各种环境的包装方法。必须自行设计一个实验，在任何可能发生的恶劣环境下，像是温差和湿度条件，来测试包装是否符合这些环境的考验。

第七，再次确认地址

地址的标签是贴在纸箱外层的，而第二张包装纸条是要放在内箱里跟产品一起的。最好在外箱上加上清楚的退货地址。地址应该要能够依附在或是直接写在外箱上面。最好用油性笔写。

其他注意事项：

第一，枕头或真品布料类产品，婴儿儿童用品用塑胶袋包好包紧，保证在运送过程不会沾到尘埃。

第二，易碎品需要小心维护，做冲击力测试。可以使用气泡布，要包装严实，保证商品在运送过程中的稳定性。

第三，液体类产品瓶口要有两层封口再用塑胶包装包起来。

第四，尖利的物品像是刀子之类的都不能让尖利的部分露出。很小的产品有必要个别包装。如果是整组卖的有必要明确标明是整组卖的。

第五，所有的包装，都要保证标签是能够被扫描的。

第六，会过期的产品期限有必要印在可看到的地方，如果是需要用气泡布包的产品就有必要从头贴上两张标签，一张条码和一张期限的标签。

第七，如果是重复使用之前用过的纸箱，要把上面本来有的条码都撕掉或覆盖掉，保证只要一个条码在上面。

2.跨境电商的商品运输方式

跨境电商商品运输有多种方式，最常见的方式包括以下三种。

（1）海运。海运是跨境电商商品运输的主要方式之一。当商品从一个国家到另一个国家时，使用海运是最常见的方式。海运可以通过集装箱或散装货物运输。

（2）空运。空运是另一个常见的跨境电商商品运输方式。空运比海运更快，适合于紧急的货物。然而，空运的费用比海运更高。

（3）陆运。陆运是适用于跨越国家边境的跨境电商商品。它可以通过卡车，火车和其他地面交通工具来完成。

3.跨境电商商品的运输过程

跨境电商商品的运输过程可以分为六个阶段。

（1）货物的准备。商品的准备是跨境电商商品运输的第一阶段。在这个阶段，商品应该被包装好，并具有适当的标签和运输文件。

（2）海关报关。在商品要穿过边境时，必须向海关声明货物。海关报关阶段是一个非常重要的阶段，其中有许多细节需要处理。海关报关对商品留下了准确的记录，以便后续处理。

（3）国内运输。在商品过境后，必须进行国内物流运输。在这个阶段，商品将被转移到适当的工具上，例如卡车或铁路。这是确保商品最终到达目的地的重要阶段。

（4）国际运输。在完成国内运输后，商品将通过适当的国际运输方式（海运、空运或陆运）运输到目的地国家。

（5）海关申报和通关。商品到达目的地国家后，必须再次进行海关申报和通关。这个阶段和在出发国报关时类似，需要严格的合规性和规定。

（6）国内分配。在商品通过海关申报和通关后，必须完成国内分配。此时，商品将被转移到目的地国家内的适当销售点。

4.跨境电商商品运输过程中存在的主要问题

（1）海关清关问题。海关清关是跨境电商商品运输中最棘手的问题之一。拖延的清关可能会导致商家失去销售机会，影响顾客的满意度。这个问题通常也是因为海关部门所遵守的政策和程序不同。

（2）诈骗问题。由于跨境电商涉及多个国家和不同的货币，因此存在许多欺诈行为。消费者和卖家可能会失去金钱和商品。

（3）服务质量问题。如果仓库的管理不当，物流和交货的准确性和及时性会受到影响，导致顾客对电商的不满。

（4）运费问题。跨境电商商品的运费通常较高，而且还需要额外的费用，如关税和税费。这是一个重要的问题，因为高运费可能会使许多潜在客户放弃购买商品。

（5）捆绑销售问题。许多跨境电商公司通过捆绑销售方式来提高销售额，即将不要的或不必要的产品捆绑在一起销售。这些产品可能并不符合消费者的需求，但却增加了商品的总价值。

5.跨境电商商品运输过程中的解决方案

（1）物流服务提供商的选择。在选择物流服务提供商时，应该选择信誉良好的公司，并查找有关公司业绩和表现的反馈。与客户支持团队通信以了解他们的策略和效率，并检查物流提供商的技术系统是否满足您的需求。

（2）自动化技术的运用。将自动化技术系统应用到跨境电商物流管理中，可以增加物流运输过程的效益。例如，使用物流软件可以有效处理订单，以及减少数据输入的可能性。

（3）提前申报。提前申报可以帮助检查员更快速地处理清关手续。通过提前申报，客户可以加快物流过程。此外，提前申报还有助于避免海关清关时出现不必要的问题。

（4）服务质量的监督和管理。在物流和运输过程中监督和管理服务质量是非常重要的。通过对客户满意度的反馈和检查检查员的流程，可以协调和监管物流流程，从而提高服务质量。

（5）定价策略的调整。市场上的运费是跨境电商的一个核心问题。通过对不同运输策略的分析，可以以适当的价格竞争。此外，应当寻找具有适当费用结构的物流服务提供商，并从中评估企业的效益。

（6）消费者权益的维护。跨境电商涉及多个国家和货币，因此存在欺诈和不良行为的风险。为了保护消费者权益，应采取措施减少欺诈行为，例如需要在运输过程中添加保险。

（五）产品质量检验

1.概念

质量检验也称"技术检验"，是指采用一定检验测试手段和检查方法测定产品的质量特性，并把测定结果同规定的质量标准做比较，从而对产品或一批产品做出合格或不合格判断的质量管理方法。其目的在于，保证不合格的原材料不投产，不合格的零件不转入下一工序，不合格的产品不出厂；并收集和积累反映质量状况的数据资料，为测定和分析工序能力，监督工艺过程，改进质量提供信息。

2. 职能

根据技术标准，产品图样、作业（工艺）规程或订货合同、技术协议的规定采用相应的检测、检查方法观察、试验、测量产品的质量特性，判定产品质量是否符合规定的要求，这是质量检验的鉴别功能。鉴别是"把关"的前提，通过鉴别才能判断产品质量是否合格。不进行鉴别就不能确定产品的质量状况，也就难以实现质量"把关"，因此鉴别功能是质量检验各项功能的基础。

3. 把关

把关是质量检验最基本的职能，也可称为质量保证职能。这一职能是质量检验出现时就已经存在的，即使是生产自动化高度发展的将来，检验的手段和技术有所发展和变化，质量检验的把关作用仍然是不可缺少的。企业的生产是一个复杂的过程，人、机、料、法、环等诸要素，都可能使生产状态发生变化，各个工序不可能处于绝对的稳定状态，质量特性的波动是客观存在的，要求每个工序都保证生产 100% 的合格品实际上是不可能的。因此，通过检验实行把关职能是完全必要的。随着生产技术的不断提高和管理工作的完善化，可以减少检验的工作量，但检验仍然必不可少。只有通过检验，实行严格把关，做到不合格的原材料不投产，不合格的半成品不转序，不合格的零部件不组装，不合格的产品不出厂，才能真正保证产品的质量。

4. 预防

现代质量检验区别于传统检验的重要之处，在于现代质量检验不单纯是起到把关的作用，同时还起到预防的作用。

检验的预防作用主要表现在以下两个方面。

（1）通过工序能力的测定和控制图表的使用起到预防作用。众所周知，无论是工序能力的测定或使用控制图表，都需要通过产品检验取得一批或一组数据，进行统计处理后方能实现。这种检验的目的，不是为了判断一批或一组产品是否合格，而是为了计算工序能力的大小和反映生产过程的状态。如发现工序能力不足，或通过控制图表明生产过程出现了异常状态，则要及时采取技术组织措施，提高工序能力或消除生产过程的异常因素，预防不合格品的发生，事实证明，这种检验的预防作用是非常有效的。

（2）通过工序生产中的首检与巡检起到预防作用。当一批产品处于初始加工状态时，一般应进行首件检验（首件检验不一定只检查一件），当首件检验合格并得到认可时，方能正式成批投产。此外，当设备进行修理或重新进行调整后，也应进行首件检验，其目的都是为了预防出现大批不合格品。正式成批投产后，为了及时发现生产过程是否发生了变化，有无出现不合格品的可能，还要定期或不定期到现场进行巡回抽查（巡检），一旦发现问题，就应及时采取措施予以纠正，以预防不合格品的产生。

5. 报告

报告的职能也就是信息反馈的职能，这是为了使高层管理者和有关质量管理部门及时掌握生产过程中的质量状态，评价和分析质量体系的有效性。为了能做出正确的质量决策，了解产品质量的变化情况，必须把检验结果用报告形式，特别是计算所得的指标，反馈给管理决策部门和有关管理部门，以便做出正确的判断和采取有效的决策措施。报告的主要内容包括以下几个方面：

（1）原材料、外购件、外协件进厂验收检验的情况和合格率指标。

（2）产品出厂检验的合格率、返修率、报废率、降级率以及相应的金额损失。

（3）按车间和分小组的平均合格率、返修率、报废率、相应的金额损失及排列图分析。

（4）产品报废原因的排列图分析。

（5）不合格品的处理情况报告。

（6）重大质量问题的调查、分析和处理报告。

（7）改进质量的建议报告。

（8）检验人员工作情况报告。

6. 改进

质量检验参与质量改进工作，是充分发挥质量把关和预防作用的关键，也是检验部门参与质量管理的具体体现。

质量检验人员一般都是由具有一定生产经验、业务熟练的工程技术人员或技术工人担任。他们熟悉生产现场，对生产中人、机、料、法、环等因素都比较了解。因此对质量改进能提出更切实可行的建议和措施，这也是质量检验人员的优势所在。实践证明，特别是设计、工艺、检验和操作人员联合起来共同投入质量改进，能够取得更好的效果。

7. 监督验证

质量监督和验证是市场经济和质量保证的客观要求，而这种监督和验证是以检验为基础的。从微观和宏观管理出发，质量监督主要分为以下5个方面。

（1）自我监督。企业通过内部检验系统的正常运转，对原材料和外购件进行把关的质量监督；对产品设计质量的监督；对产品形成过程的质量监督；对产品进入流通领域的质量监督，等等。

（2）用户监督。企业通过建立和完善用户满意度评价体系，定期对用户进行调查和访问，取得产品进入流通领域之后，用户对质量的直接评价。从而，为企业不断改进目标和策略提供科学依据。

（3）社会监督。企业通过各种形式和渠道，积极参与和配合消费者的民间团体组织，对自身产品和服务质量进行评价，以真正体现企业的社会责任。

（4）法律监督。市场经济就是法制经济。企业通过认真学习和遵守法律制度正确地约束自身的经营行为和维护自身的合法权益。同时，消费者以及全社会通过《产品质量法》《食品卫生法》《药品管理法》《计量法》《民法典》《经济合同法》《民事诉讼法》《行政诉讼法》《刑法》《反不正当竞争法》《消费者权益保护法》《仲裁法》等相关法律监督和规范社会各类质量行为，以保护国家和生产者、销售者以及广大消费者的合法权益。

（5）国家监督。国家监督是指由国家授权，以第三方公正为立场的机构所进行的质量监督。例如，国家商检部门对进出口产品的质量标准所进行的检查监督。此外，国家对主要工业产品的监督，例如，包括食品、生活日用品等实行定期和不定期的抽查监督，起到监督企业经营行为、保护消费者合法权益，维护社会经济秩序的重要作用。

8.检验方式

质量检验的方式可以按不同的标志进行分类。

（1）按检验的数量划分为全数检验、抽样检验。

（2）按质量特性值划分为计数检验、计量检验。

（3）按检验技术方法划分为理化检验、感官检验、生物检验。

（4）按检验后检验对象的完整性划分为破坏性检验、非破坏性检验。

（5）按检验的地点划分为固定检验、流动检验。

（6）按检验目的划分为生产检验、验收检验、监督检验、验证检验、仲裁检验。

（7）按供需关系划分为第一方检验、第二方检验、第三方检验。

第五节　跨境电商商品定价

一、商品的价格构成

商品的实际成本一般由下面几部分组成：进货成本（商品价格＋快递成本＋破

损成本）+ 跨境物流成本 + 跨境电商平台成本（包括推广成本、平台年费、活动扣点）+ 售后维护成本（包括退货、换货、破损成本）+ 其他综合成本（人工成本、跨境物流包装成本等）。

（一）进货成本

进货成本指从国内供应商处采购商品的成本，一般包括工厂进价和国内物流成本。进货成本取决于供应商的价格基础。在进行跨境商品定价之前首先应该了解商品采购价格处于这个行业价格的什么水平，价格是否具备优势。选择一个优质的供应商是跨境电商经营的重中之重，优质的商品品质、商品研发能力、良好的电商服务意识都是选择供应商要考虑的因素，但最核心的因素是供应商的价格必须具备一定的市场竞争力，这样才可能拥有足够的利润空间去做运营和推广。

（二）跨境物流成本

跨境物流成本是商品实际成本的重要组成部分，根据跨境物流模式的不同而有所不同。在跨境物流费用的报价上，商品标价里通常会写上"包邮"（free shipping），这样的标价方式比较吸引客户。所以，卖家一定要将跨境物流费用计算在商品价格之中。

（三）跨境电商平台成本

跨境电商平台成本是指基于跨境电商平台运营向跨境电商平台支付的相关费用，一般包括入驻费用、成交费用、推广费用、平台年费和活动扣点。其中的核心是推广费用，如阿里巴巴速卖通平台的 P4P（pay for performance，按业绩付费）项目推广费用。如果卖家的资金实力不够雄厚，对于商品的推广投入成本更应该谨慎且要有非常详细的预算，一般资金投入建议是：

（工厂进价 + 国际物流成本）×（10% ～ 35%）。就入驻费用而言，目前只有敦煌网和 Wish 不收，其余平台都要收，且每年在 1 万元以上。就成交费用而言，阿里巴巴速卖通按每笔成交额的 5% 收取，而亚马逊则是按成交额的一定比例收取，一般为 8% ～ 15%，其他的平台也有相应规定。跨境电商平台成本越高，商品的价格就会越高，就越不具备价格竞争力。

（四）售后维护成本

售后维护成本是很多跨境电商创业新人最容易忽视的一个成本。很多中小跨境电商卖家在本国境内发货，线长点多周期长，经常会出现一些商品破损、丢件甚至客户退货退款的纠纷。因为跨境电商的特性，成本的投入往往比较高，卖家在核算成本时应把这个成本明确核算进去。

（五）其他综合成本

其他综合成本包括人工成本、办公成本、跨境物流包装成本等。

（六）利润率

利润率也是跨境电商卖家需要考虑的因素，利润率越高，商品的售价也就越高。目前阿里巴巴速卖通等平台的利润率普遍越来越低，一般在 15% ～ 20%。

二、商品定价目标

在对商品实施定价前，要确定自己的定价目标。定价目标是卖家希望通过制定商品价格达到的目的。这个目的，决定了卖家选择什么样的定价方法。

网上商品的定价目标不是单一的，它是一个多元的结合体。下面是一些常用的定价目标：

（1）以获得理想利润为目标。

（2）以获得适当的投资回报率为目标。

（3）以提高或维持市场占有率为目标。

（4）以稳定价格为目标。

（5）以应付或防止竞争为目标。

（6）以树立形象为目标。

三、商品定价策略

（一）商品组合定价策略

商品组合定价策略是把店铺里相互关联的商品组合起来一起定价，而组合中的商品都属于同一个商品大类别，如男装就是一个大类别。每一个大类别都有许多品类群，男装可能有西装、衬衫、领带和袜子等品类群，卖家可以把这些商品品类群组合在一起定价。这些品类群商品的成本差异以及顾客对这些商品的不同评价再加上竞争者的商品价格等一系列因素，决定了这些商品的组合定价。商品组合定价可以细分为以下几个方面。

（1）不同等级的同种商品构成的商品组合定价。这类商品组合，可以根据这些不同等级的商品之间的成本差异、顾客对这些商品不同外观的评价以及竞争者的商品价格，来决定各个相关商品之间的价格。

（2）连带商品定价。这类商品定价，要有意识地降低连带商品中购买次数少、顾客对价格比较敏感的商品价格，提高连带商品中销量较大、顾客需要重复购买且对价格提高反应不太敏感的商品价格。

（3）系列商品定价。对于既可以单个购买又能配套购买的系列商品，可实行成套商品定价的方法。成套销售可以节省流通费用，而减价优惠又可以扩大销售，这样流通速度和资金周转将大大加快，有利于提高店铺的经济效益。

（4）等级差别定价。根据质量和外观上的差别，把同种商品分成不同的等级，分别定价。这种定价方法一般都是选其中一种商品作为标准品，其他分为低、中、高三档，再分别定价。对于低档商品，可以把它的价格逼近商品成本；对于高档商品，可使其价格较大幅度地超过商品成本。

（二）阶段性定价策略

阶段性定价就是根据商品所处市场周期的不同阶段来定价。

1.商品新品期定价

新上市商品定价这个阶段由于商品刚刚投放市场，许多消费者还不熟悉这个商品，因此销量低，也没有竞争者。为了打开新商品的销路，在定价方面，可以根据不同的情况采用高价定价方法、渗透定价方法和中间定价方法。

对于一些市场寿命周期短，花色、款式翻新较快的时尚商品，一般可以采用高价定价方法。在网上消费者中，有一些收入较高的白领，他们对新奇商品有特别的偏好，愿意出高价购买新奇的商品。

对于一些有较大的市场潜力、能够从多销中获得利润的商品，可以采用渗透定价方法。这种方法是有意把新商品的价格定得很低，必要时甚至可以亏本出售，以多销商品达到渗透市场、迅速扩大市场占有率的目的。

对一些经营较稳定的大卖家可以选择中间定价方法。这种方法以价格稳定和预期销售额的稳定增长为目标，力求将价格定在一个适中的水平。

2.商品成长期定价

商品进入成长期后，店铺生产能力和销售能力不断扩大，表现在销售量迅速增长，利润也随之大大增加。这时候的定价应该是选择能够保证店铺实现目标利润或目标回报率的定价策略。

3.商品成熟期定价

商品进入成熟期后，市场需求已经日趋饱和，销售量也达到顶点，并有开始下降的趋势，表现在市场上就是竞争日趋激烈，仿制品和替代品日益增多，利润达到顶点。在这个阶段，一般采用将商品价格定得低于同类商品的策略，以排斥竞争者，维持销售额的稳定或进一步增大。

这时，掌握正确的降价依据和降价幅度是非常重要的，一般应该根据具体情况来慎重考虑。如果商品有明显的特色，有一批忠诚的顾客，这时就可以维持原价；如果商品没有什么特色，就要用降价方法保持竞争力。

4.商品衰退期定价

在商品衰退期，商品的市场需求和销售量开始大幅度下降，市场发现了新的替代品，利润也日益缩减。这个时期常采用的定价方法有维持价格和驱逐价格两种方法。

如果想要处于衰退期的商品继续在顾客心中留下好的印象，或是希望能继续获得利润，就要选择维持价格。维持定价策略能否成功，关键要看新的替代品的供给状况。如果新的替代品满足不了需求，那么卖家还可以维持一定的市场；如果替代品供应充足，顾客肯定会转向替代品，这样一定会加速老商品退出市场的速度。

对于一些非必需的商品，它们虽然已经处于衰退期，但是它的需求弹性大，这时可以把价格降低到无利可图的水平，将其他竞争者驱逐出市场，尽量扩大商品的市场占有率，以保证销量、回收投资。

（三）薄利多销和折扣定价策略

1.薄利多销定价

对于一些社会需求量大、货源有保证的商品，适合采用薄利多销的定价方法。这时要有意识地压低单位利润水平，以相对低廉的价格，提高市场占有率，以期能在长时间内实现利润目标。

2.数量折扣定价

数量折扣是对购买商品数量达到一定数额的顾客给予折扣，购买的数量越大，折扣也就越多。采用数量折扣定价可以降低商品的单位成本，加速资金周转。数量折扣有累积数量折扣和一次性数量折扣两种形式。

累积数量折扣是指在一定时期内购买的累计总额达到一定数量时，按总量给予的一定折扣，如常说的会员价格；一次性数量折扣是指按一次购买数量的多少而给予的折扣。要决定最佳的、最合理的折扣率很困难，店铺应根据自身情况来酌情制定。

3.心理性折扣定价

当某类商品的牌子、性能、寿命不为顾客所了解，商品市场接受程度较低的时候，或者商品库存增加、销路又不太好的时候，可采用心理性折扣定价，一般都会收到较好的效果。因为消费者都有喜欢折扣价、优惠价和处理价的心理，卖家只要采取降价促销手段，这些商品就有可能在众多的商品中脱颖而出，吸引消费者的眼球，大大提高成交的机会。当然，这种心理性折扣必须制定合理的折扣率，才能达到销售的目的。

（四）分析买家的心理投其所好的定价策略

消费者的价格心理主要有：以价格区分商品档次的心理；追求名牌心理；求廉价心理；买涨不买跌心理；追求时尚心理；对价格数字的喜好心理，等等。在商品定价过程中，必须考虑顾客在购买活动中的某种特殊心理，从而激发他们的购买欲望，达到扩大销售的目的。

四、商品定价方法

（一）做跨境电商产品如何进行有效的定价

1.供应商的价格基础

在跨境平台商品定价之前，你应该清楚的了解商品的采购价格是处于这个行业价格的什么水平，也就是供应商的价格是不是具备优势。跨境电商经营要成功选择一个优质的供应商是重中之重，优质的产品，卓越的产品研发能力，良好的电商服务意识，更重要的是供应商给你的价格必须具备市场竞争力，这样你才可以拥有足够的利润空间去做运营和推广。

2.实际综合成本

开店的目的是赢利，所以你要非常清楚你的产品成本，他也是你后期对产品定价的基础。商品的实际成本一般会由下面几点组成：进货成本（产品价格＋快递成本＋破损率）＋跨境平台的成本（包括推广成本，平台年费，活动扣点）＋跨境物流成本＋售后维护成本（包括退货，换货，破损率）＋其他综合成本（人工成本，跨境物流包装成本等）。

很多卖家喜欢以竞争对手的价格来定位自己产品的价格。但其实这样的定价是一个误区，因为影响卖家定价的因素很多。

有经验的卖家都有自己的一个定价公式：

产品售价 = 产品成本 + 平台佣金 + 期望利润 + 其他

FBA 产品售价 = 产品成本 + 平台佣金 +FBA 头程费用 + 期望利润 + 其他

亚马逊大部分类目的销售佣金为 15%，其他费用卖家会将推广成本、税务成本、人工成本计入其中。

注意：定价也不是一成不变的，卖家仅仅以此为标准，在旺季、促销、折扣的时候都可以改动价格，但要保证有利润可图。

（二）影响产品价格的因素

（1）产品成本。产品成本主要是指购买产品的成本或者生产制造的成本。

（2）运输费用。无论你选择是自发货还是 FBA，都需要把运输费用计算到产品的成本当中，FBA 的费用大概包含几方面：仓储费，订单处理费，分拣包装费，称重处理费以及一些不常用的其他付费服务。

FBA 费用 =Fulfillment Fees（执行费）+Monthly Storage Fees（月仓储费）+Inventory Placement Service（入库清点放置服务费）。

Fulfillment Fees（执行费）=Order Handling（订单处理费）+Pick&Pack（分拣包装费）+Weight Handling（称重处理费）。

仓储费包括正常仓储费和长期滞销仓储费，正常仓储费几乎可以忽略不计，长期滞销仓储费会随着放置仓库时间越长，单位费用也会越贵。

（3）平台佣金。亚马逊卖家销售产品不同的品类都需要支付不同的佣金。

（4）利润空间。选择产品时候，就要考虑下产品本身是否会有市场，利润会有多少的问题。

（5）其他成本。包括产品营销推广费用、人工成本以及后期促销的费用。

三、定价误区

（1）新品刚发布的时候，价格不能频繁修改。

（2）定价不能过低，否则没有利润。

（3）定价不能过高，如果你的产品是一个新品，没有回复，也没有任何的市场反馈，却价格定得死高，那么注定会没有销量。

第六节 跨境电商法律法规

随着跨境电商活动的快速发展，除了给企业带来巨大的经济效益之外，在具体的交易流程和环节上，仍然面临着许多诸如知识产权、消费者权益保护、隐私权保护和安全保障等一系列的法律法规问题。这就需要我们对跨境电商相关法律法规有足够的了解，才能应对日益复杂的国际贸易。

当前，我国跨境电商可能涉及的法律类条文、规范、文件可以分为三类。第一类主要是针对跨境电商活动中的跨境贸易属性，解决涉及贸易的基础问题，主要涉及贸易、商务、运输等问题；第二类主要针对跨境电商监管过程中的通关、商检、外汇税务等问题，对跨境电商交易和服务具有约束作用；第三类主要是电商本身的一般性法律问题，其关键在于新技术带来的新空间、新模式。

《中华人民共和国电子商务法》（以下简称《电子商务法》）已于2018年8月31日由中华人民共和国第十三届全国人民代表大会常务委员会第五次会议通过，自2019年1月1日起施行。在《电子商务法》正式颁布之前，我国电子商务活动的开展主要依据《民法典》《电子签名法》《网络安全法》《消费者权益保护法》等与电子商务活动中的各种具体行为可能相关的法律法规以及监管规则；《电子商务法》是我国电商领域首部综合性法律，其施行标志着电商全面法治化时代的到来，该法一共分为七章，分别从电子商务的经营监管原则、电子商务经营者、电子商务平台经营者、电子商务合同的订立与履行、电子商务争议解决、电子商务促进以及相关法律责任等方面对电子商务领域的活动进行规范。

一、跨境电商贸易、商务、运输相关法律法规

（一）规范对外贸易主体、贸易规范、贸易监管的一般性法律

跨境电商的参与者很多具有贸易主体的地位，对跨境B2B电商而言，仍然适用于货物贸易的情形。在这个方面，我国出台的《对外贸易法》规范了贸易参与者、货物进出口、贸易秩序、知识产权法律责任等，从根本上确立了贸易参与者的备案登记，对货物进出口的许可管理和监管，保护知识产权等措施。与此同时，针对贸易参与者的登记问题，又出台了《对外贸易经营者备案登记办法》，规范了登记需要递交的材料和审核细节。针对货物进出口环节，我国还具体制定了《货物进出口管理条例》，规定了对禁止进出口、限制进出口、自由进出口等的管理措施。《电子商务法》从电

子商务经营者、电子商务平台经营者两个方面对电子商务领域的活动进行了规范。

（二）贸易合同方面的法律

跨境电商的合约除了电子合同的属性外，还具有贸易合同的性质。当前国际上比较重要的公约是《联合国国际货物销售合同公约》，该公约实际规范的是一般贸易形态，商业主体之间的，非个人使用、非消费行为的货物销售合同订立。该公约具体规范了合同订立行为、货物销售、卖方义务、货物相符（含货物检验行为等）、买方义务方补救措施、风险转移、救济措施、宣布合同无效的效果等。同时，也需要参照我国《民法典》进行规范。我国《民法典》不仅规范了销售合同，而且也对商事代理方面的行为提出了专门的条款，对运输过程中的一些问题也做出了规定。《电子商务法》的第四章"电子商务争议解决"对电子商务合同的订立与履行进行了规范。

（三）知识产权方面的法律和规范

跨境电商活动需要遵守知识产权的有关规范，我国相继出台了《专利法》《商标法》和《著作权法》。我国已加入或批准了《保护工业产权巴黎公约》及《商标国际注册的马德里协定》，在加入 WTO 之后，同时也受到了《与贸易有关的知识产权协定》（TRPS）的约束。这些法律及国际公约详细规定了知识产权的性质、实施程序和争议解决机制。《电子商务法》第四十一条规定：电子商务平台经营者应当建立知识产权保护规则，与知识产权权利人加强合作，依法保护知识产权。第四十二条规定：知识产权权利人认为其知识产权受到侵害的，有权通知电子商务平台经营者采取删除、屏蔽、断开链接、终止交易和服务等必要措施，通知应当包括构成侵权的初步证据。

（四）跨境运输方面的法律法规

跨境电商交易活动后期会涉及较多的跨境物流、运输问题，涉及海洋运输、航空运输方面的法律主要应参照《海商法》《航空法》和《货物运输代理业管理规定》。这些法律法规对承运人的责任、交货提货、保险等事项做了具体规定，同时也对国际贸易中的货物运输代理行为做了规范，理清了代理人作为承运人的责任。这部分的法律规范同时还需要与我国的《民法典》进行参照，解决代理合同当中委托人、代理人、第三人之间的责任划分问题。货运代理的代理人身份和独立经营人身份 /

合同当事人的双重身份也需要参照《民法典》进行规范。《电子商务法》的五十一条和五十二条对快递物流作了原则性规定。

（五）产品质量和消费者权益方面的法律和其他规定

在法律实践中，跨境电商常常面临商品质量的责任和纠纷。在贸易过程中，产品商品质量问题和责任需要通过法律来规范，消费者权益需要通过法律进行保护。这些法律对生产者、销售者的责任进行了梳理，对欺诈、侵权的行为进行了规制。对于跨境电商来说，相当多的活动实质上还是跨境贸易活动，相当部分的参与者仍然是传统贸易活动中的主体，很多贸易环节、贸易问题对跨境电商仍然适用。《电子商务法》的第十三条规定：电子商务经营者销售的商品或者提供的服务应当符合保障人身、财产安全的要求和环境保护要求，不得销售或者提供法律、行政法规禁止交易的商品或者服务。《电子商务法》的第四章"电子商务争议解决"对消费者权益保护做出了相关规定。

二、跨境电商监管相关法律法规

《电子商务法》规定，电子商务经营者从事跨境电子商务，应当遵守进出口监督管理的法律、行政法规和国家有关规定。2018 年 12 月 10 日，海关总署发布《关于跨境电商零售进出口商品有关监管事宜》，指出跨境电子商务企业、消费者（订购人）通过跨境电子商务交易平台实现零售进出口商品交易，并根据海关要求传输相关交易电子数据的，要按照公告接受海关监管。2018 年 11 月 30 日，商务部等六部委发布《关于完善跨境电商零售进口监管有关工作的通知》，财政部等三部委发布《关于完善跨境电子商务零售进口税收政策的通知》，财政部等十三部委发布《关于调整跨境电商零售进口商品清单的公告》，进一步完善我国跨境电商零售进口监管工作，调整跨境电商零售进口税收政策，提高享受税收优惠政策的商品限额上限，扩大清单范围，并于 2019 年 1 月 1 日起执行。

（一）通过海关方面的法律法规

跨境电商所涉及的货物、物品需要经过海关的查验。我国出台了《海关法》，并通过《海关企业分类管理办法》《海关行政处罚条例》进一步细化。《海关法》涉及海关的监管职责，对进出境运输工具、货物、物品的查验，关税等内容。《海关企业分类管理办法》对海关管理企业实行分类管理，对信用较高的企业采用便利通关措施，对信用较低的企业采取更严密的监管措施。同时，也在通关环节，加强了"知识产权的海关保护"，出台了《知识产权海关保护条例》及其实施办法。针对目前空运快件、个人物品邮件增多的情况，也出台了一些专门的管理办法，如《快件监管办法》及《关于调整进出境个人邮递物品管理措施有关事宜》（海关总署公告〔2010〕43 号）等。

（二）商检方面的法律法规

跨境电商所交易的较多货物都需要通过商检的检验环节，目前的依据主要是《商检法》，涉及商品检验检疫方面的进口、出口的检验以及监督管理职责等内容。同时依据《商检法》出台了《商品检验法实施条例》，对商检法各个部分拟定了细则，还出台了一些针对邮递和快件的检验检疫细则，如《进出境邮寄物检疫管理办法》《出入境快件检验检疫管理办法》等。

（三）外汇管理的有关规定

跨境电商主要涉及向外汇管理部门、金融机构的结汇问题。当前的规范主要有《外汇管理条例》等。《外汇管理条例》中所涉及的经常项目售汇、结汇条文会直接影响到跨境电商的部分支付问题。

（四）税收方面的法律法规

跨境电商进出口环节可能会面临征税问题。该类法律法规主要有《进出口关税条例》，以及涉及退税阶段的各类规章制度。《进出口关税条例》在《海关法》和国务院制定的《进出口关税税则》的基础上具体规定了关税征收的规定和细则，包括货物关税税率设置和适用、完税价格确定、进出口货物关税的征收、进境货物的进口税征收等。

针对新出现的跨境电商企业的征税和退税问题，税务总局也出台了一系列文件，跨境电商活动中货物都需要通过海关、商检，经营参与者需要进行收汇和结汇，在通关过程中还会遇到税收问题。

三、电子商务相关法律法规

跨境电商仍然需要参照电子商务的一般性法律法规。当前我国电子商务主要的法律法规可以分为以下几类。

（一）电子商务登记、准入、认定相关法律制度

当前，此类法律制度主要以部门规章或规范性指导文件的形式存在，参与交易的企业及各类第三方服务商都有一定的登记和准入要求，个人准入条件则较为模糊和若涉及设立网站行为，应主要依据《电信条例》和《互联网信息服务管理办法》进行审批和登记。从参与交易或服务经营的角度，应符合国家市场监督管理总局出台的《网络商品交易及有关服务行为管理的暂行办法》。电子商务各项活动的参与者应参照《电子商务模式规范》中关于成立、注册、身份认定审核的条件。第三方平台服务商还需要符合《第三方电子商务交易平台规范》的其他准入条件。

（二）电子商务合同、签名、认证相关法律制度

目前电子商务合同主要参照的是《民法典》中的相关条文。电子商务合同中的较多内容可以在《民法典》中找到对应的等同条文，还可以借鉴国际上有关电子商务法律所规定的关于电子商务合同的条文，如联合国出台的《电子商务示范法》和美国出台的《统一计算机信息交易法》等。我国已经出台了《电子签名法》，并对电子签名的适用范围、法律效力、法律责任进行了详细规定。

（三）电子商务支付相关法律制度

目前，可以参照的文件包括《电子支付指引（第一号）》，对电子支付的原则、安全、差错处理、各方法律关系和权利义务等进行了说明和规范。《电子商务法》五十三条至五十七条，也对电子商务支付进行了规范。

（四）知识产权、安全隐私等消费者权益保护类相关法律制度

知识产权相关的法律除遵守一般的《商标法》《著作权法》《专利法》的相关规定外，还需要参照一些关于域名管理、网络信息传播管理的相关规定。跨境电商作为一种电子商务活动，也需要参照上述电子商务有关的法律、法规、规章、文件进行规范。

四、已出台的跨境电商政策

有关部门出台了直接针对跨境电商的政策和部门规定，主要是解决目前跨境电商发展遇到的新问题和监管难题，内容主要包括以下几个方面。

（一）从国家对外贸易的高度出台对跨境电商的支持鼓励政策

已出台的最重要的政策基础是 2013 年 7 月国务院办公厅下发的《外贸国六条》，从外贸政策的角度，鼓励和支持跨境电商在外贸中发挥更大的作用。2015 年 6 月 10 日，国务院出台了《关于促进跨境电商健康快速发展的指导意见》，强调促进跨境电商健康快速发展，用"互联网 + 外贸"；实现优进优出，有利于扩大消费、推动开放型经济发展升级、打造新的经济增长点。

2018 年 9 月 26 日，国务院常务会议决定从当年 11 月 1 日起，降低 1585 个税目工业品等商品进口关税税率，主要涉及人民生产和生活所需的众多工业品，包括机电设备、零部件及原材料等，平均税率由 10.5% 降至 7.8%，平均降幅约 26%。至此，中国关税总水平从 9.8% 降至 7.5%。

（二）针对跨境零售出口的政策

2013 年 8 月，商务部、发展改革委等九部门出台了《关于实施支持跨境电商零售出口有关政策的意见》（以下简称《意见》）。在该《意见》中，首次针对跨境零售出口出台了支持政策，将跨境电商零售出口纳入海关的出口贸易统计，提出了确定零售出口的新型海关监管模式及专项统计、检验监管模式、收结汇、支付服务、税收政策、信用体系六项具体措施。

（三）针对跨境电商支付问题的政策

2013 年 3 月，国家外汇管理局制定和下发了《支付机构跨境电商外汇支付业务试点指导意见》《支付机构跨境电商外汇支付业务试点管理要求》等多项文件，决定在上海、北京、重庆、浙江、深圳等地开展支付机构跨境电商外汇支付业务试点。明确了鼓励支持"支付机构通过银行为小额电子商务（货物贸易或服务贸易）交易双方提供跨境互联网支付所涉及的外汇资金集中收付及相关结售汇服务"。

2013 年 10 月，包括财付通、支付宝、汇付天下、重庆易极付公司在内的 17 家第三方支付公司已接获国家外管局的正式批复，成为首批获得跨境电商外汇支付业务试点资格的企业，标志着国内支付机构跨境电商外汇支付业务迎来实质性的进展。

外汇管理局同时规定，试点支付机构为客户集中办理收付汇和结售汇业务，货物贸易单笔交易金额不得超过等值 1 万美元，留学教育、航空机票和酒店项下单笔交易金额不得超过等值 5 万美元。17 家获得资格的公司主要分布在 5 个地方，获得业务资格有所侧重，分别涉及跨境电商外汇支付业务、货物贸易、留学教育、航空机票及酒店住宿。

为积极支持跨境电商发展，防范互联网渠道外汇支付风险，在试点发展良好的基础上，2015 年 1 月 20 日，国家外汇管理局又发布了《支付机构跨境外汇支付业务试点指导意见》的通知，在全国范围内开展部分支付机构跨境外汇支付业务试点，允许支付机构为电商交易双方提供外汇资金收付及结售汇服务。

（四）针对跨境电商通过海关便利化问题的政策

2014 年 7 月 23 日，海关总署出台了《关于跨境电商进出境货物、物品有关监管事宜的公告》，要求电子商务企业或个人通过经海关认可并且与海关联网的电子商务交易平台实现跨境交易进出境货物、物品。

2014 年 1 月 29 日，海关总署出台了《关于增列海关监管方式代码的公告》（海关总署公告〔2014〕12 号），增列海关监管方式代码 "9610"，全称 "跨境电商"，简称 "电子商务"；2014 年 7 月 30 日，海关总署又出台了《关于增列海关监管方式代码的公告》（海关总署公告〔2014〕57 号），增列海关监管方式代码 "1210"，全称 "保税跨境电商"，简称 "保税电商"。

（五）针对当前保税进口新模式的政策

海关总署在 2014 年 3 月，针对上海、杭州、宁波、郑州、广州、重庆 6 个地方的保税区试行保税进口模式的情形，出台了《海关总署关于跨境电商服务试点网购保税进口模式有关问题的通知》，对保税进口模式的商品范围、购买金额和数量、征税、企业管理等制定了相应的条文。

1. 关于购买金额和数量

试点网购商品以 "个人自用、合理数量" 为原则，参照《关于调整进出境个人邮递物品管理措施有关事宜》（海关总署公告〔2010〕43 号）的要求，每次限值为 1000 元，超出规定限值的，应按照货物规定办理通关手续。单次购买仅有一件商品且不可分割的，虽超出规定限值，但经海关审核确属个人自用的，可以参照个人物品规定办理通关手续。

2. 关于征税问题

以电子订单的实际销售价格作为完税价格，参照行邮税税率计征税款。应征进口税税额在人民币 50 元（含 50 元）以下的，海关予以免征。

（六）针对跨境电商零售进口税收的政策

自 2016 年 4 月 8 日起，我国实施跨境电商零售（企业对消费者，即 B2C）进口税收政策，这类商品不再按邮递物品征收邮税，而是按货物征收关税和进口环节增值税、消费税。2017 年 4 月 8 日，财政部联合海关总署和国家税务总局共同推出《关于跨境电子商务零售进口税收政策的通知》，规定跨境电子商务零售进口商品的单次交易限值为人民币 2000 元，个人年度交易限值为人民币 20000 元。在限值以内进口的跨境电子商务零售进口商品，关税税率暂设为 0%；进口环节增值税、消费税取消免征税额，暂按法定应纳税额的 70% 征收。超过单次限值、累加后超过个人年度限值的单次交易，以及完税价格超过 2000 元限值的单个不可分割商品，均按照一般贸易方式全额征税。

2018 年 11 月 30 日，财政部等三部委发布了《关于完善跨境电子商务零售进口税收政策的通知》，自 2019 年 1 月 1 日起，跨境电商零售进口政策将跨境电子商务零售进口商品的单次交易限值由人民币 2000 元提高至 5000 元，年度交易限值由人民币 20000 元提高至 26000 元。

（七）针对外贸综合服务模式的政策

为进一步发挥外贸综合服务企业提供出口服务的优势，支持中小企业更加有效地开拓国际市场，税务总局还出台了《关于外贸综合服务企业出口货物退（免）税有关问题的公告》（2014 年第 13 号公告），规定了外贸综合服务退税的单独申报业务类型。公告规定的外贸综合服务企业为国内中小型生产企业出口提供物流、报关、信保、融资、收汇、退税等服务的外贸企业。公告规定，外贸综合服务企业以自营方式出口国内生产企业与境外单位或个人签约的出口货物，同时具备以下情形的，可由外贸综合服务企业按自营出口的规定申报退（免）税：出口货物为生产企业自产货物；生产企业已将出口货物销售给外贸综合服务企业；生产企业与境外单位或个人已经签订出口合同，并约定货物由外贸综合服务企业出口至境外单位或个人，货款由境外单位或个人支付给外贸综合服务企业；外贸综合服务企业以自营方式出口。

（八）跨境电子商务综合试验区的政策

中国跨境电子商务综合试验区是我国设立的跨境电子商务综合性质的先行先试的城市区域，旨在跨境电子商务交易、支付、物流、通关、退税、结汇等环节的技术标准、业务流程、监管模式和信息化建设等方面先行先试，通过制度创新、管理创新、服务创新和协同发展，破解跨境电子商务发展中的深层次矛盾和体制性难题，打造跨境电子商务完整的产业链和生态链，逐步形成一套适应和引领全球跨境电子商务发展的管理制度和规则，为推动我国跨境电子商务健康发展提供可复制、可推广的经验。

2015年3月7日，国务院同意设立中国（杭州）跨境电子商务综合试验区。2016年1月6日，国务院常务会议决定，在天津、上海、重庆、合肥、郑州、广州、成都、大连、宁波、青岛、深圳、苏州这12个城市设立第二批跨境电子商务综合试验区。2018年7月24日，国务院同意在北京、呼和浩特、沈阳、长春、哈尔滨、南京、南昌、武汉、长沙、南宁、海口、贵阳、昆明、西安、兰州、厦门、唐山、无锡、威海、珠海、东莞、义乌22个城市设立跨境电子商务综合试验区。

（九）进出境邮递物品的政策

2018年11月8日，海关总署发布了《关于启用进出境邮递物品信息化管理系统有关事宜的公告》，在全国海关推广使用进出境邮递物品信息化管理系统，海关总署与中国邮政集团公司实现进出境邮件全国联网传输数据，邮政企业办理邮件总包的进境、出境、转关手续，应当向海关传输总包路单等相关电子数据。

五、跨境电商平台主要法律风险及防范措施

跨境电商行业中最为特殊且重要的主体之一为跨境电商第三方平台经营者（亦称为"跨境电商平台"），其在跨境电商交易中起着连接交易双方枢纽的作用。该平台具备其他特殊性：一方面，跨境电商平台作为电子商务平台，需要承担电商平台面临的法律风险及责任；另一方面，该平台提供的撮合交易因具有跨境性，又需要面临我国对跨境交易的相关监管而承担相应风险及责任。前述都使得跨境电商平台正常经营面临着较大挑战与风险，那么，跨境电商平台应如何合法合规经营，以在合规经营基础上最大化实现商业目的，以下，我们将针对在我国登记注册的跨境电商平台经营过程中的法律责任、风险及防范措施进行逐一讲解。

（一）跨境电商平台面临的主要法律风险

跨境电商平台因为运营模式不同，可能同时承担跨境电商销售者的角色，而对于跨境电商企业的法律风险，我们此前已通过专篇进行阐述，在此不再赘述；下面仅探讨跨境电商平台作为纯第三方交易平台时可能面临的法律风险。

1.与跨境电商企业之间的法律风险

跨境电商平台主要提供跨境电商企业订单展示、支付等行为，而跨境电商企业负责发货、退换货等，且双方之间会就该交易签订合同，这种情况下，跨境电商平台作为纯平台型企业，主要会面临如下风险：

对跨境电商企业销售资质审查不严格而引起的法律风险。前面有提到跨境电商平台需要承担平台内销售者身份、资质审核义务，如未尽到该义务，跨境电商平台存在被行政处罚、对消费者负责等风险；

对跨境电商企业销售的商品存在瑕疵、质量不合格或假冒伪劣等引起的法律风险。该风险主要在跨境电商企业销售商品过程中发生，一旦跨境电商平台事前、事中未注意监管、事后也未及时补救，可能届时不仅需要向消费者负责，也需要向侵犯第三人权益（如知识产权权利人）负责；

因跨境电商企业违约而引起的法律风险。因跨境电商平台会就跨境电商企业入驻平台销售签订一些协议，如跨境电商企业因主观或客观原因中途违约或不履行合同义务，对跨境电商平台来说也存在一定风险。

2.与消费者之间的法律风险

不管是作为国内一般电商平台，还是跨境电商平台，我国相关法律均规定了提供撮合交易的电商平台须保障消费者权益责任；因而跨境电商平台与消费者之间存在的法律风险主要围绕在《消费者权益保护法》、《电子商务法》、《关于完善跨境电子商务零售进口监管有关工作的通知》、（商财发〔2018〕486号）、《关于跨境电子商务零售进出口商品有关监管事宜的公告》（海关总署公告2018年第194号）中规定的各种责任等方面。包括：

消费者权益保护的法律风险。当消费者在平台内采购到不合格商品后，跨境电商平台不仅需要协助消费者追究跨境电商企业的售后责任，同时可能面临先行赔付消费者责任义务，这些责任均会引发跨境电商平台运营过程中与消费者之间的风险；个人信息收集的法律风险。消费者在选择跨境电商平台购买商品前，需要在平台内提交个人身份信息予以注册，这些个人信息跨境电商平台不得擅自收集、使用、传输或用于谋利等，否则是对消费者身份信息的一种侵犯。

3.与相关部门之间的法律风险

前面有提到跨境电商平台需要向相关部门，如市场监督管理部门、海关等承担一些法律责任，包括办理工商注册登记，海关注册登记，如实传输平台内交易信息，提供平台入驻商家信息，根据监管部门要求、对平台内在售商品进行有效管理，依法纳税以及接受海关核查等；而跨境电商平台如果不予遵守这些法律责任，将面临较大的法律风险，包括跨境电商平台不能正常、合法经营以及遭受行政处罚。

（二）风险防范措施

针对上述跨境电商平台经营过程中的法律责任以及可能面临的各类法律风险，建议有关行业主体从以下防范措施中寻找可行且适合自身的建议并进行优化组合，提前预判并防范有关风险。

1.及时办理工商、海关注册登记以及取得许可证

跨境电商平台企业应当依据市场监督管理部门、海关注册登记管理相关规定，及时向其所在地市场监督管理部门、海关办理注册登记；同时，跨境电商平台作为电商平台的一种，也需要办理电商平台资质许可。

2.按照规定及时申报平台内交易信息、数据

与跨境电商企业不同的一点是，跨境电商平台不仅需要传输交易信息，还需要将平台入驻企业信息以及保障消费者权益措施等信息传输给相关部门。因此，跨境电商平台应按照各项规定及时、如实传输各项监管要素；一旦发现异常交易信息，包括异常企业信息，应及时向海关或有关部门披露，积极配合调查，将风险最小化。

3.重视内部合规管理，建立合规体系

跨境电商平台作为特殊的交易平台，应高度重视日常经营活动中的合规管理，必要时可依托专业人士进行内部合规风险排查，建立与跨境电商企业、消费者之间的风险防火墙；以及定期梳理相关政府部门的监管要求，并按该要求承担平台主体责任。

4.规范与跨境电商企业之间的合约

在跨境电商平台面临的主要法律风险中，最主要的就是与跨境电商企业之间的风险。因此，跨境电商平台应就跨境电商企业入驻该平台中的事项约定清楚、具体、详尽，如双方合作期限，跨境电商企业销售的商品范围、类型，跨境电商企业保证其自身销售资质以及销售商品合格、不侵权的承诺，以及违反义务或承诺的违约责任等。并且一旦对方发生违约，跨境电商平台在与对方协商不成的情形下，应及时寻求法律途径解决，尽量减少自身风险。

5.构建消费者权益、知识产权的保护机制

跨境电商平台因平台内企业销售不合格、假冒伪劣商品时，主要需要承担知识产权侵权以及消费者权益责任。因此企业为防范该类风险，一方面应提前、主动建立商品质量安全风险防控、售后以及知识产权预警机制；另一方面，在前述事故发生后，跨境电商平台应及时协助消费者维护权益、必要时履行先行赔付责任，再向跨境电商企业追偿。针对知识产权事故，跨境电商企业应对商品涉及的知识产权进

行核实；同时，如平台接到知识产权权利人发出的侵权通知，应当及时采取删除、屏蔽、断开链接、终止交易和服务等必要措施，并将该通知转送平台内跨境电商企业，以降低自身风险。

6.建立健全个人信息保护制度

跨境电商平台应按照法律、法规规定和协议双方的约定合法收集、存储、使用个人信息，未经被收集者同意，不得向他人提供或用于其他营利目的。同时还应当采取技术措施和其他必要措施，确保其收集的个人信息安全，防止信息泄露、毁损、丢失。如果发生或者可能发生个人信息泄露、毁损、丢失的情况时，应当立即采取补救措施，及时告知消费者并向有关部门报告，以降低自身风险。

【思考题】

（1）主流跨境电商 B2B 平台及规则有哪些？

（2）跨境电商的选品与采购注意事项是什么？

（3）简述跨境电商商品的定价与法律法规。

第三章　店铺注册与开通

【情境导入】

小 A 通过跨境电商 B2B 运营准备知识的学习，掌握了跨境电商 B2B 市场规则和相关法律法规，这使得他对跨境电商市场有了更深入的了解，能够遵循市场规则和法规开展业务。小 A 注重实践，参观了多家成功的跨境电商企业，学习了他们的选品与采购策略、定价方法等。在实践中，小 A 逐渐掌握了如何根据市场需求进行选品、采购，以及如何合理定价，以提高自己的竞争力。接下来，小 A 通过学习跨境 B2B 电商平台店铺的注册与开通，逐步提升了自己以下能力：

（1）熟练进行跨境 B2B 电商平台店铺的注册与开通，了解各大平台的特点和优势。

（2）能够针对不同平台制定相应的运营策略，提高店铺的曝光率和客户转化率。

（3）掌握了店铺运营的基本技能，如产品上架、库存管理、订单处理、客户服务等。

（4）能够分析店铺数据，了解自身店铺的运营状况和市场趋势，进而优化运营策略，提高业绩。

（5）熟悉跨境电商平台的推广工具和技巧，能有效地运用各类营销手段吸引更多潜在客户。

（6）掌握了风险控制和应对方法，如保护知识产权、防范欺诈风险等。

（7）了解了跨境电商物流、退换货政策等实务操作，能够确保顾客体验的优化。

通过不懈的学习和努力，小 A 终于具备了全面的跨境 B2B 电商运营能力。他在国际市场上开设了自己的店铺，凭借精选的产品、优质的服务和创新的营销策略，逐渐吸引了大量客户，实现了业务的蓬勃发展。

那么如何进行店铺的注册与开通呢？接下来我们对相关的步骤及流程进行介绍，本章以阿里巴巴国际站为例：

【学习目标】

（1）了解跨境 B2B 电商平台店铺注册及注意事项。

（2）跨境 B2B 电商平台店铺开通流程。

第一节 跨境 B2B 电商平台店铺注册

阿里巴巴国际站（alibaba）成立于 1999 年，是阿里巴巴集团的第一个业务板块，现已成为全球领先的跨境贸易 B2B 电子商务平台。阿里巴巴国际站是帮助中小企业拓展国际贸易的出口营销推广服务，它基于全球领先的企业间电子商务网站阿里巴巴国际站贸易平台，通过向海外买家展示、推广供应商的企业和产品，进而获得贸易商机和订单，是出口企业拓展国际贸易的首选网络平台之一。作为全球最大的 B2B 跨境电商平台，阿里巴巴国际站物流已覆盖全球 200 多个国家地区，将与生态合作伙伴融合共振，通过数字化重新定义全球货运标准。"门到门"服务能力是重点方向之一：货物从工厂拉到境内港口、报关，通过海陆空进入境外港口，清关、完税，最后完成末端配送。

"阿里巴巴国际站"提供一站式的店铺装修、产品展示、营销推广、生意洽谈及店铺管理等全系列线上服务和工具，帮助企业降低成本、高效率地开拓外贸大市场。

一、店铺注册与开通流程

（1）注册阿里巴巴国际站会员。访问阿里巴巴国际站官网，点击注册，根据提示填写相关信息，完成注册。

（2）提交企业认证信息。登录后，进入管理中心，提交企业认证所需资料，包括营业执照、税务登记证等。

（3）完善公司资料。按照平台要求填写公司基本信息、上传公司资质证明、填写经营信息和联系方式等。

（4）填写产品信息。选择产品类别与属性，上传产品图片与描述，设置产品价格与库存等。

（5）确认并提交审核。确认所填信息无误后，提交审核。

（6）审核通过后开通店铺。平台审核通过后，店铺即可正式开通。

二、注册会员与账户信息管理

（1）会员注册流程。访问阿里巴巴国际站官网，点击注册，根据提示填写相关信息，完成注册。

（2）账户信息维护与安全设置。在管理中心，可以维护账户信息，如修改密码、绑定邮箱、设置安全问题等。

（3）会员等级与权益。会员等级分为多个层次，根据交易量、信用等指标评定。不同等级享有不同的权益。

三、企业认证信息准备与提交

（1）准备企业认证所需资料。包括营业执照、税务登记证、组织机构代码证等。

（2）提交企业认证资料。登录管理中心，按照提示提交所需资料。

（3）认证资料审核与处理。平台将对提交的资料进行审核，审核通过后，企业认证即可生效。

四、公司信息准备与提交

（1）填写公司基本信息。包括公司名称、注册地址、成立日期等。

（2）上传公司资质证明。如营业执照、税务登记证等。

（3）填写经营信息与联系方式。包括主营业务、联系人姓名、电话、邮箱等。

五、产品信息准备与提交

（1）选择产品类别与属性。根据平台提供的分类体系，选择合适的产品类别和属性。

（2）上传产品图片与描述。提供清晰的产品图片，撰写详细的产品描述。

（3）设置产品价格与库存。根据实际情况设置合理的产品价格和库存数量。

（4）发布产品。在确认产品信息无误后，点击发布产品。发布成功后，产品将在店铺中展示，供客户浏览和购买。

通过以上步骤，您将能够顺利完成跨境电商平台店铺的注册和开通。

第二节　跨境 B2B 电商平台店铺开通

一、店铺开通

开通阿里巴巴国际站首先需要一本大陆工商在营（生产型和贸易型都可以）的营业执照。若公司服务类型如物流、检测认证、管理服务等企业暂不能加入，另外离岸公司和个人也无法办理。其次就是需要年费，国际站年费分为两个会员版本：

出口通会员 29 800 一年，金品诚企会员 80 000 一年，具体的方案根据产品、公司实力、预算和需求来定制。

阿里巴巴国际站服务开通流程：

（1）由小二帮助客户注册一个商家版国际站会员账号，协助商家在后台充值年费；

（2）由小二帮助客户匹配合同，合同匹配之后商家店铺后台会有一份盖有阿里巴巴公章的电子版合同。

（3）提交认证信息，并完成认证。

（4）提交公司信息，并审核通过。

（5）至少发布一款产品，且审核通过。

完成以上五项后，2 ～ 3 小时同步时间后，会需要完成《国际站规则考试》，通过考试后即可选择网站开通时间。

阿里巴巴国际站对服务商的要求：

（1）服务商拟进入外贸服务市场的，应事先注册成为阿里巴巴国际站注册用户，并同意遵守阿里巴巴国际站以及外贸服务市场的任何协议、规则或政策。

（2）服务商须具备完全民事权利能力和与其所从事的民事行为相适应行为能力的企业。服务商发布或销售商品的行为应符合国家法律、法规、规章或政策，且不得侵犯他人的合法权益。

（3）服务商的商品应适用于外贸类企业，应有助于外贸类企业的经营或管理。

（4）服务商同意接受外贸服务市场提供的指定支付方式作为其通过外贸服务市场达成商品交易的支付工具，且服务商应要求用户通过该支付方式向服务商支付购买商品的费用。

二、熟悉店铺后台功能

阿里国际站后台是一款功能强大的电商平台，为卖家提供了丰富的功能和工具，帮助卖家轻松管理和促销商品。本文将从入门到精通，为大家详细介绍阿里国际站后台的功能。以下是阿里国际站后台的功能详解

（一）商品管理

商品管理是阿里国际站后台重要的功能之一。在商品管理页面，卖家可以添加、编辑和删除商品，还可以设置商品的价格、库存、物流和促销等信息。卖家可以通过商品管理页面轻松地管理自己的商品，提高销售效率。

（二）订单管理

订单管理是卖家必备的功能之一。在订单管理页面，卖家可以查看和处理订单，包括确认订单、发货、退款等操作。订单管理功能可以帮助卖家快速处理订单，提高订单处理效率。

（三）物流管理

物流管理是阿里国际站后台的另一个重要功能。在物流管理页面，卖家可以设置物流方式、物流费用和物流范围等信息。物流管理功能可以帮助卖家提高物流效率，减少物流成本。

（四）促销管理

促销管理是卖家提高销售的重要手段之一。在促销管理页面，卖家可以设置优惠券、满减、折扣等促销活动。促销管理功能可以帮助卖家提高销售额，增加客户黏性。

（五）客户管理

客户管理是阿里国际站后台的另一个重要功能。在客户管理页面，卖家可以查看客户信息、订单信息和交易记录等信息。客户管理功能可以帮助卖家了解客户需求，提供更好的服务。

（六）数据统计

数据统计是卖家了解自己业务的重要手段之一。在数据统计页面，卖家可以查看销售额、订单量、访客量等数据。数据统计功能可以帮助卖家了解自己的业务状况，及时调整经营策略。

以上是阿里国际站后台的主要功能。卖家可以根据自己的需求，灵活使用这些功能，提高自己的销售效率和业务水平。

【思考题】

（1）跨境 B2B 电商平台店铺注册需要注意什么？

（2）跨境 B2B 电商平台店铺开通流程是什么？

第四章 产品发布与管理

【情境导入】

小 A 在公司担任上了产品经理，他意识到产品发布与管理在电商运营中的重要性，因此开始投身于系统地学习相关知识。通过学习，小 A 掌握了以下关键技能：

（1）产品信息优化。小 A 学会了如何撰写吸引人的产品标题、描述，以及如何选择高质量的图片和视频来展示产品。这使得公司的产品页面更加吸引人，提高了产品的点击率和转化率。

（2）关键词策略。小 A 学会了如何研究和分析关键词，使公司的产品在搜索结果中更容易被潜在客户发现。这大大提高了公司的产品曝光度，为公司带来了更多的流量。

（3）产品分类与管理。小 A 掌握了如何合理地对产品进行分类，使顾客更容易找到他们需要的产品。同时，他还学会了高效地管理公司的产品库存，确保库存水平与市场需求相匹配。

（4）产品推广。小 A 学会了如何制定有效的产品推广策略，利用平台的推广工具，提高产品的曝光率。这使得公司的产品在竞争激烈的市场中脱颖而出，吸引了更多的潜在客户。

通过掌握这些技能，小 A 为公司带来了以下显著效益：

（1）提高销售额。优化的产品信息和关键词策略使公司的产品更容易被潜在客户发现和购买，从而提高了销售额。

（2）增加客户满意度。合理的产品分类与管理使顾客更容易找到所需的产品，提高了购物体验。此外，优质的产品描述和图片也使顾客更了解产品，降低了退换货率。

（3）提高品牌形象。通过制定有效的产品推广策略，小 A 提高了公司产品的曝光度，为公司树立了良好的品牌形象。

（4）优化运营成本。通过合理的库存管理，小 A 避免了库存积压和缺货现象，降低了库存成本。同时，精确的关键词策略也使公司在推广方面的投入更具性价比。

总之，在小 A 的努力下，公司的跨境电商业务取得了显著的成果。公司销售额稳步增长，客户满意度和品牌形象不断提高，运营成本得到了有效控制。

阿里巴巴国际站的产品发布页面结构主要包括以下几个部分：

（1）产品基本信息。这部分包括产品标题、关键词、产品类别、属性等。产品标题需要简洁明了地描述产品，关键词则有助于提高产品在搜索结果中的排名。正确选择产品类别和属性，有助于客户在浏览商品时快速找到所需产品。

（2）产品描述。这部分包括产品详细描述、图片和视频。详细描述应详尽地介绍产品的特点、优势、用途等，以便让客户全面了解产品。上传清晰、高质量的产品图片，有助于吸引客户的注意力。如有可能，还可以提供产品视频，以便让客户更直观地了解产品。

（3）价格与库存。在这部分，卖家需要设置产品的价格、最小起订量、供货总量等信息。根据市场情况和成本考虑，制定合理的价格策略。设置最小起订量和供货总量，有助于规范交易和控制库存。

（4）运输与物流。卖家需要提供产品的发货地点、运输方式、运费等相关信息。确保提供准确的发货地点，有助于平台计算准确的运费。选择合适的运输方式，可以提高客户的购物体验。

（5）交易条款。这部分包括付款方式、货币类型、贸易条款等。根据自身经营情况，选择合适的付款方式和货币类型。了解国际贸易条款，如 FOB、CIF 等，有助于规范交易过程。

（6）其他信息。根据具体产品和行业特点，卖家可能需要提供其他相关信息，如产品认证、包装细节、售后服务等。提供详尽的其他信息，有助于增加客户的信任度。

整个产品发布页面的结构清晰、有序，卖家需要按照要求填写各项信息，以便让客户快速了解产品并做出购买决策。同时，发布高质量的产品信息，有助于提高店铺的整体形象和竞争力。

接下来我们共同来了解一下产品发布与管理的相关知识：

【学习目标】

（1）掌握产品发布的规则。

（2）掌握产品发布的流程。

（3）熟悉橱窗、在线批发、多语言等产品的发布。

第一节 产品发布规则

一、产品发布规则

（1）确保产品合法且符合平台规定：发布的产品应遵守国家法律法规、平台政策及行业规定，不能发布违法、违规、侵权等不良信息。

（2）产品信息真实准确：发布的产品信息需真实、准确，不得虚假宣传、误导消费者。

（3）产品不得涉及敏感信息：避免涉及政治、宗教、种族歧视等敏感话题。

（4）尊重他人知识产权：不得侵犯他人的商标、专利、著作权等知识产权。

（5）不得发布重复或相似的产品：避免批量发布重复或相似度过高的产品，以免降低搜索排名。

二、跨境电商产品发布原则

（1）类目的准确性。确保产品分类准确，方便用户搜索和浏览。选择合适的类目，有助于提高产品曝光度和转化率。

（2）标题的准确性。标题应简洁、明了，准确地描述产品。避免使用不相关的词汇、过多的修饰词或重复字符。有针对性地使用关键词，提高搜索排名。

（3）关键词的相关性。关键词应与产品本身密切相关，有助于提高产品在搜索结果中的排名。避免使用无关或过于泛泛的关键词。

（4）属性的完整性。填写完整的产品属性，如尺寸、颜色、材质等，便于用户筛选和对比。完整的属性信息有助于提高产品的专业性和购买意愿。

（5）图片的匹配。上传清晰、高质量的产品图片，展示产品细节。避免使用不相关或与实际产品不符的图片。如有可能，提供多角度、多场景的图片，以便用户全面了解产品。

（6）模板逻辑性。使用合适的模板，组织产品信息，使其条理清晰、逻辑性强。合理安排文字、图片、表格等元素，提高产品页面的美观度和易读性。

（7）交易物流信息准确性。提供准确的发货地点、运输方式、运费等物流信息。选择合适的运输方式，保证物流服务的时效性和可靠性。提供详细的交易条款，规范交易过程。

（8）特色服务可选性。根据产品特点和行业需求，提供相应的特色服务，如定制、售后服务等。

第二节　产品发布流程

一、常规的产品发布页面的功能布局

跨境电商常规的产品发布页面的功能布局一般包括以下几个部分：

（1）产品基本信息。包括产品标题、关键词、产品类别、属性等。

（2）产品描述。包括产品详细描述、图片和视频。

（3）价格与库存。包括产品价格、最小起订量、供货总量等。

（4）运输与物流。包括发货地点、运输方式、运费等相关信息。

（5）交易条款。包括付款方式、货币类型、贸易条款等。

（6）其他信息。如产品认证、包装细节、售后服务等。

二、页面视觉布局一般要遵循的原则

（1）简洁清晰。整体页面结构要简洁明了，便于用户快速了解产品信息。合理安排文字、图片、表格等元素，避免过度堆叠和杂乱无章。

（2）层次分明。通过合理使用标题、分隔线等元素，构建清晰的层次感，使用户能够轻松地在各个部分之间进行切换和阅读。

（3）信息醒目。突出重要信息，如产品名称、价格、图片等，引导用户关注。使用合适的字体大小、颜色和排列方式，保证信息的可读性。

（4）色彩搭配。选择和谐的色彩搭配，使页面视觉效果舒适、美观。避免使用高对比度、刺眼的颜色，以免对用户产生视觉疲劳。

（5）适应性布局。考虑不同设备和浏览器的显示效果，采用响应式布局，确保页面在各种设备上的显示效果良好。

（6）用户友好。注重用户体验，提供易于操作的界面，如清晰的按钮、明确的提示信息等。同时，确保页面加载速度快，避免用户等待过长。

（7）一致性。页面布局和设计风格应与整个网站保持一致，以便用户在使用过程中形成统一的认知。同时，遵循行业和平台的设计规范，提高产品页面的专业性。

遵循以上原则，有助于构建视觉效果良好、易于使用的产品发布页面，从而提高用户体验和购买转化率。

三、产品发布流程

一般来说，产品发布的流程包括以下几个阶段：

（一）熟悉产品

熟悉产品是为了更准确地发布产品，对产品的准确认识便于产品关键词属性的搜集，避免网站产品信息与实际特性产品不符，同时也能精准提炼产品的优势、卖点，提升网站专业度。

（二）搜集信息

搜集信息是为了便于后期高效地发布产品，提前搜集好发布产品所需的资料，内容主要分为图片信息（如产品主图、产品细节图、生产流程图、应用场景图、公司团队展示、工厂、车间、合作伙伴、证书等）和文字信息（产品属性、产品优势特性描述、交易信息、公司实力介绍、业务员联系方式等），分类整理好对应图片及产品信息表。

（三）选择类目

产品类目用于产品的归类，错放类目将导致买家流失，准确选择产品类目是发布产品的重要步骤。要根据类目的填写要求进行选择，不要放错，避免放在 Others 类目下。类目放错会降低信息相关性，从而影响搜索结果，放在 Others 类目下，买家在类目浏览时可能无法找到。选择准确的类目很重要。类目是国际站搜索匹配的重要因素，也是向买家清晰展现专业度的重要标尺，选择正确产品类目的方法如下。

（1）通过浏览类目，选择合适的类目。

（2）输入产品的核心关键词，搜索类目，选择其中合适的类目。

（3）通过"您经常使用的类目"，选择合适的类目。

（4）在 www. alibaba. com 搜索关键词，单击产品名称，在产品详情页面左上角可以看到同行的产品类目，然后选择适合自己的类目。

（四）确定产品关键词

产品关键词即产品名称的中心词，是对产品名称的校正，便于系统快速识别匹配买家搜索词。

1.关键词的搜集方法

（1）平台首页搜索栏下拉框。在平台首页的搜索栏中输入相关词汇，下拉框会显示热门搜索词，这些词汇通常是买家常用的搜索关键词，可以作为参考。

（2）同行产品内页的底部推荐关键词。查看同类产品的详情页，底部通常会有推荐关键词，这些词汇往往与您的产品密切相关，可以借鉴使用。

（3）发布产品时的关键词下拉框。在发布产品时，平台会根据您输入的产品名称给出相关关键词建议，这些关键词通常与您的产品有很高的相关性。

（4）EN数据管家。EN数据管家是一款提供关键词分析、产品优化建议等功能的工具，可以帮助您找到与产品相关的高搜索量、低竞争的关键词。

（5）RFQ商机。查看平台上买家发布的RFQ（Request for Quotation）商机，从中了解买家使用的关键词，有助于更好地匹配买家需求。

（6）引流关键词。引流关键词是指能够吸引潜在客户点击并进入产品页面的词汇，可以通过平台内的广告投放工具或站外的引流渠道获取。

（7）P4P关键词工具。P4P（Pay for Performance）关键词工具可以帮助您分析关键词的搜索热度、竞争程度等，为您的产品选取合适的关键词。

（8）站外找词。利用站外的搜索引擎、社交媒体等渠道，查找与您的产品相关的关键词，了解市场需求和关键词趋势。

2.关键词筛选（确定发布产品每个关键词与产品匹配）

一个产品会有很多相关的关键词，但并不是所有关键词都可以拿来使用，关键词筛选主要依据以下四个方面：

（1）覆盖率高。客户通过搜索关键词能够搜索到产品，关键词覆盖越多，关键词覆盖率越高，就越容易搜索到对应产品。关键词覆盖率＝采用的关键词个数÷搜索的关键词个数。

（2）搜索指数高。关键词搜索指数是指某产品被访客搜索的次数指标，数值越大搜索热度也越大。在阿里巴巴国际站后台"数据管家"可以找到关键词指数。

（3）对应产品排名靠前。关键词搜索指数、产品质量分、店铺活跃情况等因素都会影响到产品排名。

国际站后台的"排名查询工具"可以直接检测使用了该关键词的产品排名情况，

选择能让产品排名靠前的关键词比选取搜索指数高的关键词重要，因为排名决定了曝光量。

（4）避免侵权。阿里巴巴国际站严禁使用未经品牌方授权的品牌词、协会名称等作为关键词，需要关注店铺主要销往国的商标、著作权等知识产权问题，避免侵权。

总的来说，首先，确定核心主打产品（确定词干）；其次，确定与产品高度匹配的核心关键词，采集与该核心关键词相关的关键词；再次，剔除与自己行业产品不相关的关键词（Excel 筛选工具，文本筛选，剔除不相关属性）；最后，前台验证（第一页自然排名下，根据产品主图及产品属性判断 70% 以上产品相符，则该关键词可以使用）。关键词搜集筛选完成之后形成关键词库。

3. 关键词表的制作与整理

（1）找原始词。我们整理关键词库时，不论是去阿里后台收集词还是去其他地方收集词，都需要我们先给系统一个词，系统才能返回给我们想要的词。所以，给系统下达拓词指令的原始词，亦叫元词，是整理词库的开始。

在确定原始词时，我们可以直接确定几个英文叫法，或者根据中文叫法进行翻译。原始词的数量无须太多，但一定要准确，叫法上不能出现偏差。通常只需要准备三五个原始词就可以了。

当我们准备了几个原始词之后，我们需要对其进行拓展。可去收集一些拓展的谷歌词、小语种词、阿里热搜词等关键词，然后进行挑选，来对原始词库做一个补充。这一步的拓词并不是真正意义上的拓展更多关键词，而是用来补充忽略的、尚未想到的更多类型的描述性叫法。建议最终确定的原始词数量最多不要超过 15 个，10 个以内最佳。

整理好原始词后，需要对词进行一遍排查。以确保我们用于拓展输入的原始词准确无误。一旦源头出现问题，拓展的词越多，后期整理的难度就越大。这里我们可以借用 Excel 的函数来加强审查效率。使用到的函数 =IF（B2=""，""，HYPERLINK（"https：//www.alibaba.com/trade/search?fsb=y&IndexArea=product_en&CatId=&SearchText="&B2））

如图所示，借用 Excel 超链接来打开国际站搜索页面检查词搜索结果的准确性。我们只需要点击对应的链接，即可自动打开搜索结果页查看检查。以系统识别词对应的品类结果为主，务必确保拓展的源头词准确可用没有问题。

（2）拓展词。原始词整理完毕，接下来即可据此拓展更多的关键词。拓展关键词的渠道有很多。这里只建议从两个渠道拓展关键词。一个是数据管家的热门搜索词，一个是 PC 和无线端的下拉词。

因为这两个渠道的关键词数据是根据站内的搜索行为而生，数据相对准确，参考意义较大，并且拓展的词也足够多。当然，如果时间充裕，也可以通过更多的渠道进行关键词拓展，只是时间的使用效率可能会变低。

（五）优化标题

1.产品标题的作用

网店运营有三件事情卖家需要关注：一是要有流量；二是流量引进来之后要有转化率；三是有了流量和转化率之后，产品要能及时供给。因此，流量是基础，也是最重要的一个环节。站内流量是流量的主要组成部分，主要来源方式有搜索、推荐、活动、直通车广告等。而产品标题的好坏直接影响搜索的结果，其作用有以下几点。

（1）客户通过好的标题信息，再结合主图信息即可迅速判断是否是自己需要的产品。

（2）搜索引擎抓取产品的第一要素就是标题，所以标题承载着被搜索锁定的重要任务。

（3）与产品相关性高的标题，能使客户的购物体验更加友好。

2.标题优化注意事项

想要获取尽可能多的流量，产品标题优化时需要注意以下事项。

（1）要能恰如其分地表达你的产品卖点。标题和类目属性要能对产品进行准确的描述；标题的关键词既要是可能带来流量的词，还要符合速卖通平台的规则，不能出现堆砌词、侵权词；标题的关键词不能与品牌词、产品词冲突。

（2）要符合国外买家的搜索习惯。有些卖家的产品是直接通过"搬家工具"从淘宝网上传到速卖通平台的，产品的标题是通过默认翻译软件翻译过来的。这种标题存在两个方面的缺点：一方面，它不符合国外买家的搜索习惯，这种标题里面的词很难被买家搜索到；另一方面，通过翻译软件得到的标题毫无特色，雷同性强使其搜索量小。

3.标题优化的内容

（1）标题排布的优化。一是优化前45个字符。我们知道，标题有128个字符，每个产品展示给买家的是前45个字符。因此，卖家可以根据这个特点进行优化。对标题进行优化的时候，前面45个字符一定要用好。由于标题从头到尾的搜索权重是不同的，前45个字符一定要放主关键词。很多中小型卖家喜欢在前45个字符里放促销词，在开通直通车推广的情况下，展示页面里会看到很多奇怪的标题，关键是最能吸引买家的属性词没有显示出来，这对产品的转化率会产生致命的影响。因此，产品重要信息一定要放在前 45 个字符里面，把促销词、非热卖词放到标题的后面。

二是对词频做 SEO 优化。词频是有权重的。但在产品标题里面，词频的权重不是很大，关键是如果词的频率出现过多，会引起降权。因此，要尽量控制词的频率，不要过多重复，不然浪费标题 128 个字符是很可惜的。标题中的关键词，即使颠倒了还是能被搜索到，这也是为什么词出现一次就可以的原因。

三是标题词序调整。词在标题的不同位置，其搜索的权重、搜索的加分、直通车广告的计分也会受到影响。编辑标题的词序时，词的前后位置不一样，其搜索权重也会发生变化。调整某一个关键词的先后顺序，不仅自身的权重受到影响，其他关键词因词序的改变，搜索权重也会发生变化。因此，在调整关键词顺序时，要全面考虑调整后的综合权重。需要特别说明的是，标题的词序不能经常变化，否则会影响产品质量得分，在第一次设置关键词的时候，就要把词序考虑好。

四是特殊符号使用。特殊符号的使用要特别小心，它是不能轻易乱放的。有时候放一些特殊符号，看起来感觉特别好看，还以为能帮助买家更好地理解产品信息，但其实对关键词的影响特别大。因为在速卖通平台的算法里，系统会把前后的关键词进行组合，如果你加个符号进去，相当于把前后隔断了，没法组合在一起，这种组合权重就消失了。因此，每个词中间用空格就好。

（2）标题内容优化。一是促销词。促销词对转化是有帮助的，但促销词也会计算在标题的 128 个字符之内；二是品牌词。如果你运营的是一个知名度较高的品牌产品，品牌词可以放在标题的前面；三是主关键词。主关键词无疑要置于前 45 个字符内；四是主属性词。主属性词也要置于前 45 个字符内，这样有利于提高标题的搜索权重；五是单复数词。平台有些单复数词的权重是一样的，也就是说买家不管有单数词还是复数词进行搜索，结果都能显示出来，即通常所说的单复数同行，也就是后台的一种搜索引擎机制。

（3）标题关键词的优化工具。一是关键词选取的工具；二是测试关键词的工具。

4. 标题优化技巧

（1）用足 128 个字符的标题字数。

（2）去掉不必要的连词。

（3）选择搜索指数高的词。

（4）单词一定要拼写正确。

（5）标题视觉效果要好。

5. 产品标题制作的原则

（1）简洁明了。产品标题应简洁易懂，清楚地传达产品的主要特点。避免使用复杂、冗长的句子，以便让潜在客户迅速了解产品的核心信息。

（2）真实准确。产品标题应真实反映产品的特点和性能，不得夸大、误导或捏造产品信息。确保标题与实际产品相符，遵循诚信经营原则。

（3）关键词优化。合理运用关键词，提高产品在搜索结果中的排名。选择与产品高度相关、搜索指数较高的关键词，使产品容易被潜在客户搜索到。

（4）吸引眼球。产品标题应具有一定的吸引力，激发客户的兴趣。使用词汇应有创意，同时突出产品优势，提高点击率。

6. 产品标题的构成要素

（1）品牌名称。若产品有品牌，请在标题中明确标注品牌名称，提高品牌曝光度。

（2）核心关键词。选取与产品高度相关的核心关键词，有助于提高搜索排名。

（3）产品型号和规格。如适用，请在标题中注明产品的型号、规格或尺寸，以便客户快速了解产品的详细信息。

（4）产品特点和优势。突出产品的独特性或卖点，如质量、性能、使用场景等。

（5）行业或应用领域。如适用，可在标题中注明产品的行业或应用领域，有助于客户快速判断产品是否符合需求。

7. 产品标题的制作规则

（1）有序组织。合理安排标题中各要素的顺序，使其清晰易懂，便于客户阅读。

（2）适当使用分隔符。使用分隔符（如"|""–""/"等）合理分隔标题中的关键词和信息，提高标题的可读性。

（3）遵守平台规范。遵循跨境电商平台的标题制作规范，避免违规操作。

（4）避免堆砌关键词。不要过度堆砌关键词，以免影响标题的可读性和美观度。

（5）定期优化。根据市场变化、搜索指数及竞品情况，定期对产品标题进行优化，提高搜索排名和转化率。

8. 设置产品标题的注意点

（1）要确保产品名称和买家搜索词的相关性。以 Snake sandal 举例：

买家在用 Snake sandal 搜索产品时，以下三种标题描述方式，从文本相关性上讲，都是一样的。

① New model styles woman shoes summer snake print sandals 2014;

② 2014 Ladies nice snake skin hemp sole wedge sandals ;

③ Thong sandal snake cross 。

所以，不要盲目为了买家搜索词而不断开发新产品、重复铺货。

（2）产品名称中加 for 和 with 突出产品属性和用途的情况，标题中也可使用 with 或者 for，核心词在 with 或 for 前面。

China steel pipe export factory with astm din jis standard steel pipe.

虽然这个名称中核心词 steel pipe 放在了最后，但是也是错误的，因为带有 with 或者 for，系统会判断 with 或者 for 前面的是核心词。

可以写成：steel pipe with ASTM DIN JIS standard.

再举个例子：15 mm film faced plywood for construction.

（3）产品名称长度问题。产品名称长度要适当，产品的名称能恰当地突出产品优势特性，最好不要过短，也不要过长。阿里巴巴国际站对产品标题长度的限制在 128 个字符以内（包括空格和标点符号），产品名称即产品标题，是买家搜索的第一匹配要素。

（4）产品名称罗列和堆砌问题。不要把多个关键词在名称中重复累加。产品标题中含多个不同的名称，买家用这些不同的名称搜索都能搜索到该产品吗？其实，产品名称罗列和堆砌不但不会提升产品的曝光度，反而会降低产品与买家搜索词匹配的精度，从而影响搜索结果，影响排序。

（5）产品名称中的特殊符号。产品名称中慎用特殊符号"/""-""（ ）"等，因为这些符号可能被系统默认成无法识别的字符，影响排序。如需使用，请在符号前后加空格。

（6）标题的属性源于产品的本身，即标题要准确代表产品的本身。

（7）标题要遵循语法和语言逻辑。

（8）标题中的任意一个属性词和词干搭配都是有热度的关键词。

9. 选择核心产品

核心产品的选择标准如下：

（1）新品。

（2）高利润产品。

（3）主推的产品：

10.确定常用的词干

（1）买家最常用的词干。

（2）符合产品特性的词干。

11.确定核心关键词

（1）符合产品定义。

（2）有热度。

（3）易于排名。

标题才是最大的关键词，它具有无序性、可自由组合、去符号性的特点。一个好的标题，必然具备多关键词引流特征，因此标题能匹配的关键词越多越好。

12.优化组合标题

标准：符合产品，利于国际站搜索排名，符合语言语法逻辑，长度为 45 ～ 64 字符，不能有特殊字符。

怎样做：在 Excel 中制作标题，词干位于末尾，热度越高越靠近词干，热度从右往左呈降序梯级，用 K1、K2、K3 来表示。

例如：

sublimation imported	2018 world cup	soccer jersey
K3	K2	K1

六、处理图片

产品图片是对文字描述的补充，使用图片直观展示产品，让买家在浏览产品时获得更多的产品细节特征，丰富的高品质图片会大大影响买家购买欲。

（一）主图要求

阿里巴巴国际站产品主图的作用主要有以下几点：

（1）吸引买家注意：产品主图是买家在浏览商品列表时首先看到的图片，具有很强的视觉冲击力。一张高质量、吸引人的主图能够有效抓住买家的注意力，提高点击率和访问量。

（2）展示产品特点：产品主图应能准确地展示产品的关键特征、功能或优势，帮助买家迅速了解产品的基本信息。同时，主图也是传达品牌形象和产品定位的重要渠道。

（3）提高转化率：一张具有吸引力的产品主图不仅能提高点击率，还能增加购买意愿，从而提高转化率。买家在浏览众多商品时，往往会根据主图来初步判断产品的质量和价值。

（4）竞争优势：在竞争激烈的跨境电商市场中，一张高品质的产品主图能让你在众多卖家中脱颖而出，增加产品的竞争优势。

主图的图片要求具体如下：

（1）图片大小不超过 5 M。

（2）图片尺寸大于 600 像素 ×600 像素（近似正方形，长和宽的比例在 1∶1～1∶1.3 或 1.3∶1～1∶1 之间）。

（3）浅白底或虚化素色自然场景。

（4）商品展示主体大小合适，构图居中。

（5）LOGO 建议在左上角摆放，英文为优。

（6）图片数量在 3 张以上，要展示正面、背面、侧面、细节（产品或标签细节）。

（7）无边框，无水印，不宜拼图（避免干扰产品信息）。

（8）图文一致。

在阿里巴巴国际站上，产品主图视频作为一种视觉展示方式，对提升产品形象和吸引买家具有重要作用。以下是产品主图视频的主要作用：

（1）更直观地展示产品：相较于静态图片，产品主图视频能够更加生动、全面地展示产品的外观、功能和使用场景，让买家能够更清晰地了解产品细节和优势。

（2）增加买家信任度：通过展示产品实际运作的过程，视频能够让买家更真实地感受产品的性能和品质，从而增强买家对产品和商家的信任。

（3）提高产品点击率：具有吸引力的视频内容能够激发买家的好奇心，提高产品页面的点击率。买家在浏览商品列表时，可能会更愿意点击带有视频的产品了解详情。

（4）提升转化率：通过展示产品的优势和实际应用，主图视频能够提高买家的购买意愿，从而提高产品的转化率。

（5）区分竞争对手：在竞争激烈的跨境电商市场中，拥有高质量主图视频的产品能够在众多卖家中脱颖而出，提升品牌形象和产品竞争力。

产品的主图视频要求具体如下：

（1）主图视频分辨率 640 像素 ×480 像素以上，单个视频大小不超过 100 M；

（2）视频总时长控制在 45 秒以内；产品展示视频时长不少于 20 秒；

（3）不同行业、不同类型的产品，突出展示产品特点或者应用场景。

七、填写产品属性

产品属性是对产品特征及参数的标准化提炼，便于买家在属性筛选时快速找到产品。

填写要求：填全系统给出的属性。一个属性等于一个展示机会，所以需填全系统给出的属性，必要的时候可以添加自定义属性，更全面地描述产品信息。属性字段分为标准属性和自定义属性，标准属性只能选择属性值；自定义属性的属性名和属性值都需要手动添加，如前面空格填写 Color，后面空格填写属性值 Red 即可，自定义属性最多可以添加 10 个。产品属性信息不建议包含特殊符号。

八、设置产品交易信息

跨境电商产品发布流程中，设置交易信息板块是一个重要环节，主要包括以下组成部分：产品价格、最小起订量、供货能力、支付方式、发货期限、运输方式等。下面分别简要介绍这些组成部分以及不同支付方式的特点和如何选择。

（1）产品价格：根据产品成本、市场需求、竞争对手定价等因素，设定产品的单价。同时，可以考虑提供折扣或优惠政策以吸引买家。

（2）最小起订量（MOQ）：设定买家需要购买的最小数量，以保证利润和降低库存风险。根据产品特性和市场需求，合理设置 MOQ。

（3）供货能力：描述公司的生产和供货能力，例如每月生产/供应多少产品。

（4）支付方式：提供多种支付方式以满足不同买家的需求。主流支付方式包括：信用证（L/C）、电汇（T/T）、支付宝、贝宝（PayPal）等。

①信用证（L/C）：适用于大宗交易，买卖双方通过银行进行结算，较为安全可靠。

②电汇（T/T）：常用于国际贸易，将款项直接汇至卖家指定的银行账户，速度较快。

③支付宝：阿里巴巴旗下的支付工具，适用于中国大陆的买家。

④贝宝（PayPal）：国际知名支付平台，广泛适用于全球买家，费用较高。

（5）发货期限：根据生产周期、库存情况等因素，设定发货期限。确保按时发货，维护买家满意度。

（6）运输方式：提供多种运输方式供买家选择，如海运、空运、快递等。考虑运输成本、时间和安全性等因素，为买家提供合适的运输方案。

在选择支付方式时，要考虑以下因素：

（1）交易金额：大宗交易推荐使用信用证（L/C），以确保资金安全；较小金额的交易可以选择电汇（T/T）、支付宝或贝宝（PayPal）等。

（2）买家地区：根据买家所在地区，提供相应的支付方式。如中国大陆买家可提供支付宝，全球买家可提供贝宝（PayPal）等。

（3）费用：不同支付方式的费用不同，要综合考虑费用和便捷性，选择合适的支付方式。

（4）安全性：确保所选支付方式的安全性，以降低资金风险。信用证（L/C）和贝宝（PayPal）等支付方式在资金安全方面具有较高的保障。

（5）速度：支付方式的速度也是一个需要考虑的因素。电汇（T/T）相对较快，而信用证（L/C）可能需要较长的处理时间。

（6）卖家和买家的需求：了解卖家和买家的需求，提供符合双方需求的支付方式。例如，部分买家可能更倾向于使用贝宝（PayPal）进行支付，因为其提供购物保障服务。

综上所述，在设置跨境电商产品交易信息板块时，应详细描述产品价格、最小起订量、供货能力、支付方式、发货期限、运输方式等信息。选择合适的支付方式时，需综合考虑交易金额、买家地区、费用、安全性、速度以及双方需求等因素，以满足不同买家的支付需求。

九、设置物流信息

在跨境电商产品发布流程中，设置物流信息板块是一个重要环节。物流信息对于买家来说是非常重要的，因为它关系到产品的运输时间、成本以及整体购买体验。以下是物流信息板块的填写要素和注意事项：

（1）物流方式。明确提供的物流方式，如海运、空运、快递、陆运等。不同的物流方式具有不同的运输速度和成本，需要根据产品特点和目标市场选择合适的物流方式。

（2）运费。清楚地列出各种物流方式的运费，以便买家了解在选择不同物流方式时所需支付的运费。可以提供预估运费计算器，以便买家根据目的地和产品重量估算运费。

（3）发货时间。注明从收到订单后的发货时间，如1～3个工作日。这有助于买家了解预计的物流周期。

（4）目的地。明确可以将产品运送至哪些国家或地区，以便买家了解是否能够购买。

（5）进口税和关税。提醒买家可能需要支付的进口税和关税，这些费用通常由买家承担。

（6）保险。介绍是否提供物流保险以及保险的费用和范围。

（7）跟踪信息。提供物流跟踪信息，以便买家实时查询包裹的物流状态。

注意事项：

（1）准确无误。确保物流信息准确无误，避免因信息错误而导致的纠纷。

（2）更新及时。跟踪物流政策和费用的变化，及时更新物流信息，确保买家获取到最新的物流信息。

（3）增值服务。考虑提供增值服务，如加急发货、包装定制等，以满足不同买家的需求。

与物流合作伙伴保持良好沟通：维护与物流合作伙伴的关系，确保物流服务的稳定和高效。

总之，在跨境电商产品发布流程中，设置物流信息板块需要详细填写物流方式、运费、发货时间、目的地、进口税和关税、保险及跟踪信息等内容，并注意保持信息的准确性和及时更新，以提供良好的物流体验给买家。

十、上传产品详情页

（一）产品详情页的组成要素及详情介绍

1.产品板块

（1）产品图片。清晰的产品图片，展示产品的整体外观和细节。可以包括不同角度、局部特写等，让买家对产品有更直观地了解。

（2）细节图。通过细节图展示产品的特点、功能和优势，如材质、工艺、设计等。

（3）参数表格。列出产品的技术参数、规格、尺寸等详细信息，便于买家对产品性能的了解。

（4）产品描述。详细介绍产品的特点、优势、适用场景等，帮助买家了解产品价值。

（5）产品用途。描述产品在实际使用中的应用场景和用途，如家居、办公、户外等。

2.营销板块

（1）合作伙伴。展示与公司合作的知名品牌或客户，提升公司形象和信任度。

（2）其他产品推荐。推荐与当前产品相关的其他产品，引导买家继续浏览和购买。

（3）宣传产品海报。设计有吸引力的产品海报，提升产品的视觉识别度和关注度。

3.公司板块

（1）公司信息。简要介绍公司的基本情况，如成立年份、注册资本、员工人数等。

（2）证书。展示公司所获得的认证和荣誉，如ISO认证、产品质量证书等。

（3）展会。介绍公司参加的展会活动，展示公司的行业地位和影响力。

（4）生产流程。通过图片和文字介绍公司的生产流程，展示公司的生产实力。

（5）包装运输。介绍产品的包装方式和运输渠道，确保产品在运输过程中的安全。

（6）FAQ。列出常见问题及解答，帮助买家解决疑虑。

（7）联系方式。提供公司的联系方式，如电话、邮箱、地址等，便于买家与公司沟通。

（二）产品详情页的上传与优化

（1）根据详情页文案，用PS完整设计后切片上传。

（2）使用系统智能详情页模板进行详情页制作。

"My Alibaba"—"产品管理"—"发布产品"—"智能编辑"，根据行业选择合适的详情页模板。

选择好模板，可根据推荐的版式上传文字和图片信息。系统会提供基本的导航模版，用户也可自己添加更多模版。

若自己添加并删减板块，可选择最左边工具栏进行图片、文字、表格版式调整。

编辑完成后单击右，上角"编辑完成"按钮保存。

（3）上传详情页视频。在国际站卖家不仅可以选择在产品主图模块展示视频，同时也可以根据产品展示特点需求上传详情视频，功能特点如下：

①在视频平台上传详情视频；

②在产品发布后台选用详情视频；

③通过审核的详情视频，将会展示在产品详情描述的上方；

④单个详情视频时长不超过10分钟，大小不超过500 M；

为了便于卖家进行更多优质主图视频和详情视频内容的发布，视频平台空间为3C。

第三节 橱窗、在线批发、多语言等产品发布

在跨境电商平台上发布产品时，橱窗、在线批发和多语言等功能可以帮助您更好地展示产品和拓展市场。

橱窗：橱窗是产品展示的核心部分，可以展示产品的主图、标题、价格等信息。通过精心设计的橱窗，可以吸引买家的注意力，提高产品的点击率和曝光度。橱窗的布局和设计应该简洁明了，突出产品的特点和优势。

在线批发：在线批发功能可以帮助您针对批发商或大量采购的买家提供更优惠的价格。您可以设置不同的批发数量和相应的折扣，鼓励买家进行批量购买。在线批发功能有助于提高订单量和销售额。

多语言：多语言功能可以让您的产品页面支持多种语言，以满足来自不同国家和地区的买家的需求。在发布产品时，您可以选择添加多种语言版本的产品标题、描述和关键词等信息。多语言功能有助于提高产品在全球市场的曝光度和竞争力。

在发布产品时，要充分利用这些功能，优化产品页面，提高产品的吸引力和转化率。同时，也要关注平台的规则和要求，遵循合规原则，确保产品信息的准确性和合规性。

一、橱窗产品发布

（一）发布流程

选取产品—选取关键词—制作优质标题—产品主图拍摄、处理—详情页上传。

阿里巴巴会员可以将主推的产品设为橱窗，在同等条件下的搜索页面中，橱窗产品的排序优于非橱窗产品。

（二）橱窗产品优势

（1）优先排名，同等条件下橱窗产品享有优先排名的机会。

（2）拥有公司的网站首页推广专区，提升主打产品的主打优势。

（3）展示店铺形象，直观了解店铺的主打产品，产品自定义推广。

（三）橱窗产品发布要点

（1）采取正确的橱窗设置方法。

（2）准确选取关键词，优化标题（标题可稍长）。

（3）重视产品的信息质量。

（四）挑选橱窗产品

（1）直接从以前发布的产品中选取。

（2）新发布的产品（新品、主推产品、高利润产品）。

（五）优化橱窗产品标题

（1）包含核心关键词，与产品贴切，体现出产品的优势。

（2）顺序合理且符合阅读习惯。

（3）首字母大写，产品名称规范，保证客户能看懂。

（4）不要出现关键词的堆砌，不要出现特殊符号。

（5）名称精简、准确，利于买家快速浏览。

（六）确定需要调整的橱窗产品

（1）零效果产品。

（2）有曝光没有点击的产品。

（3）有曝光有点击没有反馈的产品。

（七）查询橱窗产品的排名

可以利用排名查询工具查询橱窗产品的排名。

二、在线批发产品发布

阿里巴巴免费为供应商打造的一站式批发和在线交易平台满足了供应商轻松消化国际贸易小额批发的需要。除了在线批发阿里巴巴还能在专区展示 detail（商品细节），突出产品价格及运费信息，凸显下单入口 baynow（立即下单），有独特的"购物车"功能,买家可以直接下单并通过阿里巴巴 Esckow(国际支付宝)在线付款。

(一)优势

(1)在线批发在黄金专区展示,可获得更多的曝光、更高的点击率,具有更强的灵活性。

(2)支持快递和空运的物流设置,买家即拍即付,快速获得订单。

(3)获得更多的买家资源,开发客户渠道。

(4)提供明确的价格和物流信息,减少沟通的成本。

(二)价值

(1)卖方:在线批发轻松接单,免费升级双重曝光,积累诚信安全收款。

(2)买方:轻松下单减少成本,支付便捷安全交易,在线交易收货便捷。

(三)发布流程

(1)"My Alibaba"—"在线批发"—"发布产品"。

(2)选择英语市场、产品类目,确定发布规则。

(3)填写基本信息、属性、交易信息,在填写交易信息时选择在线批发,并正确填写交易字段,发布产品后,在管理产品中可查看自己的批发产品。

三、多语言产品发布

阿里巴巴多语言市场是在 2013 年 7 月 17 日正式向供应商开放,且独立于阿里巴巴国际站(英文站)的语种网站体系。其现有 15 种语言,11 个市场已开放产品发布功能:西班牙语、日语、葡萄牙语、法语、俄语、阿拉伯语、德语、意大利语、越南语、土耳其语、韩语供应商自主发布的产品,搜索排名优先;4 个市场暂未开放产品发布功能:泰语、荷兰语、希伯来语、印度尼西亚语网站产品仅基于英文网站自动翻译产品。多语言站点排序规则的考量点和英文网站基本一致,在诚信因素、文本相关性、信息质量这几个方面,增加了原发产品激励因素。

多语言市场编辑流程:"My Alibaba"—"多语言市场",选择要编辑的市场,然后单击"管理机器翻译产品"按钮,即可翻译该产品信息。

【思考题】

（1）产品发布的规则是什么？

（2）产品发布的流程是什么？

（3）简述橱窗、在线批发、多语言产品发布的要点。

第五章 店铺装修

【情境导入】

小 A 发现公司的店铺页面设计较为普通，缺乏吸引力。为了提高店铺的竞争力，小 A 开始学习跨境电商店铺装修相关知识。通过学习，他认识到了以下店铺装修的重要性。一个专业且具有吸引力的店铺装修有助于树立公司的品牌形象、吸引客户关注、优化客户体验、提高客户的信任度。良好的店铺装修可以使客户在浏览产品时更加舒适。

经过一段时间的学习和实践，小 A 为公司的店铺进行了一次全面的装修。装修后的店铺呈现出了：

（1）统一的视觉风格。小 A 为公司的店铺设计了一套统一的视觉风格，使店铺看起来更加专业和高端。

（2）个性化的设计元素。小 A 运用独特的设计元素展示公司的特色和产品优势，使店铺具有更强烈的个性化特点。

（3）明确的导航结构。小 A 优化了店铺的导航结构，使客户更容易找到他们需要的产品和信息。

（4）优化的产品展示。小 A 改进了产品展示方式，运用高质量的图片和视频展示产品，使客户更了解产品细节。

【学习目标】

（1）了解店铺装修基础模块及特点。

（2）熟悉店铺装修的核心价值及需要注意的点。

（3）掌握店铺装修的设计思路以及相关流程。

第一节　店铺装修基础模块的特点

跨境电商店铺装修基础模块主要包括以下几个部分，每个模块都有其特点和功能，帮助您更好地展示店铺和产品，提高买家的购物体验。

一、导航栏

导航栏位于店铺页面顶部，是买家浏览店铺时的主要导航工具。导航栏可包含店铺首页、产品分类、促销活动、联系我们等链接，方便买家快速找到感兴趣的内容。导航栏应保持简洁明了，突出重点，便于买家使用。

二、轮播图

轮播图位于店铺页面顶部或主要位置，通常用于展示店铺的核心产品、活动或品牌形象。轮播图可以吸引买家注意力，提高产品曝光度。轮播图设计应注重视觉效果，使用高质量的图片和简洁的文案。

三、产品展示区

产品展示区用于展示店铺的主打产品或新品，包括产品图片、标题、价格等信息。产品展示区应根据产品特点和店铺定位进行布局和设计，突出产品优势，提高点击率和转化率。

四、促销活动区

促销活动区用于展示店铺的优惠活动、限时折扣等信息。通过设置吸引人的促销活动，可以刺激买家购买欲望，提高销售额。促销活动区应设计醒目，突出优惠力度，吸引买家关注。

五、店铺介绍区

店铺介绍区用于展示店铺的基本信息、企业文化、生产能力等内容。通过详细的店铺介绍，可以增强买家对店铺的信任感，提高店铺形象。店铺介绍区应注重信息的真实性和完整性，展示公司实力。

六、联系方式区

联系方式区提供店铺的联系方式，包括电话、邮箱、在线客服等，方便买家与卖家进行沟通。提供多种联系方式可以提高买家的满意度和信任度。

在装修跨境电商店铺时，要充分利用这些基础模块，根据店铺特点和目标客户进行个性化设计，创造独特的购物体验。同时，要关注平台的规则和要求，遵循合规原则，确保店铺装修的合规性。

以阿里巴巴国际站为例：

阿里巴巴国际站店铺装修主要包括：产品拍照、图片处理、首页装修、详情设计、主图设计、主图视频制作以及自定义营销页面。

国际站产品拍照与图片处理：国际站产品主要是纯色背景拍摄处理成白底图。

国际站首页装修：一般包括店招、导航、滚动轮播图、产品分类、新品推荐、热销推荐、工厂简介、实力展示、合作优势、证书展示、客服专区等。

国际站详情页设计：主要包括产品宣传图、产品属性规格、产品正反侧细节特点展示、包装物流及收款方式说明、售后说明等。

国际站主图设计和主图视频制作：国际站主图是六张，主图视频是 60s 以内。

自定义营销页面：可以专门制作一个单独的定制页面来说明自己的合作优势，或者推广新品或者人气产品。

第二节　店铺装修核心价值与关注的点

一、店铺装修核心价值

（1）精致装修，吸引买家浏览，同时价值还在于提升店铺形象、增强用户体验。

（2）突出热销品、低价产品、新品等，有层次地突出自己的优势产品，提高点击率和转化率。

（3）行销活动置于明显位置，例如加购优惠，套装优惠等。

二、店铺装修关注的点

店铺装修时需要关注以下几个重点：

（一）品牌形象

店铺装修应体现品牌的独特性和价值观，从而塑造良好的品牌形象。通过统一的视觉风格、LOGO、色彩搭配等元素，展现品牌的专业性和一致性。

（二）用户体验

店铺装修应注重用户体验，确保买家可以轻松地找到所需信息和产品。这需要优化导航栏结构、页面布局、产品分类等方面，提供清晰的信息层次和简洁的操作流程。

（三）产品展示

店铺装修应充分展示产品的特点和优势，吸引买家的注意力。可以通过高质量的图片、详细的描述、吸引人的促销活动等方式，提高产品的曝光度和购买意愿。

（四）互动与沟通

店铺装修应鼓励买家与卖家互动，提供便捷的沟通渠道。例如，设置在线客服、留言板等功能，方便买家提问和解答疑问，增加信任感和满意度。

（五）移动端适配

跨境电商越来越多地依赖移动设备进行浏览和购买，因此店铺装修应考虑到移动端的适配性。确保在手机、平板等设备上的显示效果良好，用户体验一致。

（六）优化与更新

店铺装修不是一次性完成的任务，而是需要根据市场变化、用户需求和产品策略进行不断优化和更新。定期检查店铺效果、收集用户反馈，并根据数据和反馈进行调整。

总之，跨境电商店铺装修应关注品牌形象、用户体验、产品展示等多个方面，以提高店铺的吸引力和转化率。在整个过程中，要保持灵活的思维和持续优化的态度，以应对不断变化的市场环境和竞争格局。

阿里巴巴国际站店铺装修应该关注：

旺铺是公司的形象体现，精美的旺铺装修可以吸引客户询盘，提升转化率，在旺铺装修的过程中我们需要注意哪些方面呢？

（1）旺铺风格。我们在装修之前可以参考一下同行的优秀旺铺，参考之后再根据自己公司情况量身定制做一些修改设计，旺铺的整体风格要符合公司的产品和行业，这样才能更好地吸引目标客户。

（2）功能版块。阿里巴巴国际站装修后台有很多系统自带的功能版块，这些都是比较重要的版块，有些第三方旺铺装修设计喜欢全部做成图片格式，导致很多系统版块得不到展示，这个情况是很多旺铺容易出现的问题和误区，不能一味地为了美观，失去了重要的版块展示，比如橱窗版块、视频介绍、主营类目、多语言版块、产品排列版块等等。

（3）移动端旺铺。现在移动端流量占比已经超过 60% 了，所以必须重视移动端的旺铺设计，有些版块是可以直接同步的，部分图片展示版块只需要调整一下尺寸适应移动端就行。

（4）付费模板装修。使用模板装修旺铺是比较简单和省事的，不需要美工也能装修，有成千上万的模板风格供你挑选，总能找到适合你公司的模板，费用是 80 元每月，一年下来也才 960 元。模板市场路径：进入 My Alibaba，左侧导航栏—店铺管理—模板市场，或者进入装修界面后，点击模板市场即可。金品诚企会员在后台有免费的店铺装修模板（PC 端和无线端都有），获取路径如下：进入装修界面，点击模板管理，点击官方免费模板，即可查看和选用。

第三节　店铺装修的设计思路和流程

国际站的店铺装修对于企业来说是企业在阿里国际站中的门面，如果没有做好店铺装修，会影响到客户对于企业的印象，对企业的实力等也会产生一些疑问。因此在阿里国际站运营中，店铺装修是基础。那么如何做好阿里国际站店铺的装修呢？

（1）锁定目标客户群体。首先企业可以先分析店铺的访客来源和占比，了解客户的来源主要是通过哪个端口，是 pc 还是手机，或是其他，并结合企业对整体市场的了解，判断常使用的设备，进行作为重点装修方向，如果占比都比较高，那么 pc 端和移动端都需要重视。其次，了解店铺访客的核心国家有哪些，有询盘和成交的国家有哪些，结合企业自己实际的目标市场，确定装修风格。通过用户画像分析，以及公司的历史客户信息，了解目标客户群体特点，以及偏好需求等，这些对于后期的装修和内容布局，文案撰写等都有很重要的指导作用。

（2）明确店铺定位。首先企业需要确定自己是要做 RTS 还是做定制，因为这跟目标群体的特点、需求和内容的安排都息息相关，因此企业只有先明确了之后才能有针对性地进行店铺装修。否则，后期还是需要重新制作。

（3）阿里国际站装修需要包含的基本。在阿里国际站装修中，有一些板块是必须包括的，比如：banner 图，像客户展现企业的主营产品，优势卖点等。优惠券，优惠信息往往是客户十分关注的，因此要尽量前置。产品展示，橱窗板块，展现企业主推产品。企业实力展现，比如工厂公司视频，工厂生产线，资质证书，参展照片，合作客户展示，等等，综合体现企业专业和实力。

（4）阿里国际站装修原则。一是设计风格要符合目标市场的审美，并且保持整体的风格统一与和谐。二是整体设计布局要分区清晰，不但要保证美观，还要实现内容的合理展现，能够让用户可以轻松，快速地获取到有用的信息。三是色差搭配要合理，根据产品和行业特点或企业品牌形象、目标市场偏好颜色，来确定主色调，色彩搭配要合理，不要过于突兀。四是文案撰写要抓人，好的文案是具有营销能力的，但文案并不代表华丽词汇的堆砌，企业要根据客户的需求和痛点，结合公司和产品的优势，清晰、明确地展现出来，语句通顺，让客户看得懂。五是首屏要有吸引力，现在客户在浏览时大多利用的是碎片化时间，并且会进行多方对比，因此第一屏一定要能够吸引住客户，才能促使他继续浏览。所以不建议企业做千篇一律模板式的装修，可以根据自己的公司和产品情况结合客户特点进行定制装修。

阿里巴巴国际站怎么装修店铺呢？

（1）首先你要登录阿里巴巴国际站账号，然后点击 My Alibaba，点击管理全球旺铺。

（2）进入店铺后台国际站 2.0 装修页面后，点击店招招牌部分进行装修操作，根据文字说明，直接上传已经准备好的图片。

（3）左侧这边添加营销这个位置可添加自定内容，跟其他电商店铺里装修大同小异，可放入自定义代码

（4）设置完成后，打开自己店铺看装修后的效果，再根据需求修改。

（5）注意首页不单单要展示产品的信息 更不要忽略展示公司信息。

（6）注意产品和板块之间相间隔，给访客休息的间隙。

【思考题】

（1）店铺装修基础模块及特点是什么？

（2）店铺装修最需要注意的几个点是什么？

（3）店铺装修的设计思路以及相关流程是什么？

第六章 跨境电商推广引流

【情境导入】

通过之前出色的成绩，小 A 现在的工作职责是负责公司的推广引流工作。在开始工作后，小 A 发现自己对跨境电商推广引流相关知识还不够熟悉，因此决定通过学习来提高自己的技能和知识水平。

小 A 参加了一些线上课程，涵盖了跨境电商推广引流的基础知识、SEO 优化、社交媒体推广等方面的知识。这些课程不仅让他掌握了相关的技能和知识，还为他提供了实际应用这些技能的案例和经验。小 A 也阅读了一些跨境电商推广引流相关的书籍，其中包括了一些实践经验和案例。这些书籍让他对跨境电商推广引流的理论和实践有了更深入的了解，同时也让他更加熟悉行业动态和市场趋势。参加了一些跨境电商推广引流相关的行业会议和研讨会，了解了行业的最新发展动态和趋势。这些活动不仅让他接触到了更多的行业专家和从业者，还让他了解了其他公司的成功经验和挑战。

通过学习，小 A 成功地掌握了跨境电商推广引流相关的技能和知识，并将它们应用到了实践中。小 A 的工作表现得到了显著的提升，同时，由于小 A 的推广引流工作的成功，公司的销售额也得到了提高。通过增加网站的流量，潜在客户的转化率也得到了提高，这进一步增加了公司的收入。同时，小 A 应用所学的社交媒体推广和内容营销等技巧，成功地增加了公司的品牌知名度。

【学习目标】

（1）掌握搜索引擎、SNS、EDM、SEM、QQ、微信营销方法。

（2）了解主流社交平台的应用技巧。

（3）掌握跨境电商平台内的推广技巧。

第一节　跨境电商推广引流概述

一、跨境电商市场定位概述

市场定位最重要的就是满足需求。但由于身处国内，中国卖家对海外市场和海外消费者需求的了解并不是十分充分。卖家想要做好市场定位，就需要做一些前期的调研，在不断的积累中，培养对买家需求的敏感度。在对国外市场调研阶段，卖家要去关注市场国总体物价水平和销售产品所属行业的价格水平。终端零售价格非常重要，只有了解了终端零售价格才有可能清楚海外消费者处于怎样的购物环境中，才能更好地给产品定价。

而由于地域、文化等因素的差别，海外消费者的购物喜好与国内消费者相比，一定会有差异存在。所以，调研过程中卖家还要了解海外消费者的喜好。

卖家可以通过海外消费者的购买需求进行市场定位。看看自身产品是否具有独特的产品功能和款式，是否拥有价格优势，是否在质量上有保证，是否是国外消费者了解的品牌。可以通过以下途径调研。

（1）可以去国外考察。可以去欧美国家，尽量不要去亚洲国家，因为许多亚洲国家的习惯和文化背景与我国是相似的，而且卖家的主要市场大部分偏欧美，俄罗斯消费者的喜好和欧美也是相似的。

（2）多和外国人沟通。最简单的方法就是询问在中国的外国朋友，他们网购一般都买什么，这对我们选品有一定提示作用。

（3）考察国外的零售网站。

（4）考察卖家产品在国外类似品牌官方旗舰店的价格等是怎样的，作为借鉴参考。

（5）看国外电影、电视剧。了解国外消费者的生活习惯及日常涉及的生活用品等。

（6）看买家频道，分析销量高的商品的特点和共性。卖家有时会忽略这点，其实看买家频道，就是为了了解买家需求，站在消费者的角度思考分析。

（7）数据分析。此外，目前国内竞争相当激烈，价格战同质化严重。卖家在选品时要尽量规避这些问题，可以通过细分市场，找寻合理定位。细分市场，可以从产品出发，分成高、中、低端细分；也可以做品类专业化，从消费者年龄层、性别等方面进行具体划分；还可以从风格差异化入手，拥有自己风格，让人轻易记住。找寻自己的定位，具体可以分为三步。第一，前期调研，从细分市场切入，选品、店铺装修尽量统一，给人专业的印象；第二，市场时间的检验，设置一段时间让市场检验产品，看产品是否符合市场需求，可以通过曝光数据、销量、评价等判断；第三，经过检验后，选出明星产品优化发展，调整市场定位。在定位产品时，卖家可以想想自己的品牌、店铺、商品的记忆点是什么，而不是千篇一律地卖同质化产品。找对了方向和市场定位，就可以增加产品的附加值，提高客单价。

二、跨境电商品牌定位

销售却没有定位、没有清晰的产品路线，那很容易给人以杂货店的感觉。给跨境电商产品或企业品牌定位是为了在市场上吸引消费者的关注和获得品牌期望认知，从而获得消费选择优势。那么如何做到给品牌正确的定位呢？

当你要在海外进行网络搜索时，往往第一时间想到 Google；当你在国内上网购物时，第一时间想到的是淘宝；当你上网购书时，你首先想到上当当网（即使它已经不再只是一个卖图书的网站了）；而当你想要购买品质比较有保证的商品时，可能会选择京东，因为你知道京东对企业商家把控比较强。所以品牌不是企业简单制定的服务口号或标语，而是消费者的认知。

跨境电商没有定位，就没有清晰产品路线，那可能只会成为杂货店。品牌就是消费者对产品 / 企业的感性和理性认知，品牌定位要知行一致，要言行一致。再小的企业，也有自己的品牌。这一点，无论国内还是国外都是一样的。因此，一个跨境电商企业要想快速打造自主的品牌，品牌定位是很重要的，至于品牌五要素品牌名称、品牌标识、品牌信条、品牌受众和品牌故事都是为其服务的。品牌定位是消费者对产品或企业的感性和理性的认知，改变消费者的认知是很难的。比如，淘宝现在是 C2C 第一大网购平台，若说要做一个比淘宝还要大的 C2C，消费者是不会信的，这个定位几乎不会成功。例如百度的有啊、腾讯的拍拍，即使中国第一搜索平台 百度有再多的流量导人，腾讯有再多的 QQ 会员导人，都是改变不了消费者的认知的。

如何给跨境电商产品（企业）品牌定位？如何找到准确的品牌定位而在市场赢得有利的位置？现在在大平台价格战吞吃一切小品牌的情况下，中小企业卖家如何定位？在确定品牌定位之前，研究目标市场需要回答以下问题：

（1）什么情况引起消费者对产品的需要及购买？

（2）经营销售的产品具体特征是什么？处在哪个商品类目下？

（3）在消费者的认知里，产品市场的领导者及竞争者所占市场份额是怎样的？

（4）消费者喜欢什么？不喜欢什么？

（5）有没有什么市场缺口是品牌可以填补的？

根据以上几个问题，这里给中小跨境电商企业提供四个有效的定位策略。

（1）品牌定位策略一。成为品类第一。比如 lotsofbuttons.com 成为第一的品牌定位策略是 The largest button website in the world（全球最大的在线纽扣商店）。Lotsofbuttons.com 是中国香港的一家垂直时尚跨境电商企业，凭其超全的品类、数量众多，还提供各种类型、大小、形状和设计的纽扣，采购成本低，总部设立在香港，可以满足世界各地客户的需求，使之在单个品类中名列前茅。

（2）品牌定位策略二。对立面（是什么，不是什么）。对立面品牌定位，就是相对或相反。比如，年轻人的手机和老年人的手机；是男袜、不是女袜。

（3）品牌定位策略三。成为专家型产品。什么是专家型产品定位？就是专注于某一类产品。比如，美国的一家在线销售餐具的企业 Don't Eat With Your Hands。他们每一套餐具都是由一些有名的工艺大师制作的，精益求精。还比如苹果手机，专注于手机产品的垂直细分。一代一代地推陈出新，不断更新改进。

（4）品牌定位策略四。填补空隙。比如，美国有一家专注为年轻时尚运动女孩制作胸衣的企业 The braindustry for young girls.（www. yellow berrycompany.com）。

以上是四种品牌定位策略，可以运用到跨境电商产品企业中。跨境电商产品或企业制定一个有利的品牌定位，可以在激烈的市场竞争中更好地吸引消费者。但是打造一个品牌不是一天两天就可以完成的，品牌定位也是一样，它需要努力和时间的积累。

三、跨境电商市场分析

（一）企业格局：强者通吃与弱者打围

截至目前，跨境电商领域呈现出一种"强者通吃"的迹象，而后进者则围绕着自身主业，在跨境电商的产业链上分一杯羹。具体来说，在跨境电商交易方面，目前阿里巴巴一家独大，无论是出口的 B2B，还是进口的速卖通，都占有压倒性的市场份额。而物流配送方面，中国邮政则凭借其特殊的资源优势在市场上占据主导地位。其他电商企业如敦煌网、兰亭集势和递四方等，在某些细分市场也拥有一定的市场地位，但体量上暂时都不如阿里巴巴。

物流方面，申通、顺丰、中远、东航物流等都纷纷围绕自身业务优势做了一些"转运"环节的布局，但业务结构和市场覆盖范围都与中国邮政不可同日而语。而近日阿里巴巴与中国邮政达成战略合作，给这个市场带来更多想象的空间。短期内两者在跨境电商领域的优势地位不会被撼动，但未来格局如何，现在很难断言，一旦有新的商业模式出现，原有的格局可能瞬间被打破。

在企业布局方面，有两个业务点特别值得一提：境外仓与保税网购。前者应用的代表性企业为从货代起家的递四方，其在境外的仓库能够缩短配送时效，降低配送成本，同时还能在一定程度上扮演逆向物流的角色。

而保税网购更是代表着进口跨境电商的未来。

进口跨境电商业务拥有三种代表性的模式：境外电商直邮、第三方转运以及大部分试点城市所推的保税网购模式（试点城市所说的"备货"模式）。其中保税网购模式因为能够将进口商品的仓储有效前移，在订单发生时，直接借助试点的便利通关系统通关，进而从境内保税仓发货，将以前跨境电商普遍的 15 天左右的配送时间缩短至 2～3 天。

目前因为受营销能力、价格优势以及服务质量方面的限制（售后服务和产品品类），加之试点城市海关对跨境电商都采取比较谨慎的运营思路等，保税网购的交易量并不是很高，做得比较好的广州和宁波平均日单量也不过几百票。然而未来，随着通关流程的进一步理顺、京东天猫等本土电商领军企业深度参与，以及服务质量的进一步提升等，保税网购会迎来高速增长。

保税网购模式理想运输组合是通过海运/洲际铁路减少运输成本，通过高效清关和后段空运提升时效，因此，理想保税仓选址应同时具有空运和海运（未来洲际铁路的节点或也可以，甚至会比海运更具优势）区位优势，国内的深圳、广州、宁波、天津、青岛等具有明显地缘优势。

（二）未来趋势：多式联运与分销执行

跨境电商的发展将会给三个业态带来机会：跨境电商服务商、多式联运和供应链业务（尤其是分销执行）。首先，跨境电商服务商。目前国内各种类型的企业纷纷涉足跨境电商，然而受国际物流的不成熟、国际结算的缺位、国内通关体系亟待健全等因素影响，涉足其中的企业体验并不好。在形势尚不明朗的情况下，贸然投身其中，风险较大。一方面跨境电商业务还存在很多不确定的因素；另一方面，试图做跨境电商的企业确有井喷的态势，只是此时未必能够保证盈利，但如果为跨境电商企业提供解决方案，亏损的概率应该会小一些吧？结合前面的分析，仓库运营商、跨境结算实践者等应该会是最大受益者。

其次，多式联运。跨境电商模式下最显著的特征是通过仓储前置，用位移换实践，进而通过选择更经济的运输方式降低干线运输成本；而"最后一公里"再借助灵活快捷的配送，保障客户体验。因此未来跨境电商的代表物流模式，应该是干线海运（当然随着国内跨境铁路的成长，铁路也有可能从中分一杯羹），末端陆运加空运，不过这种多式联运要被中间的仓储环节切分。在这一领域，最大的受益者是船运公司和保税仓储公司。

最后，分销执行。无论是国内品牌走向国际，还是国际品牌挺进国内，后端分销都是很大的挑战，尤其对那些实力相对较弱的二三线品牌 / 中小企业更是如此。而未来跨境电商的生力军，恰恰是这些处在中间位置的二三线品牌或中小企业，因为一线品牌全球的分销网络比较成熟，他们不愿意也不敢轻易尝试跨境网络直销，因为这样做会触动其分销商的利益。

如果哪个企业能够把欧美二三线品牌的国内分销体系做起来，将会是很有前途的。成立不久的一家主打 F2C（Factory to Consumer，厂商到消费者）的跨境电商网站—海选网吃了第一个"螃蟹"。截至目前海选网已有数百家欧洲品牌商家入驻，其中 80% 以上品牌此前从未进入中国。

四、跨境电商开发客户

（一）搜索引擎

在搜索引擎上找客户是最直接最有效的方式，用产品关键词进行搜索，变换不同的地区、不同的语言、不同关键词。也可以直接输入产品，然后加上邮箱的后缀，或者搜索产品的制造商、经销商等，找到潜在客户的联系方式。

（二）参加展会

展会上的客户都是有针对性的、和行业相关的客户，只要你去展会就一定会遇到对你的产品感兴趣的客户，多参加几次展会足够开发客户资源。在展会上一定要记录好客户的信息，回去之后发邮件继续沟通。

（三）邮件开发

很多外贸商最常用的方式是写开发信，开发信的标题要吸引眼球，让人有想要打开这封信的冲动。内容要简短，没有人会愿意读你写的长篇大论，简单介绍一下自己的特色产品即可。另外邮件里面不要添加附件，因为有些邮箱可能不会接收附件。外贸新手写开发信可能会一直没有回复，或者有数不尽的退信，但只要坚持每天发送开发信，时间长了一定会有人诚心诚意给你回复，然后开始进行产品的详细介绍、报价、讨论产品付款邮寄等细节，最后成交。整个过程中外贸人员要坚持和有耐心，因为客户可能购买的时候也不着急，需要用心来打动客户。

（四）电话开发

邮件开发只需要编辑文章点击发送，而电话开发则需要做好充分的准备，因为或许找不到主管这项业务的负责人，或者不需要，或者前台不给转接的，种种情况都会发生，需要你做好心理准备，随机应变。在打电话之前最好把要说的事情列出来，聊天的时候一定要自信，把客户当作自己的朋友。

（五）在 B2B 平台上投放自己公司的产品

如果公司有付费的平台当然最好，这种平台能够带给产品更多的曝光率。如果使用的是免费的平台，要多注册，不同的平台规则不同，曝光的人群也不同，只有多多注册多发布产品信息，才会有更多的人看到，才会带来询盘和订单。另外，要及时更新产品信息，不断地更新才能排到前面，潜在客户才会看到你的信息。

（六）社交网络

多使用 LinkedIn、Facebook、Twitter，社交网络是一种方便的认识客户的方式。

（七）外贸论坛

多逛逛外贸论坛，不仅可以学到外贸知识，还可以获得一些资源，找到有需求的客户。

（八）海关数据

这是最详细最真实的信息，不仅有客户的进货产品，还有他们的联系方式、公司情况等信息。

开发客户的方法有很多，本章中只是讲了一些常见的方式，当然，这些方法也适用于其他行业。其实，方法不在于多而在于坚持，很多外贸老手做业务时间长了之后，都会有自己开发客户的方式，适合自己的才是最好的。

五、跨境电商卖家寻找国外客户的 29 个途径

如何寻找国外客户一直 是跨境电商比较烦恼的问题，因为这需要花费大量的时间和精力，而不能集中精力在与客户的沟通和交流上。在这里，介绍一 些在实践中非常有效的寻找国外客户的方法。

（1）在 Google 中输入产品名称 + importers。也可以用 importer 代替 importers 进行搜索。不同的产品或者行业，这些网站的排名往往不太一样，大家要是用自己的产品测试，应选取排名比较靠前的网站加以利用。

（2）关键词上加引号。这种方法可以保证在搜索出来的网页中输入的关键词是连在一起的，不像上一种方法得到的结果中，输入的关键词可能是分开的。这样搜索结果虽然数量上大大减少，但准确性必然大大提高。

（3）搜索产品名称 +distributor，搜索时如果加上引号，能得到更准确的结果。虽然这样做可能辆牲很多潜在客户，但可以找到很多分销商的信息。

（4）其他类型目标客户搜索：产品名称 + 其他客户类型。相关目标客户的词语还包括：buyer，company，wholesaler，retailer，supplier，vendor 及 其复数形式，可以用来和产品名称结合搜索。这样搜索的结果不会很多，但包含比较丰富的客户信息和其他市场信息，比如行业状况、竞争对手信息和技术资料等。

（5）搜索 price+ 产品名称。通过这种方法得到的信息，其中一部分往往能让你找到很多在网上销售产品的零售商和经销商，还有一部分搜索结果是市场报告、谈论产品行情的文章。如果是比较新的资料可以作为参考。

（6）搜索 buy+ 产品名称。这种方法可以帮助你发现之前可能被忽略的求购信息。

（7）国家名称限制方法：在前面 6 种方法的基础上加入国家名称限制。一般通过这种搜索方法可以得到我们关心的产品在目标市场的情况，其中也包含不少客户信息和客户信息源。

（8）关联产品法：产品名称 + 关联产品名称。这样的搜索结果往往是一些目标客 户网站和行业网站。

（9）著名买家法：产品名称 + 行业里面著名买家的公司简称或者全称。这种方法可以帮助我们得到行业市场的情况，并能在相关的网站中找到其他买家的名字。

（10）market researeh 方法：产品名称 +market research。这种方法用以搜索某种产品的市场研究报告。一般在这种报告的提要或者内容中，可能会提到很多著名

的行业内的公司，包括制造商和分销商。

（11）观察搜索引擎右侧广告。搜索产品名称后，查看搜索结果右侧广告。我们经常可以看到在 Google 搜索页面右侧会出现一些文字广告。这是 Google 为了防止影响搜索结果的公正性而特别置于右侧的，这种方式既照顾到了搜索人不想受广告干扰的心理，也照顾到了广告主的利益。当我们根据关键词搜索目标客户信息时，其实那些广告主提供的服务也是值得我们关注的。

（12）寻找行业展览网站。到目前为止，出口营销最为有效的方式还是参加面向国际贸易的行业展览。这类展览一般有专门网站，这个网站上往往会罗列上次展览的参展商名单和本次已经报名参展的客户名单。

（13）高级搜索的 title 方法。使用 Google 高级搜索功能的 alintitle 功能，搜索上述各个项目的关键词。title 方法的原理是把客户在网页标题中描述自己的关键词找出来，然后在网页标题中搜索关键词。这时候搜索出来的内容相关性比以往大大提高，非常准确。

（14）寻找有链接到大客户网站的网页。即使用 Google 查找大客户网站的链接网页。无论是什么情况，链接网页很可能是个比较专业的网页，考虑到该网页可能同时包含其他潜在客户，所以非常值得关注。

（15）寻找有引用有客户网址的网页。方法同上，只是查找的是引用客户网址的页面，而不是链接页面。

（16）网址包含大客户公司名。在 Google 高级搜索功能里，输入大客户名称，在字词位置选择"网页内的网址"搜索。这种方法搜索出来的网页同方法（4）（5）一样，都是非常专业的界面。而且一般如果某个网站会以某个客户的名称来命名网页，那么很有可能是在介绍一系列的公司，其中很有可能还有其他潜在客户。

（17）多语言方法。搜索关键词的其他语言写法。这种方法对非英语的国家比较有用，如东欧、南美国家等。

（18）专业文档方法。搜索引擎还提供类似于 ppt、pdf、word、excel 文档的高级搜索功能。一般互联网上这种文档数量比网页数量要少得多。而且这种文档一般都是专业的资料，绝对值得研究。

（19）网址目录方法。注重在网络上宣传自己的公司往往会将自己登录到 yahoo.com 和 dmoz.org 这两个世界最有名的网址目录中。因此，我们也可以到这两个网址目录中去寻找一些客户信息。

（20）企业名录网站方法。全球有一些专门提供买家名录的公司和网站。

（21）进口商与分销商名录网站方法。可以通过搜索 importers directory 和

distributors directory 来查找。

（22）行业网站方法。专业网站在买家、卖家信息的真实性、完整性方面一般都比综合商贸网站专业，而且分类更加细致，更容易找到对口的信息。

（23）综合商贸网站方法。

（24）黄页网站查找方法。在研究区域市场时，该区域的黄页是很有用的。特别是一些新兴市场。

（25）商务部世界买家网。中国商务部为中国广大出口商收集了世界上 40 多万个进口商的资料，并免费对中国出口商开放。

（26）商务部驻外机构。

（27）进出口协会或者商会。我们在开发区域市场时，往往需要罗列该区域的主要进口商，然后选择合适的代理。

（28）各国行业商会。在搜索引擎中搜索行业名称 +association。一般来说，某国的行业协会都包含了制造商、经销商的相关信息。

（29）alexa 工具。alexa 网站可以检测一些行业网站、贸易网站的流量，据此来判断这些网站的知名度。

第二节　搜索引擎推广

一、搜索引擎优化

（一）搜索引擎优化的概念

搜索引擎优化简称 SEO，是英文 search engine optimization 的缩写。原意是指从自然搜索结果中获得网站流量的技术和过程，是在了解搜索引擎自然排名机制的基础上，对网站进行内部及外部的调整优化，改进网站在搜索引擎中的关键词自然排名，获得更多的流量，从而达成网站销售及品牌建设的目标。在跨境电商中，SEO 是指产品搜索排名优化，即在现有的跨境电商平台网站搜索规则下，使目标产品在顾客通过关键词搜索时能够被网站系统抓取。后面将以跨境电商平台阿里速卖通为例，从商品属性优化、商品标题优化、规则分析优化几个方面详细介绍如何进行搜索引擎优化。

（二）放大流量入口

搜索引擎优化最重要的一点就是增加商品的曝光率，获得更多的流量。那么应该从哪几个方面放大流量入口呢？下面以阿里速卖通为例，介绍一般的流量起点来源。通过速卖通首页，可以看到当顾客点击进入这个网站的时候，有以下几个流量导向：一是在搜索框通过关键词搜索，二是左侧已细分好的类目，三是平台的活动banner（横幅广告），四是直接访问购物车和收藏夹，五是 top selling（畅销的）和平台推广的商家以及商品。由此可以看出，在买家进入速卖通首页后，通过以上五个渠道进行搜索，寻找自己所需要的目标产品。当买家进入店铺或产品详情页时就会产生后台数据 PV（page view），即页面浏览。

（三）商品属性优化

1. 销售属性的优化

在商品 lising 页面的左侧，我们可以看到各种属性选择栏。

左侧属性选择栏，商品被细分为 size、color、sleeve 、length、dresses length 等几种属性。买家通过平台已经罗列出来的商品属性，可以更加快速、精准地找到其所需要的目标产品。

产品的属性远不止以上所说的几种，还有 "cotton" "brand" "button" 等。买家通过属性的选择，最终能够精准地找到其需要目标产品。通常这种曝光的转化率非常高，不仅可以使新品快速地出单，增加新品的搜索排名，而且能不断地提升后续的曝光，增加其成长空间。

不过需要强调的是，无论是什么产品，产品的属性填写率必须高于所要求的78%。这样一方面可以体现出卖家对产品的了解程度，另一方面也可以看出卖家对这类产品的市场把握能力。产品属性的填写一定要注意精准化，属性具有不可变性，一旦填写，就无法改变。

2. 商品自定义属性的优化

除了商品销售的属性外，还可以添加商品自定义属性。自定义属性可以理解为一些偏向于主观因素、可控制的产品属性，如产品的风格、规格颜色、流行元素、会员价等。可以通过丰富自定义属性，来优化产品的精细化搜索，从而达到增加产品流量、提.升产品转化率的目的。具体如何选择产品的边缘化属性，可以参考后台的平台热销和热搜属性，点击加号可展开所有属性。

（四）标题的优化

1.标题的作用

在平台的搜索系统中，标题不仅展示产品，显示产品的信息，而且其每个字符都具有丰富的意义。一个读起来并不通顺的标题其实承担着被平台搜索抓取曝光并提升排序的重要任务。当买家用关键词进行搜索时，系统就会自动抓取产品标题中与关键词相关且匹配度高的词汇，从而找到买家想要的目标商品，这个过程我们称之为相关性抓取。下面以"women dress"为例为大家简单讲解。当买家输入关键词"women dress"搜索时，系统就会以中间的空格为分界点，将关键词拆分为"women"和"dress"，然后分别抓取标题中含有的关键词"women"和"dress"，如果标题同时出现"women dress"则相关度最高，优先抓取排序。因此，可以看出关键词词汇的紧密度会影响搜索的相关性。在关键词搜索"women dress"时，一般情况下，相关度的紧密排列顺序是"women dress" > "dress women" > "ress women" > "dress" >= "women"。如果商品标题中正好有"women dress"，该商品就会被系统优先抓取，当所有标题中含有"women dress"的商品全部抓取完之后，系统开始抓取有"dress women"标题的商品，依次类推，最后抓取完所有标题中含有"dress"或"women"的商品。

在这里，有的卖家可能会问，商品关键词前后顺序变化对商品的相关性有影响吗？当我们在搜索栏中输入关键词"dress women"搜索商品时，之前看到的商品除了第一个还在外，其他的商品都没有被系统抓取，搜索结果竟完全不同。

"women dres"和"dresswomen"同是表达女裙的意思，却因为词汇前后顺序的颠倒，使平台搜索系统对商品相关性的抓取完全不同。这也提醒我们在设计关键词时，要考虑到同一商品的多种表达方式，以及目标国家（地区）的语言习惯，这样商品才能最大限度地被系统抓取曝光。

这时候可能卖家会问，当搜索引擎抓取了所有与关键词具有相关性的商品后，这些商品又是按照什么标准进行排序展示的？在这里引入一个商业性得分的概念，可以将它理解为，每一个商品本身所具有的分值。当搜索引擎找到相关性的目标商品后，会通过这些商品的商业性得分对商品进行排序，按照页面显示的从左往右、从上到下的顺序。商品被系统抓取并曝光的顺序是展示商品的一个非常好的机会，也是一个绝佳的平台资源。当系统对这些商品的成交可能性表示信任，给予肯定时，就会把搜索结果页面展示商品的位置留给有较强竞争力并且对买家有吸引力的商品。系统判定的商品商业性得分与商品的转化率、好评率和 PV 基数等密切相关。

这同时也解释了另一个问题，有的卖家看到平台热销的商品，复制该商品的标题和图片上传到自己商品，然而通过关键词搜索后，结果页面显示的排序靠前的仍然是平台上原来热销的商品。

通过以上分析我们了解到"women dress"和"dress woman"其实是两个完全不同的流量入口，那么应该如何放大这个入口，增加商品的曝光率，提升排序呢？我们可以借助后台的搜索词分析工具来增加曝光率。下面以服饰配件为例来分析。

通过搜索词分析页面，在行业中找到服装或服饰配件，在这个大类目下，可以看到买家的热搜词，这些词汇都是买家在搜索时所用的关键词，同时也是曝光次数非常高的词汇。可以按搜索人气、搜索指标、点击率、成交转化率等指标进行排列，从中找出有帮助的关键词。一般建议将点击率和成交转化率两个指标进行由高到低的降序排列，然后选择曝光率高的词汇优化自己的标题，增加流量入口。

但也有卖家确实是按照这个方法做的，使用了这些高曝光率的词汇，而自己的商品却没有任何的曝光。这里就要提到之前所说的商品商业性得分的概念。对于每一项指标，平台系统都有一套属于自己的计算方法。商品曝光的一个计算方法，即商品曝光＝商业性得分×相关性搜索曝光基数。通过公式可以看出，如果商品商业性得分为零，那么在标题中设置再高的相关性搜索曝光基数，结果还是零。

因此，我们之前提到的放大商品流量入口的内容是针对有商业性得分基础的商品的，在这基础之上需要我们做的是让商品获得更多的曝光，从而增加商品的点击率和订单转化率。

2. 标题模板设计

一个优质的商品标题必须简练，字数不能太多，并且能用一句完整的话来充分描述商品，其中涵盖商品的各种信息，比如商品的属性、颜色、规格、参数、品牌、材质、数量等。

商品的属性信息是标题很重要的组成部分。从商品属性优化的内容我们了解到，一个商品属性的组成包括商品的销售属性和自定义属性。销售属性是商品本身自带的，填写后是不可以改变的，而自定义属性（如产品的款式、风格和流行元素）是可以改变的，因此我们可以对这部分属性进行优化。商品标题中最关键的内容还是大类目搜索词汇，如"women dress""casual dress"等。属性与大类目搜索词汇的简单组合构成了一个完整的标题。同时根据上文的分析我们了解到，在不同的类目下搜索，流量入口也是不同的，如"women dress""和"dress women"，虽表达的是同一个产品，却代表着两个不同的搜索入口。也就是说买家想找到裙子，可能从"women dress"端搜索目标产品，也可能从"dress women"端搜索。因此，在设计标题时就要满足不同搜索端的买家需求，让产品在"women dress"和"dress women"两个不同的搜索入口都能被抓取，实现产品曝光的最大化。

此外，还需要考虑新品的抓取曝光。在设计标题时，可以结合产品的属性信息、参数、风格、流行元素等词汇形成长尾词来提高产品搜索的精准度，从而促进订单成交，提升新品搜索排序，增加曝光机会。

综上所述，我们可以得出如下的万能标题模板：A 大流量搜索词 1+ B 大流量搜索词 2+ C 大流量搜索词 3。标题模板中的"A""B""C"是产品的属性信息、风格、参数、流行元素等词汇，这是卖家自己添加的，这些词汇可以参考平台后台数据中的人气高、转化率高的词汇。

下面来分析这个模板的万能之处。使用大流量搜索词的目的是放大商品的流量入口，因为只有增加流量才能使标题最大限度地被抓取。可以通过模板中的三个大流量搜索词放大商品的流量入口，增加曝光路径。也就是说买家通过搜索"大流量搜索词 1"可以快速有效地找到商品，通过"大流量搜索词 2"和"大流量搜索词 3"也是如此。这样我们可以使该商品通过三个大流量搜索词实现曝光的最大化。

上述标题是由"A 大流量搜索词 1""B 大流量搜索词 2"和"C 大流量搜索词 3"三个部分组成的，以实现这三个长尾词的精准定位。通过这个模板我们还可以进行长尾词组合，从而变换成新模板，如"A+ 大流量搜索词 2""B+ 大流量搜索词 3""A+B 大流量搜索词 3"或"A+ B + C 大流量搜索词 3"等，更大范围地覆盖非紧密的长尾词，从而达到高流量入口的覆盖和高密度长尾词精准搜索的覆盖。

（五）规则分析优化

要打造一个优质的爆款，我们需要在平台规则允许的范围内不断微调与优化产品。

在 B2B 平台上，为了维护公平的交易环境，平台会制定严格的规则来约束卖家的行为。以速卖通平台为例，平台对于更换产品的行为实行严格禁止，并对违规者给予严厉的处罚。然而，在规则中也明确指出，这类行为是指通过对原产品的修改来发布不同的产品，包括但不限于更换产品图片、标题、价格、关键词、类目等。

根据规则的定义，如果修改只涉及对原有产品信息的补充、更正而不涉及产品，则不视为更换产品的行为。这为卖家在一定范围内优化产品信息提供了空间。因此，在遵循平台规则的前提下，卖家可以对产品的属性、标题、关键词甚至图片进行适当修改，以提高产品的曝光率和竞争力。

在 B2B 平台上，尊重和遵守平台规则至关重要。卖家在优化产品信息时，应确保修改内容不涉及更换产品，避免触犯平台规定。只有在合规的基础上，卖家才能在平台上长期稳定地经营，提高产品销量和客户满意度。

（六）未付款订单处理

相信大多数的卖家在日常的经营中都遇到过这样的情况，出于各种原因买家下了订单却迟迟没有付款，有些订单因为时间原因而被系统自动取消。面对这样的情况，有些卖家并不在意这些订单，认为它们是无效的，买家不付款表示不想买了就算劝说也是徒劳，有的则是敷衍地进行一次紧急催款。这些处理方式都忽视了未付款订单的重要性。

订单转化率是影响商品排序的一个很重要的因素，提高产品订单转化率能提升商品排序。如果买家没有完成支付这一步，则表示这是一次无效的商业性得分，并且它还会直接拉低商品的转化率，降低商品的排序。因此对于未付款订单一定要足够重视，竭尽全力完成最后一步的转化，具体做法可以分为三个步骤：

首先，根据买家的信息观察其情况。例如，如果是一个新手，他注册账号的时间并不久，很有可能是支付时遇到了问题，对支付流程不熟悉，甚至有的根本不会支付。可以通过站内通信或者订单留言的方式引导买家购买并完成订单支付。

其次，如果卖家是一个曾有购买记录的客户，应该是对商品购买产生了犹豫。那么应该与其积极沟通，并表达出随时提供帮助的意愿，实在不行可以用小赠品促使其完成订单支付。

最后，如果连赠品都不能引起买家的购买欲望，那么可直接通过修改价格的方式来吸引买家支付，完成产品订单的转化。

（七）cart 和 wish list 的订单转化

与未付款订单相似，cart 和 wish list 的订单也往往容易被卖家忽视，cart 和 wish list 的产品都是买家浏览页面后并没有完成转化的潜在订单。可以通过优惠券的定向发放，具体是指在利润合理的范围内，针对 cart 和 wish list 顾客发放一定限额的优惠券，从而达到完成订单转化的目的。

二、付费广告（直通车）推广

速卖通直通车，是速卖通平台会员通过自主设置多维度关键词、免费展示产品信息、大量曝光产品来吸引买家，是按照点击付费的全新网络推广方式。简单来说，速卖通直通车就是一种快速提升店铺流量的营销工具。下面分别从前期准备、直通车运营、直通车优化与提高等方面介绍直通车推广的操作方法。

（一）前期准备

1.选品策略

一个店铺如果想持久运营下去，能够源源不断地引进大量的流量是必不可少的，而热销爆款便是帮助店铺持续引进流量的重要条件。因此，每一位卖家都希望通过各种方法和途径增加店铺内某一款或几款商品的销量。但是如果推广的商品并不是大家喜欢的，不容易被市场接受，销量再高也是徒劳。只有选择买家所需要的产品，并结合自身产品的特点进行推广，才能快速地打通市场，快速地提升推广商品的销量。这里简单介绍两种选品策略：流行趋势选品和数据化选品。

（1）流行趋势选品。平台上的热销爆款都是大多数买家所喜欢的，代表着流行趋势，跟着流行趋势走总不会错。可以对卖家后台的热搜与热销商品的属性进行分析，并将自己的商品属性与之相比较。找出自己的商品中与热销爆款类似的商品，这就是要推广的商品。

（2）数据化选品。数据化是电子商务最大的特点之一，所有的事务都可以通过数据来分析、控制和改进完善。通过数据更能客观地显示商品在市场上被买家接受的程度。因此，我们在选择推广产品的时候，可以以后台该商品在一段时间内的相关数据作为参考，如店铺商品最近一段时间的曝光量、访客数、浏览量、点击量、转化率等多维度数据，判断该款商品是否适合进行重点推广。

2.提升转化率

直通车运用最关键的因素不是浏览量，也不是点击率，而是转化率，当然流量是前提，没有流量也就不存在转化率的问题。提升商品转化率的关键是将推广的商品精准地投放给购买意愿高的买家，并通过商品个性化的特征（如有创意的产品图片）吸引买家的兴趣。我们可以从以下几个方面提升商品转化率。

（1）尽可能使用精准关键词。精准关键词一般是指与商品匹配度较高，根据用户的搜索习惯选择的、属性表达明确的词汇。通常精准关键词有明确的指向性，也就是说买家搜索这个关键词时对于属性的购买倾向是非常强的。常见的表达形式是"属性词＋类目词"，如 lace dress（蕾丝裙），该词表明买家对于具有蕾丝属性的裙子有很强的购买意愿。因此，若直通车推广时采用精准关键词，会大大提升其商品的转化率，而且明显比非精准的大类目词的转化率要高。需要说明的是，并不是不建议使用非精准的大类目词，如 dress、bag、shoes 等，搜索热度高的大类目词也会带来不少的点击量及成交量。因此，最好是将两类词结合起来，且要特别重视精准关键词。

（2）创意图片体现商品个性化特征。参与直通车推广一般需要卖家设置创意标题和创意图片。创意图片，一般展示在搜索页面的右侧和底部，向买家传达商品的个性化特征。所以，创意图片一定要清晰、有创意、个性化。这些个性会吸引买家点击购买，设计创意图片可以参考以下方法：

①充分地表达出商品的一些主要属性，特别是区别于其他商品的个性信息。

②标题的前几个词尽量用富有吸引力的属性词，以吸引买家眼球。

③注意色彩搭配，底色要鲜明，避免有其他商品的信息，而且商品占整个图的比例尽量要大。

④若图片有多种颜色，则重点突出一种颜色来清晰地展示个性。

（3）从细节入手提高买家购物体验买家的购物决策是一个非常复杂的过程，除了受到对商品本身属性偏好度的影响外，商品详情页里的各种信息要素也是影响买家购物的重要因素，包括详情页的整体设计、销量、买家评价、品牌介绍、各种属性值等。这些细节都会影响买家购买决策。因此要提高商品转化率，以上各种要素在直通车推广时都要不断地改进、完善，从细节入手提升买家的购物体验。

（二）直通车运营

1.关键词选词技巧

关键词是直通车推广的基石，关键词选词的数量和质量直接关系到直通车的推广效果。关键词的数量方面的要求是要尽可能多地使用展示商品信息的词汇，关键词的质量要求是指关键词与商品的匹配度要高，而且要求精准关键词尽量多。如何选择精准关键词呢？我们可以通过直通车后台强大的关键词工具进行选词，根据不同的商品推广需要，关键词工具的使用可分为升序排列法、降序排列法和关键词联想法。

（1）升序排列法。在选择好行业和类目后，按照"30天搜索热度"升序排列，然后从上到下依次选择与商品匹配的关键词，放入左边的"加词清单"中进行推广。在此过程中，需要注意应该直接排除与商品根本不匹配或匹配度较低的词。

使用升序排列法有很多优点，比如，选择的关键词都是热搜或热销的词，这样在推广时才能获得更多的曝光。选的词都是高精度的词汇，这样可以在最大程度上减少非意向买家的无效点击。如此，将大大提高商品的转化率，并提高商品在直通车推广中的排序。但这种方法也存在一些问题，比如热搜热销的词一般竞争非常大，而且出价要求也非常高，这样就会增加产品的推广成本，降低利润。因此，卖家在选词时可采取关键词工具升序排列法和降序排列法相结合的推广方法。

（2）降序排列法。卖家在选择直通车关键词时一般都会 选择搜索热度较高的热词。但热搜的词一般竞争度也较大，而且出价高。有很多词属于搜索热度适中且竞争度非常低的词，竞争度极低，出价也非常低。如果能够学会将这些词作为关键词，将有利于在直通车推广时避开激烈的竞争，且其热搜度适中还能获得一定的点击量和订单量，从而大大地降低直通车推广的费用，增加商品的利润。

（3）关键词联想法。关键词联想法是一种发散性的思维方法，具体的操作就是将某个关键词作为原词，然后从这个原词开始不断地联想其他的相关词汇，通过直通车后台的关键词工具对所联想到的词汇进行搜索热度的检验，热搜度高就留，热搜度太低就直接删除，通过这种方法往往还能找到"热搜度适中、竞争极低"的好词。

一般最常用的关键词联想方式就是相近词代替。例如，通过关键词 ong dress 可以联想到 dress long。接着从 long 出发，找出相关的替代词，可以是描述 long 得更加具体的词，比如 ankle length 和 loor length，组成 "ankle length dress" 和 "foor length dress" 两个关键词，如果再从 "ankle length dress" 做进一步联想，很容易能想到 "ankle dres" 这个……如此反复联想拓展，将得到更多的词。

2.关键词出价策略

使用直通车关键词一定要慎重，每一个关键词都能为商品带来曝光流量，增加点击，促进成交，但同时也需要大量的费用，因为买家的每次点击都有相应的成本。所以，关键词出价一定要掌握好一个度，一个盈亏的度，出价过高可能亏损，出价过低受到直通车推广的力度一定很小。在介绍出价技巧之前，先了解一下直通车推广排名综合得分的计算公式：直通车推广排名综合得分 = 关键词出价 × 推广评分。

通常关键词在直通车中推广的排序是推广排名综合得分决定的，而这个综合得分是由关键词出价和推广评分两个因素决定的。推广评分分为优、良、差三个等级，推广评分为差就没有任何曝光机会。在这里可以将推广评分理解为直通车对于某个关键词是否适合推广这个商品的系统判断，如果非常适合，评分就会高，如果认为关键词和商品没有关系，则评分非常低。影响推广评分的因素主要包括关键词与商品之间的匹配度 .商品的相关信息是否完整、买家的需求等。在提交推广计划时，系统就会自动对所有的推广关键词给出一个初期的推广评分，后期根据直通车的运营推广情况，如商品的浏览量、点击率、转化率，推广评分也会不断地变化。

直通车的关键词出价是一个复杂、动态的过程，卖家可以根据推广的不同时段、关键词的精准度等设置不同的出价，并积极地进行管理。具体的出价策略有以下三种。

（1）根据不同的推广阶段设置不同的出价。刚刚进行直通车推广时，流量少，点击率低，基本没有客户评价，因此转化率也很低。在直通车前期推广阶段，可以适度降低关键词的整体出价，在一定程度上适度控制推广成本。后期随着商品订单的不断增加与好评反馈，商品销量、人气会渐渐提升，这样会提升商品的点击率，促进更多订单成交。随着商品转化率的稳步提升，可以再调整关键词出价，适当提高出价水平，从而获得更多的曝光流量。

（2）根据关键词的精准度与匹配度设置不同的出价。如果我们使用的直通车关键词的精准度与匹配度都比较高，则买家通过关键词搜索能迅速找到该店铺的目标商品，购买下单的可能性就很大，因此商品的转化率就会很高。针对这样的关键词可以适当调高其出价，得到直通车更多的推荐，从而获得更多的流量。如果关键词的精准度和匹配度较低，应该适当调低其出价。

（3）初期亏损比例控制法。一般进行直通车推广时，商品的订单销量会随着销量、人气的累积而不断地提高，因此可以使用亏损比例控制法判断初期出价是否合理。具体的公式如下：亏损比例 =（直通车推广成本－净利润）+ 单价。

比如初期将亏损比例控制在10%。通常在直通车推广初期，销量人气低，亏损是正常的。但是需要注意把亏损控制在可接受的合理范围内，随着后期订单量的增加，转化率将会逐渐提升。

（三）直通车优化与提高

通过直通车后台的商品报告和关键词报告的数据查看直通车推广效果。

（1）商品报告。商品报告中的主要参考数据有曝光量和点击量，曝光量与点击量直接体现了直通车推广的整体效果。

如果曝光量和点击量都高，则说明关键词与商品的匹配度高，客户对于该商品的购买意愿高，只需要对单次点击付费进行优化。如果曝光量高，但点击量低，则说明关键词与商品的匹配度高，但该种商品对顾客的吸引力非常低，可以对商品的图片进行优化或者使用打折促销手段。如果曝光量低，则说明关键词与商品的匹配度低或者关键词不多，要优化关键词。

（2）关键词报告。关键词报告中的主要参考数据有点击率和平均点击花费，体现的是具体关键词的推广效果。

如果点击率高、平均点击花费高，则说明该关键词多数是热搜词或者是类目词。这类词的平均点击花费大，在卖家预算不多的情况下，应该适当保留一部分这类关键词。

如果点击率高、平均点击花费低，则说明该关键词多数是长尾关键词。这类关键词精准度较高，但是曝光量比较低。对于这类词应该多多挖掘，并将合适的关键词添加到重点推广计划里。

如果点击率低、平均点击花费高，则说明这类关键词和商品的精准度与匹配度可能都比较低，重点是推广费用高，因此建议删除此类关键词。

如果点击率低、平均点击花费低，则说明针对这类词可以先提高单次点击花费，等到其曝光量提升时再观察其点击率和转化率有没有相应的提升。如果提升，则保留此类关键词，反之，则删除。

（四）直通车爆款打造策略

1.选品

这里介绍两种选品方法：方法一，如果店铺中有些商品已经有一定的销量，而且客户评价记录很多，好评率也很高，并且商品的转化率正处于一个稳步上升的趋势，同时在价格上有优势，有一定的利润空间，则我们可以考虑选择此类商品作为爆款打造的对象。方法二，商品经过一段时间的推广后，会慢慢积累一些数据，可以通过对商品数据报告的分析，从中选择一些表现比较好的商品作为重点进行推广，将其打造成平台爆款。

2.商品信息的优化

（1）价格优化。通常做法是将要推广的商品与平台同类商品的价格进行比较。特别是销量高的商品，在一定的利润空间下，尽量不要高于同类销量高的商品的价格。在设置价格时，我们可以先定个专柜价、原价，并且可以设置得稍微高一点，然后再设置一个促销价，并用一些促销工具展示出来，这样更能吸引买家的兴趣。

（2）创意优化。在直通车的重点推广计划中，每个推广单元可以设置两组创意，推广标题和图片都可以随时修改。可以分别设置两组创意，通过商品的点击量和转化率测试出买家喜欢的标题和图片。如果某一组创意曝光量高、点击率高，表明此组创意符合买家的偏好，就要不断地优化，重点推广。

（3）详情页优化。商品价格优化和创意优化可为平台引来更多的流量和点击量。打造一个爆款，光有流量是远远不够的，只有订单转化率提升才能真正达到推广目的，获得更多的利润。可以从详情页着手提高商品转化率，不断优化其细节。

一个好的详情页面有以下几点要求：一是详情页面的内容要完整，比如商品的图片展示、商品的属性信息、尺寸大小、模特展示效果等。二是要能突出商品的个性特点，符合买家需求，能引起买家的兴趣，激发买家的购买欲望。最后，一定要注意内容、细节处，让顾客觉得这就是他需要的产品，最终下单购买。

3.建立方案

（1）要先新建一个直通车推广方案，再建立重点推广方案，选择所需要重点推广的商品及其推广关键词，为关键词设置出价。

（2）对新建的重点推广计划进行调整管理，添加更多高精准度和高匹配度的关键词。

（3）关键词竞价。按照推广评分的优、良、低三个等级将关键词划分为优词、良词和质量差的词。不同质量的关键词竞价方式不同。

优词应该在自己推广费用范围内进行合理出价。优词还可细分为精准词、蓝海词和大类热词。

①精准词：应该全力竞价到推广首页。例如，对豹纹西装来说，"suit"就是精准词。

②蓝海词：全部竞价到推广首页。例如，对豹纹西装来说，"Ileopard suit for man2016"就是蓝海词。尽管蓝海词的搜索量不大，但是竞价往往比较低，重要的是搜索这类词的买家有很强的购买意愿。

③大类热词：建议竞价到第 3 ～ 5 页。例如，对豹纹西装来说，"man's clothe"就是大类词。这类词搜索量大，平均出价也都非常高，但订单转化率却比精准词和蓝海词低。因此，建议这类词不要出太高的价格，能起到一个推广宣传的作用就可以了。对于良词比较好的方法是，选择同类目下与自己产品相关性强的关键词竞价。质量差的关键词的匹配度很低，可以直接删除。

（4）设置创意。在直通车的重点推广计划中，每个推广单元可以设置两组创意，推广标题和图片都可以随时修改。通过商品的平均点击率、点击量和转化率推测出买家喜欢的标题和图片，从而确定最佳的创意。设置符合买家需求和偏好的创意，还能增加商品关键词的推广评分。

4.不断调整优化

前面所说的内容，从选择推广爆款到建立重点推广方案、选择关键词，设置出价、设置创意，都是爆款推广方案的第一轮。在第一轮设置结束后，如果产品和关键词的选择正确，商品的销量就会不断地增加，后台会慢慢积累反馈数据，如每天的推广成本、曝光量、点击量、订单量。根据对后台推广数据的分析，进行调整和优化，开始第二轮的推广。第二轮推广可以从以下几个方面进行优化。

（1）优化关键词出价水平。打开爆款推广详情页面，选择曝光量从高到低按降序排列，并且分析推广评分、点击量和出价数据。

①优词，曝光量高、点击量高的关键词，可以调整出价，将排名控制在第1～3页。

②优词，曝光量高、点击量低的关键词可以调整关键词出价，将排名控制在第4～10页。对创意标题和图片进行修改，设置商品的促销价格，从而吸引买家点击。

③优词，曝光量低的关键词，适当提高出价，增加曝光率。如果曝光率仍然很低，则删除这个关键词。

④良词，数据表现理想的关键词，则优化相关属性，尽可能让这个关键词变优。

（2）添加或删除关键词。优词，曝光量高，点击量高的词保留；曝光量高，点击量低的词进行优化，效果不好的删除；推广差的删除。良词，相关属性优化，曝光量、点击量数据理想的保留，优化后仍然不理想的删除。

（3）创意的优化。通常有两种常用的优化创意的方法：一是测试推广主图的效果—不同主图，相同标题；二是测试推广标题的效果—不同标题，相同主图。

5.持续引爆

持续引爆是指在打造爆款的成熟期，能带出一个次爆款。建议在选择主爆款时，同时次爆款也一起选择。如果整个推广过程中爆款到了衰退期，此爆款可支撑店铺的整个流量，保证店铺流量持续地引进。

三、SNS 站外流量引入

SNS：全称为 social networking services，即社会性网络服务，国际上以 Facebook.Twiter. Instagram. Pinterest. VK（俄罗斯社交网站）等 SNS 平台为代表，专指旨在帮助人们建立社会性网络的互联网应用服务，也指社会现有已成熟、普及的信息载体，如 SMS（短信息服务）服务。SNS 的另一种常用解释是 social network site，即社交网站或社交网。SNS 也指 social network software，即社会性网络软件，是用分布式技术构建的下一代基于个人的网络基础软件。

SNS 营销策略主要包括社交网站老客户二次营销推广、社交网站新客户开发，以及社交网站三大核心营销策略。下面为大家详细解说这几个策略。

（一）社交网站老客户二次营销推广

1. SNS 网络营销推广特点

（1）直接与消费者接触，目标人群集中，身份信息真实可靠，可信度高，非常适合口碑推广。

（2）大多数是通过开展活动带动产品销售的，投入少，见效快，利于资金迅速回笼。

（3）人群集中，可以针对特定的目标人群进行重点宣传。

（4）直接掌握消费者所反馈的信息，获得一手资料，可以不断地调整优化其产品。

SNS 的这些推广特点，为很多企业形式的互动营销提供了一个很好的平台。通过互动营销，企业能够获得消费者的各种建议，并将这些建议纳入产品的开发设计中，设计出符合消费者需求。体现其个性的产品，并可以开展具有指向性的营销活动。如今，很多跨境电商平台中实力强的大卖家经常通过与消费者沟通交流，实现与消费者的良性互动，以对当地的产品市场有更进一步的了解和认识。同时企业在互动中还可以对其产品进行品牌宣传。SNS 用户信息的真实性以及企业与用户之间的友好互动，可以有效地提高产品的销量。资金雄厚、实力强的企业还可以建立客户数据库进行客户管理和分析。

一般 SNS 营销都是基于即时通信工具的，如发送邮件、站内信等方式，让客户添加企业的社交账号，然后就可以通过发送聊天信息，如店铺商品的信息、打折促销活动等进行老客户营销推广。

2. SNS 老客户营销的操作步骤

（1）通过后台数据反馈，卖家将购买次数多并且订单金额多的优质老客户加入其 Twitter. Facebook 等社交账号中，或者给客户发邮件，让客户主动添加。

（2）积极与老客户进行交流，实行互动营销。

（3）经常为老客户专门举办一些打折促销活动。

3. SNS 老客户营销的好处

Facebook 、Twitter 等 SNS 账号中，用户都是实名注册登记的，用户的身份信息真实可靠。不同的社区将有相同的兴趣爱好、需求、审美等的用户聚集在一起，这也为企业实行营销活动提供了精准的客户数据，更有利于企业开展营销活动。因此对于跨境电商卖家来说，可以根据自身产品的特点以及产品的目标客户和目标市场，选择合适的 SNS 社区，通过与客户开展互动营销活动，有效传播产品信息，塑造产品良好形象，推广产品、品牌，提升产品销售和推广排名。

SNS 附件中有相册、游戏、应用和投票等功能，卖家应有效利用这些功能，增加互动营销的娱乐性和趣味性，丰富互动营销内容，提高客户参与的积极性，从而增强老客户黏度。另外，SNS 中的分享机制、订阅提醒和及时聊天，不仅仅丰富了营销的互动方式和互动渠道，更加快了信息传播速度。

（二）社交网站新客户开发

要开发 SNS 社交网站的新客户，最关键的就是要增加粉丝数量。下面就以 Facebook 为例，Facebook 企业推广技巧如图 6-1 所示，Facebook 企业推广 需要准备的相关材料信息如图 6-2 所示。

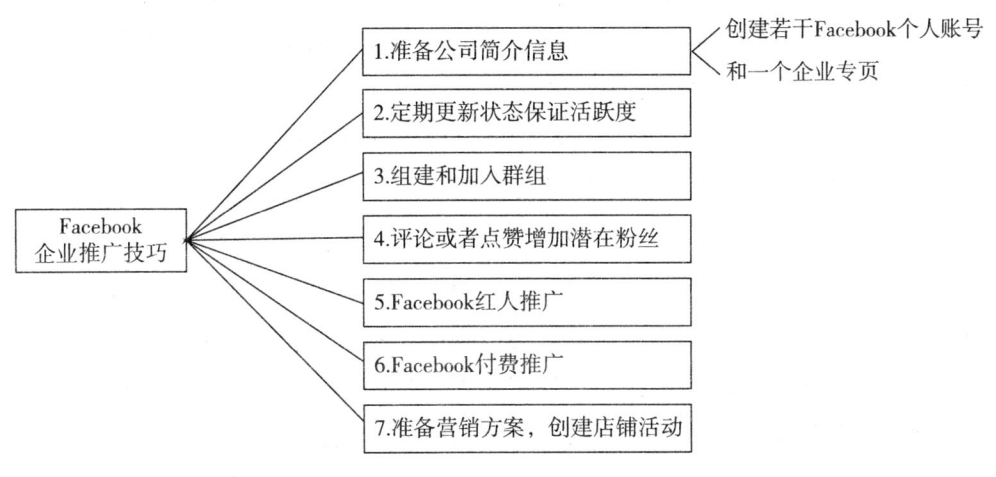

图 6-1　Facebook 企业推广技巧

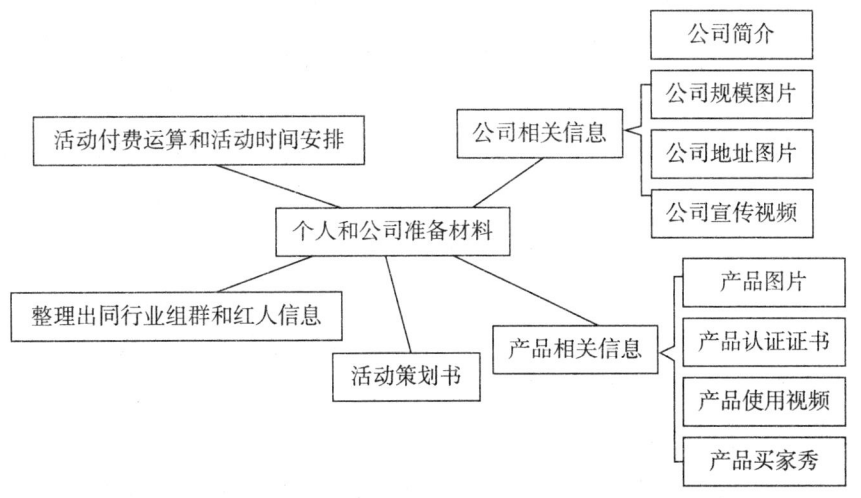

图 6-2　企业推广所需资料

（三）社交网站三大核心营销策略

社交网站营销的核心在于关系营销，庞大密切的关系群是营销的关键。社交网站营销的要点在于建立新客户关系，巩固老客户关系。无论是企业还是小店铺，都需要建立属于自己的关系网络，寻找目标顾客来支持其业务的持续发展。社交网站毕竟是个社交圈子，以社交为主，如果过于商业化，反而容易被客户屏蔽。因此，针对社交网站进行营销，需要掌握相应的营销策略。

社交网站三大核心营销策略可总结为：三大营销技巧、4H 营销法则、五大社交误区。

1.三大营销技巧

社交网站三大营销技巧主要包括：事件营销、红人营销、信息流营销。

（1）事件营销：通过社交网站的分享功能，可以将店铺的活动和促销信息分享到社交网站上，让更多的用户看到，并了解产品。

（2）红人营销：主要是通过网络红人等试用产品体现效果。

（3）信息流营销：主要是指对跨境电商网站上的产品直接进行分享。

2.4H 营销法则

社交网站聚集了大量的不同用户，用户根据自己的喜好和关注等选择适合自己的小圈子，在里面与其他用户探讨共同感兴趣的话题。如果企业能把自己带到这样的圈子中，并运用适当的营销技巧，便能获得大量的免费流量。如何有效地进行营销推广还能避免被用户厌恶呢？我们可以考虑采用 4H 法则。

幽默（humor）：可在社交账号的个人资料信息中，添加些介绍自己的幽默风趣文字，或者具有创意的搞笑图片，来吸引粉丝的关注。

诚实（honesty）：坚持诚实的原则，诚实能赢得别人的信任，获得更多的朋友。有趣（have fun）：在推广产品时，巧妙运用有意思的事情能够增加营销的趣味性。在社交网站中，能认识新朋友，学习新知识，与此同时可以从中得到流量而赚钱。助人（help people）：帮人帮己，通过邮件等方式回答别人的问题；在别人需要帮助时，积极予以相助；及时与别人分享活动信息。

3.五大社交误区

五大社交误区分别指卖家回复不及时、错失品牌推广机会、缺少清晰的社交营销战略、信息流不连续、文章错误百出。

误区一：卖家回复不及时

卖家需要定期维护社交账号，并且查看相关的顾客消息，特别是针对一些网友的回帖和评论要积极响应。对一些买过产品的老客户，如果在页面有消极的评论甚至是言语攻击，一定要及时处理，慎重对待，因为老客户对于产品的态度，是其他顾客购买的一个参考，而且影响力还很大，对产品销量的影响也是非常大的。

误区二：错失品牌推广机会

很多网站都设置了个性化的选项，用户可以填写相关的信息对品牌或产品加以详细介绍。可惜的是，往往很多用户都把那些地方空着。其实这是一个很好的企业品牌推广机会，企业可以借助这类选项的填写，对企业的文化、宗旨、理念以及产品加以介绍，以达到宣传企业文化、塑造品牌形象的目的。

误区三：缺少清晰的社交营销战略

在决定通过社交网络对产品进行营销宣传时，要明确目标，制订详细的社交营销计划，并按照计划一步一步地实行。

误区四：信息流不连续

在培养用户习惯的初期需要企业的坚持。制订了营销计划后，企业应该在营销社交网站上连续发帖子。为避免帖子更新不及时，或者信息内容不够充分，企业应该事先制定相关策划方案。使用户通过一段时间的关注和了解，对品牌有所认知，增加对产品的认可度。

误区五：文章错误百出

如果一个企业在发布的帖子中含有明显的错误信息，则会降低粉丝的好感度，而且还会显得不够专业。因此在发表文章之前，一定要对文字进行检查，避免出现错别字、语句不通等现象，给用户留下好的印象。

第三节　QQ、微信、抖音直播平台营销

一、QQ营销

随着电子商务的迅猛发展，很多公司都需要进行线上营销推广。在线上的各种营销推广工具中，QQ也是推广手段中的一种。QQ是腾讯公司开发的一款基于Internet的即时通信软件，它不仅仅是我国目前使用最广泛的聊天即时通信软件之一，而且还是企业网络营销推广一个非常好的平台，下面就研究分析一下运用QQ进行营销推广的方法。

（一）利用QQ群群发邮件

QQ的用户超过8亿，运用QQ进行营销推广的方法之一就是利用QQ群发邮件。QQ群的邮件群发功能，效果远比直接在群里发广告强。但是群发的邮件要注意以下几个方面的问题。

（1）群发的邮件一般主题不明确。所以为了吸引人们的注意，不少邮件采用毫不相干的主题，就是人们认为的"标题党"来故弄玄虚，让收件人感到厌烦。

（2）邮件内容繁杂。电子邮件的宣传不同于报纸、杂志等印刷品广告，需要内容简单表达出自己的观点，如果有个吸引人的眼球的标题收件人才会有兴趣点击，否则招人反感。因此根据经验，每封邮件不宜超过7K字节。

（3）邮件内容采用附件形式。有的发件人为了省事，就将不同格式的文件作为附件插入邮件中。最好采用纯文本格式的文档，把内容尽量安排在邮件的正文部分，除非插入图片、声音等资料，否则尽量不要使用附件。

（4）发送频率过于频繁。研究表明，同样内容的邮件，每个月适宜发送2～3次。如果频繁发送，只会招人厌烦，被拉入黑名单，从此不会再接受任何信息。

（5）邮件格式混乱。虽然电子邮件没有统一的格式，但是作为商业函件的时候需要参照普通商务信件的格式，这样才会让收件人觉得自己被人尊重，使邮件具有亲和力。

（二）使用QQ群做营销推广

利用QQ群做营销推广就是使用多个QQ号，分别加入不同的QQ群，在多个群中发布推广信息。QQ数越多，加入群的人数越多，推广效果越好。加入一个QQ群后，如果能和群主搞好关系，让群主把营销人员设置成管理员，在群里面的活动就可以更好地开展了，这样的推广效果就更好。

在QQ群中，一对一推广最好的方法是：看到别人在群中问相关的话题时，营销人员可以先在群里跟他讨论、解答一会，然后再跟他私聊，在私聊中再向他推广营销的产品。这样做可以避免别人对营销人员产生反感。另外，在私聊中也不能过于直接、强硬地推广自己的产品，可以说这些东西可以到××网站上看，可以自己去看。

在QQ群中，总是会有人提出各种相关的问题，营销人员可以把自己知道的知识说说，赢得别人的信任，然后把他们介绍到相关站点上。营销人员也可以留下答案的链接，让别人自己，上站点去找。但是营销人员所做的前提是，必须赢得别人的信任。

（三）运用 QQ 空间做营销推广

运用 QQ 空间进行营销推广主要有以下几个方法。

1.打理好 QQ 日志

一个人的 QQ 空间代表着一个人的性格、一个人的素质。要想使用 QQ 日志推广法，就要学会写营销软文，然后把这些营销软文发表在自己的 QQ 空间中。所撰写的软文要注意以下几方面问题：

（1）软文的题目要有一定的吸引眼球性，即标题要有一定的号召性、吸引读者。标题是敲门砖，要有一定的含义或歧义，让读者产生疑惑而进一步想得到答案。

（2）所写的软文内容一定要具有一定的水准，让人看了之后觉得有话要说才行。日志的内容最好有争议性，如果没有争议性，大部分的网友都是一看而过，很少会在推广的帖子上留言或者评论。

（3）随时注意维护 QQ 日志，让自己的 QQ 日志成为人们关注的地方。

2.使用 QQ 空间相册进行推广

使用 QQ 的人都有一个习惯，添加新朋友或跟人聊天时，都想去看一下聊天对象的空间相册。进入别人空间相册的目的，主要是想看一看这个人长得什么样子，是不是和自己想象的一样，另外也想看一下对方的生活记录和成长经历。因此，我们可以通过 QQ 空间相册宣传推广自己的产品。

3.做好 QQ 空间分享

在 QQ 空间里有一个分享功能，可以与 QQ 好友共同分享图片、视频或网站。我们只要把目标页面的链接复制到上面，就可以和所有好友共同分享我们想要推广的东西。当然了，要想达到预想的推广效果，分享的内容必须有吸引力。分享的内容最好能达到病毒式营销的效果，使别人看到预览就想点进去看，看完了还想分享给自己的好朋友看。

4.QQ 空间说说推广法

QQ 说说原来是叫 QQ 心情，这一模块的目的是方便人们随时随地分享心情。这部分因为有字数限制，所以要用短短的几句话让别人产生想了解的愿望。QQ 说说上的话最好是有争议的话题，当然也可以是一些能引起别人共鸣的经典话语。

二、微信营销

自从上线以来，微信公众平台可以说经历了最初的蓝海到红海再到现在的血海的过程。用户从最初的不了解和好奇，开始对微信公众号产生好感，此时公众号一片蓝海；因为微信公众号申请门槛低，且自由度高，慢慢地大量用户从关注微信公众号，变成自己申请微信公众号、运营微信公众号，由此微信公众号逐渐变成了红海；也正是因为微信公众号申请门槛较低，对发布的内容要求也较低，导致公众号的泛滥以及内容的良莠不齐，同时大量微信公众号尝试开展各种各样的商业交易，这些使得微信公众号逐渐变成了一片血海。但同很多电商模式和平台一样，疯狂之后紧跟着是反思和回归。当用户逐渐对很多公众号简单的噱头、低质量甚至是复制的文章、直白的商业广告感到厌烦，运营者也发现利用公众号盈利并不那么乐观时，大家开始冷静地对待公众号了，公众号也开始变得规范起来。微信公众号就此进入了一个稳定发展的时期，微信公众号的运营也逐步回归内容运营、产品运营和活动运营等常规方式。

据统计，微信的大部分用户年龄范围在 20～45 岁之间，年龄跨度较大，其中青年、中年居多，恰好这个年龄范围的用户也是跨境商品的主要消费对象。因此，针对这些用户群特点，平台可以以趣味性、实用性的产品推广活动和文章为主，通过趣味性的产品试用活动让消费者对产品感兴趣；或者通过实用性的科普文章，让消费者更加了解产品，更加认可产品与平台。

近几年来，以亚马逊为代表的跨境进口电商在我国悄然兴起，掀起了跨境电商的浪潮。在政府的大力支持和推动下，国内天猫、京东、苏宁、唯品会、聚美优品、洋码头等电商平台跨境业务迅猛发展。目前跨境电商进口市场已经相对成熟，且竞争激烈，初创跨境企业平均生命周期较短，可以说面向大众用户的跨境电商进口业务的市场机会越来越小，风险越来越大。基于以上分析，将跨境进口的优质产品对接入微信公众平台，充分发挥微信社交优势，开展面向小众群体的跨境进口商品社群营销将是一个有益的营销方式。

下面以一个微信公众平台建设实例介绍相关方法。

（一）微信公众平台建设

平台建设的首要目标是凝聚一批高质量的忠诚用户。为了充分提升用户参与感，提高平台黏性，平台不以运营者自居，与用户的关系也不仅仅是卖家与买家的关系，而是定位一个开放包容的平台，为有才华的青年提供展示舞台，邀请他们成为平台的作者；把用户主动提供的照片作为推文的插图；也为热爱学习、想要进步的人提供读书活动。

（二）微信公众平台的基础运营

在项目前期，主要采用了如下运营方法和策略。

（1）相关联微信号的推荐。对于一个零用户的微信公众平台，有一个较为成熟的、相关联的微信公众平台去推荐是非常重要的。根据现有资源，选择一个粉丝数量 2 000 以上的微信公众平台进行关注推荐。

（2）视频推送。近年来用户对于微信公众号的认知逐渐加深，不再会轻易地关注新的微信平台，尤其是粉丝数较少的公众平台。因此，推广产品需要以一个比较新颖的方式吸引用户。而对于看惯了图文的用户来说，视频就显得比较受欢迎了。于是推广产品初始运营便是以视频为主。

（3）坚持内容的原创。因为微信原创功能的推出，用户也更偏向于阅读原创文章。所以尽管推广产品作为新的微信平台没有被邀请使用原创功能，但还是坚持发送原创文章。由于平台的用户群集中在 80、90 后，所以文章内容主要集中在成长、爱情、爱心、假期、生活、学习、工作体验等。

（4）推送图文的筛选与优化。因为用户逐渐成熟，大多数用户不会每天坚持看微信公众平台的文章，基本上是按照周的频率关注内容，于是将图文推送定为每周推送一至两篇图文。减少了推送的次数，就有时间去准备高质量的内容，避免了低质量内容对用户的不良影响。

（5）多途径引流。除了利用已有的微信公众平台资源内部引流外，还广泛采用跨平台引流甚至跨终端引流，包括新浪微博引流、百度贴吧营销等。

（三）参与营销

以提升用户参与感为目标的参与型营销是推广产品的一项主要创新。推广产品作为一个开放的平台，不仅会接受用户的意见不断完善自身，还会邀请有才华的用户参与到推广产品的运营中来。用户可以根据自己的喜好以及才能转变身份。

（1）由用户变成作者。鼓励有能力的用户成为微信公众号的兼职作者，在平台上撰写分享一些专业化文章和真实的生活经历等。

（2）由用户变成模特。邀请用户参与文章的插图设计。用户有比较喜欢的图片想要分享给微信公众号的其他用户时，可以根据文章的需求选择合适的图片作为文章的插图，供用户浏览。

（3）由用户变成顾问。微信公众号的所有用户均是微信公众号的顾问，用户可根据自己的想法与使用体验方便地向微信公众号提出相应的改进意见，微信公众号会根据顾问提出的建议进行修正和完善。

（四）活动营销

作为项目运营的另一项重点，微信公众号策划开展了一系列有趣且低门槛的活动，提升了平台的凝聚力，同时通过优质的活动与产品体验促进消费者持续交易。

（1）免费试用活动。对于护肤品这种直接接触人体皮肤的产品，推广产品采用的先运营者试用，确定效果之后，再推荐给用户使用。运营者需要连续使用一个月，确定没有不良影响之后，会推广上线，进而举行相应的用户试用活动。通常每月举行 2～3 个零元试用活动，不仅是为用户送去福利，也是增强用户的参与感，培养用户对于推广产品的认知和活跃度。微信公众号的活动主要以趣味性的商品体验试用为主题，制定不同的概念，挖掘用户的真实需求，使用户得到产品的同时得到自我的关注与表达，传递产品的理念。

（2）读书奖励产品活动。如果只是单纯的售卖商品，就会给用户一种距离感，为了改善这种关系，可以推出读书活动。读书活动旨在提升用户的内在气质，而奖励推广产品则是提升用户的体验欲望。让读书这种高雅而又使人进步的活动与商品相关联，增加新用户，活跃老用户，给用户以参与感和存在感，提升用户的素质与修养。

三、抖音营销

近年来，以抖音为首的短视频平台在全球范围内掀起了一场风暴，改变了用户的行为习惯。同时抖音短视频也成了新的流量高地，很多企业、商家都想在这个平台上一展身手。抖音是一款以短视频为主的平台，是快手、小咖秀、美拍等后又一个引起"轩然大波"的短视频 App，现已在短视频领域位列第一，目测短时间内不会成为下风口。

所以今天我们了解一下抖音营销方式和特点。那么，如何在抖音进行推广营销呢？

（一）挑战赛内容营销

挑战赛包括品牌挑战赛、超级挑战赛、区域挑战赛。

品牌挑战赛，是经典挑战赛互动玩法，具有更高合作性价比。

超级挑战赛有明星热力玩法，品牌借势明星影响力引发更多参与，与海量粉丝共创品牌内容。还有红包挑战赛，挑战赛引导用户发品牌红包，海量红包视频传播为活动引流。

还有美妆挑战赛，为品牌定制专属妆容，打造极致试妆体验。

区域挑战赛，区域定向资源，传播更加精准高效。

（二）音乐共创内容营销

这种营销是以品牌＋音乐创作行为为主，共创热点发酵传播的模式。

（三）展示广告营销

想要做好抖音营销，还有一种方式也是可以选择的，那么就是通过展示广告的方式，来进行内容的营销。

许多人可能会觉得这种方法非常的老套，但是却也是有着很好的效果的。但展示广告相对来说，其价格也是比较高的，对于一些初次创业的朋友来说，其经济压力相对来说也是会大一些的。

（四）信息流广告营销

除了以上几种方式以外，那么抖音营销还有一种方式，就是信息流广告。也就是许多抖友们在进行刷屏时，会插入的一些企业的广告，但这里小编想要特别提醒大家的就是，在刷广告的时候，也是要注意一下投放比例的问题的，如果投放比例过于频繁，也是极易引起抖友们的反感的。因此，也是需要谨慎处理的。

（五）活动类营销

抖音营销中，还有一种方式，那么就是活动类营销，这也是许多抖友们都非常喜欢的一种方式，比如说可以通过以一支歌曲或是一个舞蹈等也都是可以参赛的，这对于更好地扩大企业的品牌宣传也是有着非常重要的作用的。

（六）DOU+营销

DOU+内容营销平台，可以高效提升视频播放和用户互动。

DOU+是抖音内容营销工具，客户购买后，将内容视频推荐给更多兴趣用户，达到提升抖音视频播放量以及粉丝获取的目标，帮助企业在抖音平台进行内容运营和品牌建设。

（七）LINK 营销

LINK 营销是将抖音原生内容与客户营销诉求进行合理匹配的一种营销模式。有两种模式，一种是常规 LINK，基于抖音原生视频流量与品牌营销诉求的合理匹配，触达目标人群。另一种是功能 LINK，基于品牌营销偏好，提供自有视频内容（达人视频、明星视频等）添加组件，驱动转化。

总的来说，抖音营销的方式是非常多的，那么在进行营销的时候，也是要遵循一定的原则的，比如说从用户的角度出发，制作出抖友们喜爱的内容也是十分重要的。

第四节　SNS 推广营销

SNS，全称 Social Networking Services，即社会性网络服务。传统营销是销售导向的，现代营销则倾向于关系导向，强调与消费者的互动，国际知名的 SNS 社交平台有 Facebook、Titer、Pinterest、Instagram 等。

一、Facebook

Facebook 是全球最大的社交网站，自用户数冲破 10 亿大关之后继续飞速发展，每月日常用户数达到 15.6 亿，移动用户数也达 9.89 亿。2019 年第四季度财务报告数据显示，Facebook 的广告收入达 207.4 亿美元，净利润突破 73 亿美元。借助 Facebook 开展海外营销受到越来越多跨境电商从业者的关注。

（一）Facebook 流量分析

Facebook 在 2019 年第四季每日活跃用户达 16.6 亿，访问人群主要分布在美国、巴西、英国、法国和土耳其，其中美国访问人群占比接近四分之一。

（二）如何通过 Facebook 做企业推广

（1）Facebook 官方专页的运营。个人资料是 Facebook 用户的个人简介。对于营销者来说，个人资料是展开营销的基础。每个月，用户花费在 Facebook 上的时间超过 70 亿分钟，平均每位用户拥有 130 位朋友，为了能够让你的朋友时刻对你产生兴趣，个人资料必须实时更新，以体现自己的风格。创建个人账户后，可以创建地方性商家或地点、公司组织或机构、品牌或产品、艺人乐队或公众人物、娱乐、理念提倡或社区小组六种类型的主页。跨境电商企业可以选择创建自己需要的主页。除了创建公司组织、品牌或产品主页外，企业甚至可以创建娱乐或理念提倡类的主页，创造更多与顾客接触的机会。以创建公司组织类主页为例。企业可以添加公司简介、主页照片，加入常用功能以及首选主页受众（包括潜在受众所在地区、年龄、性别、兴趣爱好和语言）。主页添加完成后还可以通过设置按钮对主页信息随时进行更新。主页中的信息主要包括三部分：企业简介、照片和相关主页。企业简介部分要尽量填写完整，并且添加与企业相关的关键字，将企业的网站、博客、在线商城或 Twtter 页面信息也添加进来。通过必要信息的设置，最终公司的主页就建设完成了。以兰亭集势为例，在主页中，兰亭集势简介部分添加了公司 URL，照片部分可以向大家展示企业的相关信息，单纯的产品照片往往不能引起用户的兴趣，企业需要通过创新的方法将产品图片和企业品牌融入照片中，吸引用户。相关主页部分，企业可以创建多个相关主页让它们形成关联。比如兰亭集势还创建了 LightinTheBox Wedding、LightinTheBox Flash Sales、LightinTheBoxOnline Shopping 相关主页，企业主页与上述主页关联，以增加粉丝量，提升企业形象。

（2）Facebook 粉丝量的增加。增加 Facebook 粉丝量是一个长期的过程，主要可以通过发布更新、大号引流，Facebook 的发起活动功能、Facebook Groups 以及选择付费广告等实现。

①发布更新。除了在填写资料的地方留下链接外，还需要同时附上让别人关注你的信息（比如新品、促销、活动）。粉丝的质量远比数量重要，因此在 Facebook 上最好不要直接发布产品信息等硬广告，可以发布一些品牌和企业故事、相关人物或与企业产品相关的信息。发布更新要注意多样性，既有原创性优质文章，又有转载好文或者是短小精悍的视频、名人名言等。原创性文章发布时间最好放在上午 10 点以后，转载文章放到中午 12 点半到下午 2 点之间，下午 3～6 点则适合发布一些有趣的、有话题感的内容。

②大号引流。通过 Facebook 的搜索功能输入与企业相关的关键字，找出一些社区大号，比如服装外贸企业可以输入关键字"Fashion"，一些热门大号就会被搜索出来。挑选出与目标群相关的大号，分析一下里面帖子的内容、群里感兴趣的话题、转发率、活跃度、活跃时间等，积极参与评论。对于一些质量好的大号，可以与其取得联系，付费在大号上发帖。通过发帖、积极参与评论，增加大家对企业网站的了解。

③Facebook 的发起活动功能。借助 Facebook 的发起活动功能，可以邀请好友或对活动感兴趣的所有人参加，活动形式可以是现实场景活动，也可以是虚拟场

景活动。活动内容可以是一场促销、新品发布会，也可以是其他内容。活动不仅可以通过 Facebook 传播，也可以借助电子邮件或发短信的形式通知其他你认为有必要参加活动的人。在 Facebook 里可以记录活动的相关信息，上传活动照片、视频等信息，也可以就活动进行评论。下面介绍一个案例，一个哥伦比亚的小伙子在 Facebook 上宣布要把自己拥有的所有东西都免费送出去，当闻讯赶到、准备拿走他东西的人们排起长龙后，才有人发现，是 Sodimac（一个居家用品连锁品牌）赞助了他的这次行动。

④ Facebook Groups。Facebook 用户众多，每天都有成千上万的消息发布，巨大的信息流让人无所适从，如果建立或加入 Facebook 小组，就可以选择浏览自己喜欢的信息，同时也有机会与同行和网络潜在客户互动，进行推广营销。Facebook 上的小组是与合适对象沟通、共同完成事情的理想场所。通过 Facebook 创建小组功能，可以与志趣相投的好友线上交流，小组里可以分享照片和视频、展开对话、制订计划等，企业还可以利用小组做个性化的客户服务工作。

⑤选择付费广告。Facebook 拥有强大的广告平台。进入公司主页单击网站推广，用户可以看到推广网站的信息设置界面。企业在对推广网址、推广文字、标题、图片、受众年龄、性别、地区、兴趣爱好、预算、投放期进行设置后，Facebook 会生成桌面版动态消息和移动版动态消息供企业预览，在预览无误后即可展开推广工作。推广开始后，企业可以随时查看推广状态和推广效果。

二、Twitter

Twitter 是全球最大的微博网站，拥有超过 5 亿注册用户。虽然用户发布消息不能超过 140 个字符，但却并不妨碍各大企业利用 Twitter 进行产品促销和品牌营销。网站的非注册用户可以阅读公开的推文，但注册用户则可以通过 Twitter 网站、短信或者各种其他应用软件发布消息。跨境电商企业可以利用 Titter 进行产品推广。

（1）Twitter 流量分析。Twitter 在 2019 年第一季度日活跃用户达 1.34 亿人，访问人群主要分布在日本、美国、印度、英国、西班牙，其中日本访问人群占比为 20%，美国用户占比为 18.7%。利用 Twitter 做外贸，可以快速为外贸网店导入大量流量。

（2）Twitter 账号的设置。注册完成 Twitter 账号后，企业应该确保 Twitter 资料填写的完整性，因为不管未来谁关注了你，他们一定会先看一下你的个人资料。Twitter 个人资料包括企业简介、所在位置、网站等。

（3）在 Twitter 上发起活动。可以通过创建有吸引力的活动让 Twitter 用户积极参与，活动形式可以多样化，但最好有一定的回报。

Namecheap 是一个域名注册和网站托管公司，其粉丝数量超过 12 万，它们经常在 Twitter 上分享生活趣事或发起优惠活动。

（4）借助名人效应吸引科丝。名人往往具有较高的人气，企业可以借助名人的高人气带动对自己 Twitter 的关注度。Roger Smith Hotel 是曼哈顿的小型宾馆。他们经常请来知名人士或有影响力的人来宣传自己，让这些有影响力的人入住酒店并用 Twitter 来分享入住体验，很快该酒店就在大众面前打响了自己的品牌。

（5）与客户积极互动。客户通过 Twitter 与企业互动，不仅有利于企业了解客户的需求，也让客户感受到了实时沟通带来的乐趣。

对于跨境电商企业来说，需要借助 Twitter 的搜索功能找到与企业相关的话题，可以积极回应，宣传自己。比如纽约州的牙医 Dr. Sinkin，通过 Twitter 的搜索功能找到与牙医相关的话题，当有人急需解决牙齿问题时，他会表明自己的职业并开出处方，这种行为塑造了他良好的个人品牌，进而吸引了更多客户。

三、Pinterest

Pinterest 是一个基于兴趣爱好的图片分享型社交网站，兼具 SEO 猎奇的属性和 ISNS 的交互属性，以瀑布流的方式推送，无须用户翻页。Pinterest 中每张照片（Pin）的描述和标题均带有关键字。它如同一个图片搜索引擎，用户通过关键字搜索就可以找到需要的图片。2011 年，Pinterest 被评为"美国最受欢迎的十大社交网络"，并以月增长 45% 的速度赶超 Google+，成为 2011 年美国社交网络中的一匹黑马。

（一）Pinterest 用户及流量分析

以 2016 年第 34 周为例，Pinterest 的日均 IP 访问量为 1 764.25 万。美国是 Pinterest 用户最多的国家，其中 45.3% 的用户都来自美国，其次是印度、英国、加拿大和意大利。Pinteres 用户中的 80% 为女性，用户年龄主要集中在 18 ~ 54 岁，以在校大学生为主要群体，家庭年收入主要分布在 25 000 ~ 74 999 美元区间。

（二）如何借助 Pinterest 开展企业推广

（1）设置账户信息。设置账户信息包括邮箱、语言、个人简介、所在地、网站以及相关信息的设置。对于企业来说，需要详细填写本部分内容，在设置中关联企业的 Facebook 和 Twitter 账号。

（2）设计 Board 布局。Pinterest 允许用户创建公开 Board 和私人 Board。公开即 Board 允许别人访问，在创建时需要进行相关资料的设置。其中类别设置部分，企业可以根据要展示的图片类型选择。Board 创建完毕后，可以通过 Facebook，Twitter. G+ 等 SNS 平台邀请朋友加入。企业可以创建主 Board 和副 Board。在主Board 中拼企业的产品的图片，在副 Board 中拼跟产品相关的用户感兴趣的信息和一些介绍企业的信息等。企业在创建 Board 时，需要做好市场调研，看一下目标受众都对什么样的 Board 话题感兴趣，然后再创建类似的 Board。Board 标题尽量控制在 25 个字符内，在 Board 描述部分尽量体现一些热搜关键词，提高被检索的概率。

（3）申请 Rich Pin。Rich Pin 相对于普通 Pin 来说，展示的信息更丰富，而且Rich Pin 呈现的文字信息比一般 Pin 要多。目前 Pinterest 有 6 种 RichPins：APPPins、地点 Pins、文章 Pins、产品 Pins、食谱 Pins 以及电影 Pins。不同种类的RichPins 可以让用户查找到相关的 Pins。对于企业账户来说，申请 Rich Pin 是免费的，当企业网站有内容更新时，Rich Pin 会自动更新。

（4）通过付费广告的形式推广企业产品。2014 年 5 月，Pinterest 推出了"推广图钉"（Promoted Pins）广告。Pinterest 能根据关键词、本地地址、语言、设备、性别来确定广告的展现。

（5）关注别人以获取一定比例的关注。与其他 SNS 营销平台一样，企业在Pinterest 上关注别人，通常情况下可以获取一定比例的关注。通常情况下，企业可以查找竞争对手或同行账号的关注者（ollowers），若他们关注（Pin）多个同行企业产品，很有可能成为企业的目标用户。另外，加入 Pinterest 中的公共 hoards 也是获取更多关注者的好方法。企业可以通过筛选选项的设置，快速找到需要的公共 boards（http：// pingroupie.com/）。Pinterest 以图片 为特色的展示方式，使得品牌和产品营销更直观，而且作为购买主力的女性更容易受图片的吸引而做出购买行为，因而与其他渠道相比，Piterrest 的用户更有可能从他们分享的众多种类中购买产品。用户在 EPinterest 上的行为主要有分享自己的生活、购物经历以及想要购买的商品等，针对用户的不同行为，跨境电商企业可以做的品牌推广。

第五节　EDM 推广营销

EDM（E-mail Diret Marketing）营销指企业在经过用户许可的前提下，通过 EDM 软件向目标客户发送电子邮件，传达企业相关信息，促进产品销售.维系客户关系的一种网络营销形式。由于操作简单、成本低廉、针对性强、精准度高，电子邮件成为跨境电商卖家与国外买家进行交流的重要渠道。在营销的不同阶段，电子邮件可以完成不同的营销功能。在营销初期，企业可以利用电子邮件进行信息宣传；在客户对企业产生印象后，可以利用电子邮件发布具有针对性的广告信息；当顾客完成购买行为后，企业可以借助电子邮件与顾客保持联系，处理客户反馈意见等。

一、设计 EDM 邮件

（一）邮件主题的设计

对于绝大多数企业发送的电子邮件，大家往往在收到邮件后都会一扫而过。而一个好的主题往往是收件人乐意打开邮件的关键。通常情况下，邮件主题要控制在 18 个字以内。邮件主题设计可以采用如下几种类型。

（1）公告类型。主题行主要简单宣布一些新的促销信息，比如："[双 11 大促] Cross/MK/ 双立人制造商直供夏季新品仅 10 元起，限时 3 天""Keds 制造 商帆布鞋等新品上线！""换季特惠 49%OFF 封顶，仅余 3 天！"

（2）列表类型。主题突出活动内容，并且可以添加具体的数字，但主题列表中不要带太多的电子邮件内容，例如："你有 10 余种夏季必备用品可选择免费领取！马上领取，逾期失效""100 元以内的中秋礼物"。

（3）指令类型。面对消费者，企业可以直接发布报价或折扣信息，让他们现在就采取行动，比如："[全场 8 折特惠] 尊贵会员专享，梦想清单在这一季成真！""[官网专享] 年中大促返场指定产品 3 折起"。

（4）幽默类型。对于幽默的东西大家往往不会反感，而一个具有幽默风格的主题也往往能够让人产生好感，比如："Loveto shop? Love to save?""Best of Groupon：The Deals That Make Us Proud（Unlike Our Nephew, Steve）."

（5）问题类型。在邮件中使用问题是一个很好的方法，它可以让更多的人单击查看邮件。通常情况下，设计问题不是想让顾客回答问题，而是让用户被问题吸引有继续看下去的愿望。比如："What can you afford?""What are our customers saying?"

（二）邮件内容写作技巧

内容和版面尽量简洁，突出主题，尽量使用图片，以避免文字在各个主流邮箱中显示时有所不同，整页图片控制在 8 张以内，每张图片最大不超过 15KB。图片地址不要写成本地路径，图片名称不能包含 ad 字符，否则图片会被显示成"被过滤广告"。邮件中的链接数量不能超过 10 个，链接需要写成绝对地址，链接长度不能超过 225 个字符。

（三）邮件发送问题

发送前需要定位好自己的客户，不同类型的客户往往需要发送不同类型的电子邮件，尽量避免邮件的统一群发。发送邮件的合适时间主要集中在 7 ～ 9 点和 11 ～ 13 点两个时间段，因为这两个时间段分别处于打开电脑的工作时间和上班族休息时间，这两个时间段更能够增大邮件被打开的可能性。

二、电子邮件的数据监测

邮件发送后，对邮件数据的监测至关重要，判断邮件发送质量的主要指标有以下几项。

（1）打开率。邮件打开率指有多少人（以百分比的形式）打开了发送的邮件。通常情况下，打开率的监测是通过在邮件中放置微型图片来追踪的。由于很多邮件服务商会拦截图片，所以客户打开了你的邮件，但系统有可能记录他没有打开。

（2）单击率。单击率指邮件单击总数除以邮件打开总数得到的百分比。

（3）送达率。送达率指到达客户收件箱的邮件数除以邮件发送总数得到的百分比。

（4）退信率。退信率指因邮件无法送达而退还给你的邮件数除以邮件发送总数得到的百分比。退信的原因主要有：邮件地址拼写错误、发送邮箱无效、收件箱已满等多种原因。

第六节　SEM 推广营销

互联网时代，人们习惯通过搜索引擎获取所需信息。搜索引擎是国内外最常用的网络工具之一。强大的网民基础使搜索引擎成为电子商务企业开展网络营销的重要途径，对于跨境电子商务从业者来说，如何通过搜索引擎让潜在客户关注自己的产品或网站，是一个非常值得关心的问题。

搜索引擎营销（Search Engine Marketing，SEM）就是通过控制网站搜索结果的展现，来满足特定搜索者的信息检索需求，并以此实现营销目标。在出口跨境电子商务领域，企业主要投放的搜索引擎有 Google，但它并不是每个国家的主流搜索引擎。在俄罗斯，Yandex（俄罗斯重要网络服务门户之一）是首选的搜索引擎；在韩国，Naver（韩国最大的门户网站）是主要使用的搜索引擎；在捷克，Seznam（捷克最大的门户网站）是首选的搜索引擎。在进口跨境电子商务领域，企业主要投放中国的搜索引擎百度。

一、搜索引擎的工作原理

我们之所以能够在 Google、百度等搜索引擎中很快找到所需信息，是因为搜索引擎事先为我们收录了大量的网页信息，并且会定期更新。搜索引擎的工作原理可分为抓取、建库、分析搜索请求及计算排列顺序。

（1）抓取。搜索引擎能够把这么多的信息收录在自己的信息库中求助的是蜘蛛程序（Spider）。蜘蛛程序是用计算机语言编制的程序，用以在互联网中不分昼夜地访问各大网站，将访问到的网页信息以最快的速度带回。蜘蛛程序通过浏览器上安装的搜索工具栏，或者网站主从搜索引擎提交页面提交的网站入口开始爬取信息，顺着网站链接找到下一个链接，将抓取的文件存入数据库并定期更新。通常情况下，搜索引擎不会将整个网页信息都取回。对网页信息量大的网站，搜索引擎只会取每个网页有价值的信息，如标题、描述、关键词等。那么什么样的网站更容易被蜘蛛程序抓取呢？第一，结构合理的网站更容易被抓取；第二，有可读信息的网站容易被抓取；第三，有规范化 URL 的网站容易被抓取。

（2）建库。蜘蛛程序将抓取回来的各种信息放置于数据仓库中，但存放信息是通过关键字描述等相关信息进行分门别类整理压缩，再编辑索引后存放的。这样，用户在输入关键字检索信息时，相关网站信息就会被呈现给最终用户。首先，将抓取的网页分配编号，并对抓取的网页所有文本进行分析，确定网页的关键词。编号为 7222 的网页主要描述的是世界汽车史，则在数据库中通过构建一维数据表格将与世界汽车史相关的文件编号都归入相应的关键词记录中，再创建另外一张二维数据表格，存储对应网页编号的网站网址、标题。

（3）分析搜索请求。当用户在搜索引擎中输入需要查找的关键词后，通过查找数据仓库中与之匹配的关键词对应的文件编号便可找出相关网页的 URL 及标题等信息。

（4）计算排列顺序。通过分析搜索请求，找出与用户输入关键词相对应的网页，那么，这些网页如何排序呢？这主要与搜索引擎公司的排名机制有关。另外，网页标题与搜索请求相关、网页内容与搜索请求相关，被用户推荐的网站或被其他网站链接的网站的网页较其他网页来说排名应靠前。

二、搜索引擎营销的常见方式

（一）关键词竞价排名

关键词竞价排名是一种按效果付费的网络推广方式，其营销方式由百度率先推出，之后包括谷歌、雅虎在内的著名搜索引擎网站全部使用了竞价排名的营销模式。竞价排名的基本特点是按点击付费，广告出现在搜索结果中（一般是靠前的位置）。如果没有被用户单击，不收取广告费。在同一关键词的广告中，支付每次单击价格最高的广告排列在第 1 位，其他位置同样按照广告主设定的广告单击价格来决定广告的排名位置。

对于跨境电子商务企业来说，做关键词竞价排名之前应先了解目标市场，通过对消费人群、竞争对手、产品属性的分析确定关键词清单。Google 的 Google AdWords Keywords Planner 工具可以帮助跨境电子商务企业找到好的关键词，Google AdWords 账户可以制作 25 个广告系列，每个广告系列中包含若干广告组，广告组来源于对关键词的分类。例如，将词性结构类似且语义相近的关键词集中在一起，形成一个广告组，基于组内的关键词，制作对应的广告语并确定着陆页等信息。下面以设置广告系列为例说明操作步骤。

（1）需要注册一个 Google 账号，然后登录 AdWords 网站，在输入企业的电子邮箱和要推广的网址后，进入 Google AdWords 广告设置界面。

（2）设置广告系列决定支出费用。决定支出费用设定了企业愿意支出的每日平均金额。企业可以随时更改，仅当有人点击企业广告时才需要支付费用。

（3）选择目标受众群体。首先，需要确定广告推广区域，也就是说，只有设定推广区域的地区才能看到推广广告，这保证了广告主的最大利益。例如，广告主的跨境业务主要面向新加坡，那么他就不希望其他国家或地区的人通过关键词搜索到并点击他的广告。

（4）需要选择投放网络，即将企业的广告显示在站内搜索结果、新文章或其他内容旁边的网站，其中搜索网络指将 Google 用作搜索引擎的 Google 搜索网站和非 Google 网站。也可以选择展示广告网络，包括展示广告的 Google 展示广告网络网站和非 Google 展示广告网络合作网站。

（5）需要设定关键字。关键字清单的确定方法有寻找核心词关键字和拓展关键字。在设定核心词关键字时，需要先根据企业需求初步选择关键字，然后通过关键字设置工具查看关键字的热度，以决定选择哪些关键字。一般情况下，搜索热度越高，也就意味着该关键字往往需要更高的出价。另外，企业还可以通过 Google 关键字的相关搜索功能获取更多用户热搜的词。例如，在 Google 搜索框中输入"三星手机"，把页面下拉到最底部，可以看到相关搜索关键字，这些词都可以纳入企业核心词关键字库。

以核心词关键字为基础，可以通过拓展词的形式丰富关键字，而且拓展的关键字能帮助企业避免与其他企业的竞争。拓展词可以借助词组组合的方法，如在关键字"洗衣机维修"前后加相关词形成新词"上海洗衣机维修"；在"英语培训"后面拓展形成新词"英语培训队"等。另外，也可根据产品的不同功能、属性、特征进行扩展，如"男鞋""羊皮皮鞋""便宜皮鞋""黑色皮鞋"等。Google 一般需要企业添加 15 ～ 20 个关键字。

（6）设置出价。AdWords 会自动为用户设置出价，帮助企业在预算范围内争取更多的单击，但若企业希望以人工方式设置出价，可以勾选以人工方式设置出价。

（7）撰写广告。首先需要填写广告着陆页，即用户单击关键字广告后跳转到的目标网页。广告需要添加两个标题和一个广告内容描述。要求广告内容描述至少包含一个关键字，包含具体价格或促销优惠，最好使用清晰明确的号召性语句。

设定好关键字广告后，选择费用结算方式就可以参加竞价投放了。通过一段时间的竞价投放，广告主需要对推广结果进行分析，确认投放的关键字效果如何，对效果不佳的关键字需要持续优化。

根据 Google 的算法，广告排名值 = 竞价 × 质量评分。因此，若网站本身质量评分不高，即便出价很高，排名也不一定靠前。网站质量评分与关键词相关性及单击率、广告相关性及单击率、着陆页相关性及加载速度、账户使用时间等因素有关。用户可以在竞价投放后，通过安装 Google Analytics 跟踪代码，得到关于登录页面、图片广告、视频广告的每周浏览统计信息，衡量广告的投资回报率，确定更有效果的关键字广告。

需要注意的是，广告主实际支付的广告费用并不等于广告主的竞价，广告主实际支付额 = 后一名广告出价 × 质量评分 / 自身质量评分 +0.01 美元。

跨境电子商务企业在账户设计时需要注意以下几点：广告系列需要按受众群进行区分，如男士、女士、儿童等，这样可以让企业主容易监控到哪类广告组最容易带来流量和成交量，在广告系列中还可以按年龄来进行投放；广告系列需要落实到具体的产品层而不单停留在用户层。例如，一个外贸男女服装和鞋子的 BC 网站，在设置 AdWord 账户时采用哪种结构更加合理呢。

第一，账户结构把所有产品放入一个广告系列，这将导致无法追踪每个产品线的具体表现，很多广告组将无法得到展现，长尾关键词（kids clothes，women' sshoes）和主关键词（hats，dress，socks）并列，长尾关键词不能得到足够的展示机会。

第二，账户结构中广告系列实现了按受众区分（men，women，kids），这使广告组监控变得容易实现，另外，还可以设置按年龄投放等功能。但这种广告系列没有落实到产品层，仅仅停留在用户层，这将导致对产品的优化和追踪分析不能起作用。

第三，账户结构中广告系列落实到了产品层和用户层，能够在最短时间内排查到推广哪里出了问题，哪里的投资回报率高值得继续投入。这种结构是最优的推广账户设计。

（二）搜索引擎优化

搜索引擎优化（Search Engine Optimization，SEO）是一种利用搜索引擎的搜索规则来提高目前网站在有关搜索引擎内自然排名的方式。具体包括网站内部优化、网站外部优化、图片优化及代码优化等。

（1）网站内部优化。搜索引擎青睐结构清晰、运行稳定、速度快、内容匹配度高的高质量网站，过度依赖 Flash. 大量动态 URL 等不利于网站的索引。因此，企业网站结构应该设计成扁平式结构，网站导航清晰。网页内容最好有一定的更新，更新频率越频繁，蜘蛛程序光顾次数越多，被抓取的页面数量越多，关键字排名出现在首页的机会就越大。不要大量使用图片或者 Flash 等富媒体形式，而没有可以检索的文本信息。网站页面内容相关，网站首页关键词尽量分散，越靠上的内容越重要，网站主导航和次导航、栏目名称和频道名称以及文章标题等重要位置布局关键词和长尾关键字，可以借助 Google AdWords 工具，确定与网页相关的关键字。关键字要放在 Title Keyword Description 等标签中，URL 地址中要含有关键字。标题和描述与页面内容的相关性要强。

（2）网站外部优化。外部优化的主要工作是建立高品质的外部链接，可以通过购买链接、交换链接和自建链接的方式提高网站链接质量。通常情况下，应该选择加入搜索引擎分类目录网站；来自高 PR 值的网站目录与主题相关；和数据量大、知名度高、频繁更新的网站做友情链接；与相关内容网站且很少导出链接的相关主题网站交换友情链接。

（3）图片优化。网站所有的图片都可以有一个很直接的文件名和一个 Alt 属性，这两者都可以好好地加以利用，例如，图片文件名体现出关键字，当图片因某种原因无法加载时，Alt 属性允许你添加一个替代文字。添加的替代文字可以跟页面主题相关。

（4）代码优化。HTML 代码优化可从 Title 标签、Meta Description 标签、Heading 标签、Al 标签的优化入手。Tile 标签中的单词最好保持在 3 ～ 6 个，最好包含关键字。但 Title 标签中的单词不要都是关键字，可能会造成页面关键字堆砌，导致过度优化。所选单词应简洁明了，具有描述性，要与网页内容有很强的相关性，并且每个不同的页面都应该包含 Title 标签。Meta Description 标签是对 Title 标签的进一步解释，可以是一句话或者是包含十几个单词的短语。每个页面都该有自己的 MetaDescription 标签，并且 Meta Description 标签还可包含一些与网站内容相关但 Title 标签中未提及的信息。与 Title 标签要求相似，该部分内容也应具有描述性，与网页内容具有相关性，可包含关键字，但不可过多。Heading 标签包含了 H1、H2、H3 等，是搜索引擎识别页面信息的重要标记。合理使用 H1，H2，H3 等不同级别的标签能够使页面结构更加清晰，有利于搜索引擎的抓取。H1，H2，H3 等标签是按照重要程度来排名的。

一般单个页面按照需求程度来适当添加该标签：从 H1 开始依次往下添加，但不可添加：太多 Heading 标签。Alt 标签是一种图片标签，它将图片的信息以文本的形式展现。对 Alt 标签的使用没有太多要求，只要在网页中出现图片的部分添加该属性即可，但其标签内容应与相应页面的内容具有相关性，长度不得过长，一般 1 ～ 5 个单词即可。

（三）网站联盟广告

网站联盟广告借助自动匹配技术，使企业广告可以遍布门户网站、个人网站、博客、论坛。GoogleAdsense 可以让各种规模的网站发布商在他们的网站展示与网站内容相关的 Google 广告并获取收入。目前，Google Adsense 已经覆盖了全球绝大部分的互联网网站。Google Adsense 广告可以是文字、图片，也可以是 Flash 或视频；收费模式有按点击收费和按广告展示次数收费两种模式。广告主可以根据自身需求设定投放语言、地域、时间和资金预算。

【思考题】

（1）搜索引擎、SNS、EDM、SEM、QQ、微信营销方法是什么？

（2）主流社交平台的应用技巧有哪些？

（3）跨境电商平台内的推广技巧有哪些？

第七章　商机获取与管理

【情境导入】

小 A 在跨境电商领域还属于比较年轻的人，他现在担任的是公司的市场开发工作。在工作初期，小 A 发现自己在商机获取和管理方面存在着很多问题，比如说很难确定最具有潜力的目标市场、对潜在客户的需求了解不够深入等。这导致公司在市场开发方面的效率和成果并不如人意。

随着时间的推移，小 A 开始逐渐认识到跨境电商的商机获取与管理对于公司的重要性，他决定开始重视这一方面，并着手学习相关知识。

通过学习，小 A 掌握了跨境电商商机获取与管理的核心技能和知识，并将它们应用到了实践中。小 A 学会了如何进行市场调研、寻找潜在客户以及分析客户需求等技能，从而能够更好地发现潜在商机。这让公司在市场开发方面有了更大的进展。

通过了解潜在客户的需求和利益点，小 A 能够更好地与客户进行沟通和协商，从而提高了销售效率。同时，他也学会了如何使用 CRM 系统进行客户管理，让公司的销售流程更加高效。

小 A 了解了客户的需求和利益点，能够更好地与客户进行沟通和交流。通过更好地理解客户需求和提供个性化服务，小 A 能够提高客户的满意度，从而增强客户忠诚度，进一步提高公司的业绩。

通过学习跨境电商商机获取与管理相关知识，小 A 能够更好地与团队成员进行沟通和协作。他能够更好地理解团队其他成员的工作和挑战，从而更好地配合完成团队目标。

总之，小 A 通过学习跨境电商商机获取与管理相关知识，掌握了市场调研、客户分析、销售漏斗等技能，使公司在市场开发方面取得了更好的效果，提高了销售效率和客户满意度，加强了团队合作，取得了可观的业绩和效益。

【学习目标】

（1）熟悉交易磋商的流程。

（2）掌握贸易术语基础知识。

（3）熟悉国际商品价格基础知识。

第一节　交易磋商的流程

一、交易磋商的定义与内容

交易磋商（ Business Negotiation ）是指买卖双方就交易条件（即合同条款）进行协商，以达成交易的过程。

交易磋商的主要交易内容包括货物的品质、数量、包装、价格、交货和交付条件等，此外，还包括检验、索赔、不可抗力和仲裁等。

二、交易磋商的分类

交易磋商在形式上主要可分为口头磋商和书面磋商两大类。口头磋商既可以是面对面的谈判，例如参加广交会、出国拜访客户或者国外客户来公司洽谈交易等，也可以通过打电话或视频会议来谈判。书面磋商是通过传真、信函、电报、电传、电子邮件等方式进行交易洽谈。

三、交易磋商的环节

交易磋商一般包括询盘、发盘、还盘、接受四个环节。其中，只有发盘与接受是法律上规定的必经环节。

（一）询盘

询盘（Enquiry）是指交易的一方向对方探询交易条件、表示交易愿望的一种行为。询盘的内容涉及商品的价格、品质、数量、包装、装运等，但是主要是询问价格，因此，询盘又称询价。由于询盘不是每一笔交易必经的环节，倘若交易双方相互很了解，那么没有必要向对方探询交易条件或交易的可能性，即不必询盘，直接向对方发盘即可，所以询盘不具备法律效应。询盘信的范文如下。

Dear Sirs,

The Overseas Trading Co., Ltd. , Manchester informs us that you are exporters of handmade gloves in a variety of artificial leathers. W ould you please send us details of your various ranges, in-cluding sizes, colors and prices, and also samples of different qualities of material used?

We are one of the largest department stores here and believe there is a promising market in our area for moderately priced goods of the kind mentioned.

When replying, please state terms of payment and discounts you allow on purchases of quanti-ties of not less than five gross of individual items.

Yours faithfully,

XX

这封询盘信的中文意思如下。

尊敬的先生：

曼彻斯特海外贸易有限公司告知贵公司出口各类手工制造的人造革手套，请寄来贵公司各类产品的详细资料，包括产品的尺码、颜色以及价格，并请附寄用各种质料制成的样品。

我公司是当地最大的百货公司之一，相信价格合理的人造革手套在我方市场会有良好销路。

回信时，请告知每款产品购买数量不少于五罗的情况下你们允许的付款方式和折扣条件。

某某

（二）发盘

发盘（Offer）也叫发价，是指交易的一方（发盘人）向另一方（受盘人）提出各项交易条件，并且愿意按这些交易条件达成交易的一种表示。发盘多由卖方提出，称为售货发盘（Selling Offer），也可由买方提出，称为递盘（Bid）或购货发盘（Buying Offer）。发盘可以不经过询盘，由一方径直发盘。发盘信的范文如下。

Dear Sirs,

We are in receipt of your letter dated March 21, as requested, are airmailing you, under sep-arate cover, one catalogue and two sample books for our Printed Shirting, We hope they will reach you in due course and will help you make your selection.

In order to start a concrete transaction between us，we take pleasure in making you a specific offer，subject to our final confirmation，as follows：

Art. No. ：81000 Printed Shirting.

Design No. ：72435 — 2A.

Specifications：30×36 72×69 35/6"×42 yards.

Quantity：18 000 yards.

Packing：In bales or in wooden cases，at seller's option.

Price：RMB××per yard CIFC5% Lagos.

Shipment：To be made in three equal monthly installments， beginning from June，2007.

Payment：By confirmned，irrevocable L/C payable by draft at sight to be opened 30 days before the time of shipment.

We trust the above will be acceptable to you and await with keen interest your trial order.

Yours faithfully,

xx

这封发盘信的意思如下。

尊敬的先生：

贵公司 3 月 21 日函接悉。兹按贵公司要求另封航邮寄去印花细节目录一份和样本两份，相信会及时寄到你方而且有利于你方选购。

为使双方达成一笔交易，现特报盘，以我方最后确认为准如下。

货号：81000 号印花细布。

花号：72435- 2A。

规格：30x36 72x69 35/6" x42 码。

数量：18 000 码。

包装：布包或木箱包装，由卖方选择。

价格：CIF 拉各斯每码人民币 xx 元，包括你方佣金 5%。

交货期：从 2007 年 6 月份起分三个月平均装运。

付款：（货款）以保兑的、不可撤销的、凭即期汇票付款的信用证支付，信用证要在交货期前 30 天开立。

我方相信上述报盘可为你方接受，并且殷切期待你方试订。

某某

注意，上述发盘信中的 35/6 "应理解为 35 英寸到 36 英寸这个宽度范围，指布匹宽度。

在发盘的有效期内，发盘人不得任意撤销或修改发盘的内容，发盘一经对方在有效期内表示接受，发盘人将受其约束，并且承担按照发盘条件与对方订立合同的法律责任。

1.构成发盘的条件

有效的发盘需要具备一定的条件。第一，向一个或者一个以上特定的人提出，即发盘要有特定的受盘人。第二，发盘的内容应当十分确定。第三，发盘中必须明确表明发盘人受其约束的订约意旨。第四，发盘从送达受盘人时开始生效，即送达生效原则。

2.发盘的失效

发盘的失效（Termination）有以下几种情况。第一，严格说来，发盘应当规定一个有效期，如果过了发盘的有效期，该发盘失效。第二，发盘经对方拒绝或还盘即失效。第三，发盘人做了有效的撤销。第四，发盘人或受盘人在发盘接受前丧失了行为能力，例如自然人死亡或精神病，或者法人被法院宣告破产或终止营业等。

（三）还盘

还盘（CounterOffer）是指受盘人不同意发盘中的交易条件而提出修改或变更的意见，又称反要约。也就是说，还盘是受盘人对发盘条件的实质性变更，即对关于货物付款、价格、质量和数量、交货地点和时间、责任范围等条款的修改或不同意见。还盘是受盘人对发盘的拒绝，发盘因对方的还盘而失效，原发盘人不再受其约束。

还盘可以在双方之间反复进行，还盘的内容一般不再重复 双方同意的交易条件，而是仅仅说明需要变更或添加的条件。

还盘相当于受盘人向原发盘人提出的一项新的发盘，一方的发盘经对方的还盘后即失去了法律效力。因此，如果受盘人还盘之后又接受原来的发盘，这种接受是无效的，交易没有达成，得到原发盘人同意的情况除外。

还盘信的范文如下。

Dear Sirs,

We thank you for your fax offer of 1" June for 25 000 yards of rayon/woolen mixed fabric and 23 000 yards of dyed cotton shirting.

We immediately contacted our customers and they showed a great interest because there is a growing demand for cotton textiles. The prices you quoted, however, are found too much on the high side. ABC Company, one of our customers, told us that they would possibly take up your entire stock of dyed cotton shirting, provided that the material is offered lower than 95 pennies a yard. ABC is one of the leading garment manufacturers in our country, so there is a good chance of finalizing an order with them if the present price can be lowered to meet their requirement. We hope you will take advantage of this chance so that you will benefit from the expanding market.

As for the rayon/ woolen mixed fabric, our customers hold a fairly large stock at present because of large shipments recently received from Hong Kong. You will, however, receive orders from us soon because we are sure the recent brisk demand will deplete our stock before long.

In these circumstances, we are most anxious that you will do your utmost to reduce the price for dyed cotton shirting and we await your reply with great interest.

Yours faithfully,
XX

这封还盘信的中文意思如下。

尊敬的先生：

感谢你方 6 月 1 日来传真报盘，报我 25 000 码人造丝羊毛混纺织品和 23 000 码染色棉细布。

当即与客户接洽，因目前对棉织品的需求日益增长，客户极有意购买。但是，你方报价过高。我方客户之一 ABC 公司表示，若你方染色棉细布能以低于每码 95 便士出售，将会买下你们的全部库存。ABC 公司是我国最大的服装公司之一，若能降价满足其需求，确是达成交易的极好机会。希望贵公司抓住这一时机，扩大市场，从中获利。

至于人丝羊毛混纺织品，由于最近大批香港货到来，我方买主还有较多存货。但贵公司很快便可接到我方订单，因最近市场需求活跃，存货不久将告罄。

为此，切望尽最大可能降低染色棉细布的价格，盼早复。

某某

（四）接受

接受（Acceptance）是指受盘人在发盘的有效期内，无条件地同意发盘中提出的各项交易条件，并且表示愿意按照这些条件和对方达成交易。

1.构成接受的条件

构成一项有效的接受，需要具备四个条件。第一，接受必须由受盘人做出。第二，接受必须是同意发盘所提的交易条件。第三，接受必须在发盘规定的时间内做出。第四，接受的传递方式应该符合发盘的要求。

2.逾期接受

逾期接受又称迟到的接受，是指接受通知没有在发盘规定的有效期内到达原发盘人所在地，或者发盘没有规定有效期，接受没有在合理的时间内送达发盘人。这种迟到的接受一般是无效的。但是，按照《联合国国际货物销售合同公约》的规定，逾期接受在两种情况下仍然有效。第一种情况，受盘人主观上没有过错，由于邮递途中出现了意外使接受逾期了。这种因为传递延误而逾期的接受一般认为是有效的接受，但是发盘人如果及时反对，那么该接受无效。第二种情况，如果发生了逾期接受，发盘人毫不迟延地用口头或书面方式通知受盘人，确认该接受是有效的，那么该逾期接受仍然具有法律效力。

3.接受的撤回

《联合国国际货物销售合同公约》规定，接受是在送达受盘人时生效的，在送达受盘人之前，接受是可以撤回的。但是接受不可以撤销，因为一方的发盘一旦被受盘人接受，双方就建立了买卖合同关系。

接受信范文如下。

Dear Sirs,

We thank you for your quotation of August 15 together with patterns of Printed Shirting. We find both quality and price satisfactory and are pleased to give you an order for the following items on the understanding that they will be supplied from stock at the prices named:

Quantity	Patterm No.	Price
40 000 yards	191	HK $11 per yd
30 000 yards	193	HK $14 per yd
40 000 yards	195	HK $18 per yd

（All the prices are FOB Hong Kong.）

We expect to find a good market for the above and hope to place further and large orders with you in the near future.

Our usual terms of payment are by D/P 60 days and we hope they will be satisfactory to you. Meanwhile, should you wish to make enquiries concerning our financial standing, you may refer to the following bank:

（The name and address of the bank）

Yours faithully

这封接受信的中文翻译如下。

尊敬的先生：

你公司 8 月 15 日的报价单以及印花细节花样均收悉，谢谢。我公司对品质和价格均感满意，并乐意在指定价格和供应现货的条件下订购下列货物：

花式号	数量	价格
40 000 码	191	每码港币 11 元
30 000 码	193	每码港币 14 元
40 000 码	195	每码港币 18 元

（所有价格都是香港船上交货价。）

我公司期望为上述商品开拓好的市场，并希望不久的将来再向你公司大量订购。

我公司通常的付款条件是 60 天付款交单，希望能令你公司满意。你公司如需了解我公司的财政状况，请向下列银行查询。

（银行行名及地址）

某某

第二节 贸易术语基础知识

一、国际贸易术语概述

（一）国际贸易术语的含义

国际贸易术语（International Trade Terms）也称价格术语（Price Terms），它是随着国际贸易的发展和长期的实践所形成的，用简短的概念或字母表示商品价格构成，旨在说明交货地点并确定风险和责任、费用划分等问题的专用术语。

从性质上来说，贸易术语具有双重性，即一方面表示交货条件，另一方面表示成交价格的构成因素。从第一个方面来看，就是说贸易术语说明了买卖双方在货物交接过程中有关手续、费用和风险的责任划分。如 FOB 术语，它的英文全称为 Free on Board（...named port of shipment），即"船上交货（……指定装运港）"。它表示装运港船上交货条件，即买方要负责派船到约定的装运港接运货物，并承担货物装上船后的一切责任、费用和风险，而卖方则负责按时把约定的货物交到买方指定的船上，并承担货物装上船之前的一切责任、费用和风险。从第二个方面来看，就是说价格术语明确了成交价格的构成。如 CIF 术语。CIF 的英文全称为"Cost，Insurance and Freight（...named port of des-tination）"，即"成本加保险费运费（……指定目的港）"，它表示成交价格除包括购货成本、国内费用、预期利润等因素外，还包括从装运港到目的港的通常运费和保险费。

（二）国际贸易术语的作用

贸易术语的形成对国际贸易的发展起着重要作用，使国际贸易中复杂的价格构成条理化、规范化、标准化，极大地促进了国际贸易的发展，简化了交易手续，节省了磋商的时间和费用，明确了买卖双方的责任权利和义务。

（三）有关贸易术语的国际惯例

1.国际贸易惯例的演变及未来发展

国际贸易惯例的产生和发展是与国际贸易活动的需要联系在一起的，是贸易商为满足实际需要而自发地形成的一些习惯做法和规则。

国际贸易惯例的产生具有悠久的历史，最早可追溯到中世纪。大约在公元 13

世纪，地中海沿岸各国间的商业往来已经非常频繁。当时从事贸易的商人团体为旅客维护自身的利益，根据业务实践自己制定了一些习惯做法和规则，形成了适用于各个商业发达港口和市集地区的具有国际性的商业习惯法。进入 20 世纪以后，随着各国国内法的发展，以及随之而产生的各国实体法之间的法律规定差异，从事国际贸易的当事人都要求适用本国的法律来调整他们之间的权利与义务关系，因而导致了尖锐的法律冲突。虽然可以按照国际私法的规范来调整这种法律冲突，但是冲突规范并不直接调整当事人的权利和义务，适用冲突规范的结果仍然是以冲突规范所指向的国家的国内法来调整。因此，这无疑给国际贸易业务带来了极大的不便，严重妨碍了国际贸易的顺利发展。

经过 1953 年、1967 年、1976 年、1980 年、1990 年、2000 年、2010 年和 2020 年的各次补充和修改，现已成为当前国际上应用最广、最具影响力的国际贸易惯例之一。现行的《2020 年国际贸易术语解释通则》（以下简称 Incoterms2020）于 2020 年 1 月 1 日起生效。其最大的特点就是更明晰的向用户展示各条术语所规定的买卖双方的权利与义务，便于买卖双方在签订合同时选择合适的术语。因此新版本的术语更强调正确的选择，此版本对买卖合同与附属合同之间的界限和联系做出了更明确的解释；升级了指导说明（Guidance Note），当前版本的指导说明会对每条术语做出更详细的解释说明，Incoterms2020 与 Incoterms2010 相比主要有以下几点变化：

（1）装船批注提单和 FCA 术语条款的修改。

（2）成本及其列出位置。

（3）CIF、CIP 中与保险有关的条款．

（4）在 FCA、DAP、DPU 和 DDP 中，与用卖方或买方选择自己的运输工具运输的相关条款。

（5）将 DAT 改为 DPU。

（6）在运输义务和费用中列入与安全有关的要求。

（7）用户说明。

上述国际贸易惯例的历史沿革表明，国际贸易惯例在国际贸易发展中的各个历史时期以及在国际贸易法统一化过程中都起到了重要作用。可以预料，随着国际贸易的深入发展，国际贸易惯例的影响将会更加显著。

2.国际贸易惯例的概念

国际贸易惯例（International Trade Customs），是指国际商业组织根据国际贸易实践中逐渐形成的一般贸易习惯做法而制定的成文规则。这些规则根据当事人意思自治的原则，被国际上普遍接受和广泛使用，从而被公认为贸易惯例。国际贸易惯例是国际贸易法律的重要渊源之一，在国际贸易中具有非常特殊的地位。国际贸易惯例所具有的非主权性、任意选择性以及直接来自国际贸易的实践性等属性，大大地增强了国际贸易惯例在国际贸易中的普遍适用性。贸易惯例不是强制性规则，而是任意性规则。只有在当事人各方一致同意采用某一惯例时，该惯例才具有约束力，但值得注意的是国际贸易惯例不能单独适用，而且适用时不能与合同明示条款相抵触，通常将惯例名称直接订入合同条款。

3.国际贸易惯例的特点

（1）国际贸易惯例是在长期的国际贸易实践中自发形成的，它的成文一般也是由商业自治团体自发地编纂而成的，这使它有别于依靠国家立法机关制定的国内法以及依靠各国之间的相互谈判、妥协而达成的国际条约。

（2）国际贸易惯例是为某一地区、某一行业的人们所普遍遵守和接受的，偶然的实践不能成为国际贸易惯例，这是国际贸易惯例的客观特征。

（3）国际贸易惯例必须能使人们产生必须遵照此惯例办理的义务感和责任感，这是国际贸易惯例的主观特征。

（4）国际贸易惯例具有任意性，没有强制适用力。只有在当事人明示或者默示同意采用时，才对当事人具有法律效力。如果当事人明示或者默示地加以排除，则不能将国际贸易惯例强加给当事人。

4.国际贸易惯例的法律效力

（1）国际贸易惯例对国际法、国内法和贸易合同未涉及的问题具有补充规范的作用，并成为贸易争议诉讼审判和仲裁裁决的重要法律依据。

（2）国际贸易惯例对国际法、国内法和贸易合同所涉及但又未明确的概念和术语，具有定义和阐释的法律效力。

（3）合同中表明引用某个惯例，或接受某个惯例的管辖约束或解释，则该惯例就成为合同的一部分，其所有条文与合同条款的法律效力相同。

5.有关贸易术语的主要国际贸易惯例

（1）《1932年华沙—牛津规则》（Warsaw—Oxford Rules 1932）这个规则是以英国的贸易习惯和判例为基础，对CIF买卖合同的性质，买卖双方所承担的责任、费用和风险做了规定和说明。

（2）《1990年美国对外贸易定义修订本》（Revised American Foreign Trade Definitions1990）

该惯例由美国九个大商业团体共同制定，主要对六种贸易术语，即原产地交货（Ex Point of Origin），装运港船上交货（Free on Board，FOB），装运港船边交货（

Free Alongside Ship，FAS），成本加运费（Cost and Freight，CFR），成本加保险费、运费（Cost，Insurance and Freight，CIF），以及目的港码头交货（Ex Dock）做了规定和解释。

由于该惯例在 FOB 术语的解释上与其他国际贸易惯例有所不同，因此，我国外贸企业在与美洲国家进行贸易时，应特别注意。

（3）Incoterms2020 沿袭 Incoterms2010，根据适用的运输方式将分为两大类：

① 适用于任何或多种运输方式的术语(Terms for Any or More Modes ofTransport)。

EXW │ Ex Works（填入指定交货地点）工厂交货

FCA │ Free Carrier（填入指定交货地点）货交承运人

CPT │ Carriage Paid To（填入指定目的地）运费付至

CIP │ Carriage and Insurance Paid to（填入指定目的地）运费和保险费付至

DAP │ Delivered At Place（填入指定目的地）目的地交货

DPU │ Delivered at Place Unloaded（填入指定目的地）目的地卸货后交货

DDP │ Delivered Duty Paid（填入指定目的地）完税后交货

②适用于海运和内陆水路运输方式的术语 (Terms for Sea and Inland Waterway Transport)。

FAS │ Free Alongside Ship（填入指定装运港）船边交货

FOB │ Free On Board（填入指定装运港）船上交货

CFR │ Cost and Freight（填入指定目的港）成本加运费

CIF │ Cost Insurance and Freight（填入指定目的港）成本、保险费加运费

二、主要贸易术语解释

（一）FOB 术语

1.FOB 术语的含义

Free On Board（insert named port of shipment）——船上交货（填入指定装运港）是指在指定装运港将货物装至买方指定的船上，或取得已如此交付的货物，卖方完成交货。当货物被交到船上时，风险转移。自该时刻起，买方负担货物灭失或损坏的风险，并支付一切费用。

FOB 是最常用的国际贸易术语之一，根据 Incoterms2020 的解释，该术语仅适用于海运或内河运输。

2. 买卖双方的主要义务

按 Incoterms2020，在 FOB 术语下，买卖双方主要义务如下：

（1）卖方的主要义务：

①负责在合同规定的日期或期间内，在指定装运港，将符合合同的货物按港口惯常方式交至买方指定的船上，或取得已如此交付的货物，并给予买方充分的通知；

②如适用，办理货物出口清关手续并支付费用（如出口许可证、出口安全清关、转运前检验及任何其他官方授权）；协助买方进口清关，包括安全要求和装运前检验；

③负担货物在装运港交至船上为止的一切费用和风险；

④负责提供商业发票和证明货物已交至船上的通常单据。

（2）买方的主要义务：

①负责按合同规定支付价款；

②负责租船或订舱，支付运费，并给予卖方关于船名、装船地点和要求交货时间的充分的通知；

③在清关适用的地方，自负风险和费用取得进口许可证或其他核准书，并办理货物进口以及必要时经由另一国过境运输的一切海关手续；

④负担货物在装运港交至船上后的一切费用和风险；

⑤收取卖方按合同规定交付的货物，接受与合同相符的单据。

3. 使用 FOB 术语应注意的问题

（1）以"装运港船上"为交货点。按 Incoterms2020，各种贸易术语都有其特定的"交货点"（point of delivery），亦即"风险划分点"（point for division of risk，以下简称"风险点"）。Incoterms2020 规定，FOB 卖方必须在装运港将货物交至船上（deliver on board the vessel）或"装上船"（load on board the vessel）。"交至船上"通常要求将货物安全地装入船舱（ship's hold）。当货物装上船时，风险转移，卖方完成交货。由此可见，FOB 术语的交货点（风险点）为装运港船上。

（2）船货衔接问题。按照 FOB 术语成交的合同属于装运合同。这类合同中卖方的一项基本义务是按照规定的时间和地点完成交货。然而，根据 FOB 术语是由买方负责租船订舱，因此，存在船货衔接问题。如果买方未能按时派船，包括未经对方同意提前或延迟派船，卖方均有权拒交货物，而且由此产生的各种损失，如空舱费（Dead Freight）、滞期费（Demurrage）及卖方增加的仓储费（Warehouse Fee）等，均由买方负担；如果买方指定的船只未能按时到港或接运货物，或者买方未能就派船问题给予卖方适当的通知，那么，只要货物已被特定化为本合同项下的货物，自规定的交货期届满之后，买方就要承担货物灭失或损坏的风险。如果买方指派的船只按时到达装运港，而卖方未能备妥货物，则由此产生的上述费用和风险由卖方承担。有时双方按 FOB 价格成交，买方委托卖方办理租船订舱，卖方也可以酌情接受，但属于代办性质，其风险和费用仍由买方承担。如果租不到船，卖方也不承担责任，买方无权撤销合同或者索赔。因此，在 FOB 合同中，买卖双方对船货衔接事项，除了在合同中应作明确规定外，在订约后，必须加强联系，密切配合，防止船货脱节。

（3）少数国家对 FOB 术语的不同解释。少数国家对 FOB 术语的不同解释。《1990 年美国对外贸易定义修订本》（以下简称《定义修订本》）对 FOB 的解释与 Incoterms2020 的解释存在较大差异。《1990 年美国对外贸易定义修订本》将 FOB 术语分为六种，其中只有"指定装运港船上交货"［FOB Vessel（named port of shipment）］与 Incoterms®2020 解释的 FOB 术语相近。然而按《1990 年美国对外贸易定义修订本》规定，只有在买方提出请求，并由买方负担费用的情况下，FOB Vessel 的卖方才有义务协助买方取得由出口国签发的为货物出口或在目的地进口所需的各种证件，并且，出口税和其他税捐费用也需由买方负担。这些规定与 Incoterms2020 中 FOB 术语关于卖方须负责取得出口许可证，并负担一切出口税捐及费用的规定，有很大不同。因此，我外贸企业在与美国和其他美洲国家出口商按 FOB 术语洽谈进口业务时，除了应在 FOB 术语后注明"vessel"（轮船）外，还应明确提出由对方（卖方）负责取得出口许可证，并支付一切出口税捐及费用。

（3）装货费用的负担。在装运港的装货费用主要是装船费以及与装货有关的理舱费和平舱费。在 FOB 合同中，如买方使用班轮运输货物，由于班轮运费内包括装货费用和在目的港的卸货费用，班轮运费既然由买方支付，所以装货费用实际上由买方负担。但在大宗货物需使用租船装运时，FOB 合同的买卖双方对装货费用由何方负担应进行洽商，并在合同中用文字做出具体规定，也可采用在 FOB 术语后加列字句或缩写，即所谓 FOB 术语的变形来表示。

4. FOB 术语的变形

（1）FOB 班轮条件（FOB liner terms），指装货费用如同以班轮运输那样，由支付运费的一方（即买方）负担。

（2）FOB 吊钩下交货（FOB under tackle），指卖方将货物置于轮船吊钩可及之处，从货物起吊开始的装货费用由买方负担。

（3）FOB 包括理舱（FOB stowed，FOBS），指卖方负担将货物装入船舱并支付包括理舱费在内的装货费用。

（4）FOB 包括平舱 (FOB trimmed，FOBT)，指卖方负担将货物装入船舱并支付包括平舱费在内的装货费用。

需要指出的是，对 FOB 做上述变形，只是为了明确装船费用的负担问题，并不因此而改变 FOB 术语的交货地点、风险责任划分等条件。

（二）CIF 术语

1. CIF 术语的含义

CIF 的英文全称是 Cost Insurance and Freight（insert named port of destination），即成本加保险费、运费（……指定目的港）。CIF 也是最常用的国际贸易术语之一，根据 Incoterms2020 的解释，该术语仅适用于海运或内河运输。如果船舷不符合实际需要，比如在滚装运输或集装箱运输的情况下，则使用 CIP 术语更为合适。

2. 买卖双方的主要义务

（1）卖方的主要义务。

①负责在合同规定的日期或期间内，在装运港将符合合同的货物交至运往指定目的港的船上，或取得已如此交付的货物，并给予买方充分的通知。

②如适用，办理货物出口清关手续并支付费用（如出口许可证、出口安全清关、转运前检验及任何其他官方授权）；协助买方进口清关，包括安全要求和装运前检验。

③负责租船或订舱，并支付至目的港的运费。

④负责办理货物运输保险，支付保险费。

⑤负担货物在装运港交至船上为止的一切费用和风险。

⑥负责提供商业发票、保险单和货物运往约定目的港的通常运输单据。

（2）买方的主要义务

①负责按合同规定支付价款。

②在清关适用的地方，自负风险和费用取得进口许可证或其他核准书，并办理货物进口以及必要时经由另一国过境运输的一切海关手续。

③负担货物在装运港交至船上后的一切费用和风险。

④收取卖方按合同规定交付的货物，接受与合同相符的单据。

3. 使用 CIF 术语应注意的问题

（1）租船或订舱问题。CIF 合同的卖方为按合同规定的时间装运出口，必须负责自费办理租船或订舱。如果卖方不能及时租船或订舱，而不能按合同规定装船交货，即构成违约，从而需承担被买方要求解除合同及 / 或损害赔偿的责任。根据

Incoterms2020，卖方只负责按照通常条件租船或订舱，使用适合装运有关货物的通常类型的轮船，经习惯行驶航线装运货物。因此，买方一般无权提出关于限制船舶的国籍、船型、船龄以及指定装载某船或某班轮公司的船只等要求。但在出口业务中，如国外买方提出上述要求，在能够办到又不增加额外费用（或买方愿意承担额外费用）的情况下，我方也可灵活掌握考虑接受。

（2）卖方办理保险的责任。在 CIF 合同中，卖方是为了买方的利益办理货运保险的，因为此项保险主要是为了保障货物装船后在运输途中的风险。Incoterms2020 对卖方的保险责任规定：如无相反的明示协议，卖方只需按协会货物保险条款或其他类似的保险条款中最低责任的保险的险别投保。

（3）办理保险的责任。在 CIF 合同中，卖方是为了买方的利益办理货运保险的，因为此项保险主要是为了保障货物装船后在运输途中的风险。Incoterms2020 对卖方的保险责任规定：如无相反的明示协议，卖方只需按协会货物保险条款或其他类似的保险条款中最低责任的保险的险别投保。

（4）CIF 合同属"装运合同"。根据 Incoterms2020，CIF 术语的交货点 / 风险点与 FOB 术语完全相同。在 CIF 术语下，卖方在装运港将货物装上船，即完成了交货义务。因此，和 FOB 一样，采用 CIF 术语订立的合同属"装运合同"（shipment contract）。但是，由于在 CIF 术语后所注明的是目的港（例如"CIF 纽约"）以及在我国曾将 CIF 术语译作"到岸价"，所以 CIF 合同的法律性质，常被误解为"到货合同"（Arrival Contract）。为此，必须明确指出，CIF 与 FOB 一样，卖方在装运港完成交货义务方面，其性质是相同的，采用这两种术语订立的买卖合同均属"装运合同"性质。此类合同的卖方在按合同规定在装运港将货物交付装运后，对货物可能发生的任何风险不再承担责任。

（三）CFR 术语

1. CFR 术语的含义

Cost and Freight（insert named port of destination）——成本加运费（填入指定目的港）是指卖方在装运港将货物交至船上，或取得已如此交付的货物，完成交货。卖方必须支付将货物运至指定目的港所必需的费用和运费，但交货后货物灭失或损坏的风险，以及由于发生事件而引起的任何额外费用，自卖方转移至买方

2. 买卖双方的主要义务

（1）卖方义务。

①提供合同规定的货物，负责租船和支付运费，按时在装运港装船，并于装船

后及时通知买方。

②办理出口清关手续，并承担货物在装运港装上船为止的一切费用和风险。

③按合同规定提供正式有效的提单、发票及其他有关凭证。

（2）买方义务。

①承担货物在装运港装上船时起的货物灭失或损坏的风险以及由于货物装船后发生事件所引起的额外费用。

②在合同规定的目的港受领货物，并办理进口清关手续和交纳进口税。

③受卖方提供的各种约定的单证，并按合同规定支付货款。

3. 使用 CFR 术语应注意的问题

按 CFR 术语订立合同，需特别注意的是装船通知问题。因为在 CFR 术语下，卖方负责安排在装运港将货物装上船，而买方须自行在目的港办理货物运输保险，以就货物装上船（越过船舷）后可能遭受灭失或损坏的风险取得保障。因此，在货物装上船前，即风险转移至买方前，买方及时向保险公司办妥保险，是 CFR 合同中一个至关重要的问题。

在实际业务中，我方出口企业应事先与国外买方就如何发送装船通知商定具体做法；如果事先未曾商定，则应根据双方已经形成的习惯做法，或根据订约后、装船前买方提出的具体请求（包括在信用证中对装船通知的规定），及时用电信向买方发出装船通知。

（四）FCA 术语

1. FCA 术语的含义

Free Carrier（insert named place of delivery）——货交承运人（填入指定交货地）是指卖方在其所在处所（seller's premises）或另一指定地，将货物交付给由买方指定的承运人或其他人，或取得已经如此交付的货物，即完成交货。双方当事人应尽可能明确地规定指定地内的交货地点（point of delivery），因风险和费用在该地点由卖方转移至买方。如买方不通知在指定地内的特定交货地点，卖方可选择在指定地内他认为最合适的地点交货。根据 Incoterms2020，FCA 是适用于各种运输方式的主要贸易术语。

2. 买卖双方的主要义务

（1）卖方义务。

①在合同规定的时间、地点，将合同规定的货物置于买方指定的承运人控制下并 及时通知买方。

②承担将货物交给承运人控制之前的一切费用和风险。

③自负风险和费用，取得出口许可证或其他官方批准证件，并办理货物出口所需的一切海关手续。

④提交商业发票或具有同等作用的电子信息，并自费提供通常的交货凭证。

（2）买方义务。

①签订从指定地点承运货物的合同，支付有关的运费，并将承运人名称及有关情况及时通知卖方。

②根据买卖合同的规定受领货物并支付货款。

③承担受领货物之后所发生的一切费用和风险。

④自负风险和费用，取得进口许可证或其他官方证件且办理货物进口所需的海关手续。

3.使用FCA术语应注意的问题

（1）交货地点和风险转移问题。由于FCA可适用于各种运输方式，它的交货地点需按不同的运输方式和不同的指定交货地而定。FCA卖方完成交货义务的情形，概括为：

①如果合同中所规定的指定交货地为卖方所在处所，则当货物被装上由买方指定的承运人的收货运输工具上时，卖方即完成了交货义务。

②在其他情况下，当货物在买方指定的交货地，在卖方的送货运输工具上（卖方无须承担卸货义务）被交由买方指定的承运人处置时，卖方即完成了交货义务。

（2）安排运输的问题。FCA合同的买方必须自负费用订立自指定的运输货物的合同。但是，如果买方提出请求，或如果按照商业惯例，在与承运人订立运输合同时（如在铁路或航空运输的情况下）需要卖方提供协助，卖方可代为安排运输，但有关费用和风险由买方负担。

（五）CPT术语

1.CPT术语的含义

Carriage Paid To（insert named place of destination）——运费付至（填入指定目的地）是指当货物已被交给由卖方订约的承运人，或取得已经如此交付的货物时，卖方即完成了交货。交货后，货物灭失或损坏的风险，以及由于发生事件而引起的任何额外费用，即从卖方转移至买方。在FCA、CPT和CIP术语下，卖方的交货义务是相同的。但卖方还必须支付将货物运至指定目的地所需的运费。本术语适用于任何一种或多种运输方式。

2. 买卖双方的主要义务

（1）卖方义务。

①自负费用签订运输合同，在合同规定的时间及地点将合同货物交于承运人的控制之下并及时通知买方。

②自负风险和费用，取得出口许可证或其他官方许可证件，办理出口报关手续。

③负责提供商业发票和在指定目的地提货所需的运输单据，或具有同等作用的电子信息。

（2）买方义务。

①自负风险和费用，取得进口许可证或其他官方许可证件，并办理货物进口和必要时从他国过境所需的一切海关手续。

②负责办理保险。

③收取卖方按合同规定交付的货物，接受交货单据并支付货款。

3. 使用 CPT 术语应注意的问题

（1）风险划分的界限问题。货物自交货地点至目的地的运输途中的风险由买方承担，卖方只承担货物交给承运人控制之前的风险。在多式联运情况下，卖方承担的风险自货物交给第一承运人控制时即转移给买方。

（2）责任和费用的划分问题。采用 CPT 术语时，买卖双方要在合同中规定装运期和目的地，以便卖方选定承运人，自费订立运输合同，将货物运往指定目的地。卖方将货物交给承运人之后，应向买方发出货已交付的通知，以便买方及时办理保险和在目的地受领货物。

（六）CIP 术语

1. CIP 术语的含义

Carriage and Insurance Paid To（insert named place of destination）——运费、保险费付至（……指定目的地）是指卖方除了须承担在 CPT 术语下同样的义务外，还须对货物在运输途中灭失或损坏的买方风险取得货物保险，订立保险合同，并支付保险费。

CIP 术语适用于各种单一的运输方式和多式联运。如果使用多种运输方式（常见于货物在集装箱终端交给承运人的情况），则适用使用 CIP，而非 CIF。

2. 买卖双方的主要义务

（1）卖方义务。

①订立将货物运往指定目的地的运输合同并支付有关运费。

②在合同规定的时间、地点，将合同规定的货物置于承运人的控制之下，并及

时通知买方。

③承担将货物交给承运人控制之前的风险。

④按照买卖合同的约定，自负费用投保货物运输险。

⑤自负风险和费用，取得出口许可证或其他官方批准证件，并办理货物出口所需的一切海关手续，支付关税及其他有关费用。

⑥提交商业发票和在约定目的地提货所需的通常的运输单据或具有同等作用的电子信息，并且自费向买方提供保险单据。

（2）买方义务。

①接受卖方提供的有关单据，受领货物，并按合同规定支付货款。

②承担自货物在约定地点交给承运人控制之后的风险。

③自负风险和费用，取得进口许可证或其他官方证件，并且办理货物进口所需的海关手续，支付关税及其他有关费用。

经比较可知，在 CIP 价格术语下，买卖双方承担的责任、费用、风险基本上与 CPT 相同，不同点在于，在 CIP 术语下，卖方负责办理保险并支付保险费，所以卖方应提交的单据也比 CPT 术语下增加了保险单据。

3.使用 CIP 术语应注意的问题

（1）风险和保险问题。一般情况下，卖方应按双方约定的险别投保。如果未约定险别，则由卖方按惯例投保最低的险别，保险金额一般是合同价格的110% 办理，并采用合同货币投保，卖方一般无义务加保战争险、罢工险。但是在买方要求并由买方承担额外费用的情况下，卖方也可予以办理。

（2）合理确定价格。与 FCA 相比，在 CIP 条件下卖方要承担较多的责任和费用。例如：办理从交货地至目的地的运输，需要承担有关运费；办理货运保险，支付保险费。卖方在核算成本和价格时，应考虑运输距离、保险险别、各种运输方式和各类保险的收费情况，预计运价和保费的变动趋势等。

三、其他贸易术语解释与贸易术语运用

（一）其他贸易术语的解释

除了上述六种常用的贸易术语之外，Incoterms2020 还规定和解释了其他五种贸易术语，在某种情况下，它们能够满足贸易双方的特定要求，因此买卖双方可根据业务的需要灵活选用。

1. EXW 术语

Ex Works（insert named place of delivery）——工厂交货（填入指定交货地点）是指卖方在其所在处所（工厂、工场、仓库等）将货物置于买方处置之时，即履行了交货义务。

卖方不负责将货物装上买方前来接收货物的运输车辆，也不负责出口清关。买方负担自卖方所在处所提取货物至目的地所需的一切费用和风险。因此，这个术语是卖方承担最少义务（minimum obligation）的术语。

2. FAS 术语

Free Alongside Ship（insert named port of shipment）——船边交货（填入指定装运港）是指卖方在装运港将货物放置码头或驳船上靠买方指定的船舶旁边，或取得已经如此交付的货物时，即完成了交货。这是指买方必须自该时刻起，负担一切费用和货物灭失或损坏的一切风险。买方须自付费订立自指定装运港起的货物运输合同。

3. DAT 术语

Delivered at Place（insert named place of destination）——目的地交货（填入指定目的地）是指卖方在约定目的地的约定地点（如有），将装在抵达的运输工具上并做好卸货准备（ready for unloading）的货物交由买方处置，或以取得已经如此交付的货物时，即履行了交货。卖方承担将货物运至指定目的地的一切风险和费用。

4. DAP 术语

Delivered at Place Unloaded（insert named place of destination）——目的地卸货后交货（填入指定目的地）是指卖方在指定目的地的约定地点（如有），将货物从抵达的运输工具上卸下并交由买方处置，或以取得已经如此交付的货物时，卖方即完成交货。卖方负担将货物运至目的地的约定地点（如有）并卸下（unload）的一切风险。

5. DDP 术语

Delivered Duty Paid（insert named place of destination）——完税后交货（填入指定目的地）是指卖方在约定目的地的约定地点（如有），将放置在抵达的运输工具上做好卸货准备的货物（ready for unloading）交由买方处置，或以取得已经如此交付的货物时，卖方即完成交货。卖方负担将货物运至指定目的地的一切费用和风险。

表7-2 Incoterms2020规定的11种贸易术语对比表

贸易术语	交货地点	风险转移界限	出口报关的责任、费用承担者	进口报关的责任、费用承担者	适用的运输方式
EXW	出口方所在地	货交买方处置时起	买方	买方	任何方式
FCA	出口国内地、港口	货交买方处置时起	卖方	买方	任何方式
FAS	装运港船边	货交船边后	卖方	买方	水上运输
FOB	装运港船上	货物装上船时起	卖方	买方	水上运输
CFR	装运港船上	货物装上船时起	卖方	买方	水上运输
CIF	装运港船上	货物装上船时起	卖方	买方	水上运输
CPT	出口国内地、港口	货交承运人处置时起	卖方	买方	任何方式
CIP	出口国内地、港口	货交承运人处置时起	卖方	买方	任何方式
DAT	卸货地	货交买方处置时起	卖方	买方	任何方式
DAP	目的地	货交买方处置时起	卖方	买方	任何方式
DDP	进口国内	货交买方处置时起	卖方	买方	任何方式

（二）国际贸易术语的选用

在国际贸易业务中选用贸易术语时，应考虑以下因素：

（1）运输方式与货源情况。

（2）运费变动因素。

（3）运输过程中的风险。

（4）办理进出口货物清关手续有无困难。

第三节 国际商品价格

一、价格核算

（一）基本原则

商品价格核算时，应遵循以下基本原则。

（1）市场供需。商品的价格根据供求关系波动，这是一个基本的经济原则。当市场供不应求时，价格通常会上涨。当供给大于需求时，价格有下降趋势。有时这种趋势不会立即发生，存在一定的时间延迟。但无论如何，供需关系是影响价格的一个基本因素。在确定交易价格时，必须注意国际市场及国内市场的供需状况。

（2）交易意图。结合国际市场现状，可以根据不同的交易意图对价格进一步调整，使其略高于或低于市场平均价格水平。

例如，卖家可能希望以相对较低的价格进入新市场，这也是一种常见的竞争手段。再如，国际贸易可以为一个国家的外交服务，当一种商品出口到一个特定的国家或地区，如最不发达国家，价格可能相对较低。

（二）成本核算

商品价格过高不仅会削弱出口国的竞争力，而且会刺激其他国家发展自己的产业。相反，盲目地不计成本地降价以扩大出口，不仅会引发市场秩序混乱，还会使国家和企业蒙受损失。因此，加强成本核算是提高企业盈利能力的关键。

1. 成本构成

从生产商品的工厂车间，到进口国的目的地，成本的构成大致如下。

（1）生产成本。狭义上讲，生产成本通常包括材料成本、人工成本和包装成本等。其他管理成本通常也作为生产成本的一部分。对于非制造商的卖方来说，没有必要过于关注这些细节，可以把所有费用合计作生产成本。

（2）销售成本。销售成本是指与营销和销售活动有关的所有成本。为了促进销售，卖方经常参加国际贸易展览会、做广告或建立公司网站宣传产品。为了进入新兴市场，卖方可能愿意向当地中介机构支付费用，拓宽营销渠道。这些费用往往不菲，不可忽视。

（3）运输保险成本。为了将货物从一个地方运到另一个地方，卖方通常需要支付当地和海外的仓储保管费用、运输费用及保险费用，运费和保险费通常由运输距离决定。同时，交货地点和交货条件也会影响运输保险成本。

（4）融资成本。国际贸易往往涉及长期的生产和运输，完成交易可能需要几个月，有时甚至更长时间。为了促进交易成功，卖方可能需要利用各种融资渠道提前获得资金，如在当地卖方的银行办理贸易融资业务。这个过程可能会发生费用，如支付给银行的利息和手续费用。为了使融资成本最小化，卖方必须在销售合同中考虑付款条件，争取对己有利的付款工具和账期。以国内商业银行普遍办理的"打包贷款"业务为例，出口商在出口合同签订后、货物出运前，组织出口货物生产和流通过程中，可能出现临时性资金短缺。为解决生产、加工或采购过程中的资金紧张问题，出口商可以向银行申请短期贸易融资，即"打包贷款"。办理"打包贷款"，可有效地减轻企业资金周转压力，使企业在办理出口备货、备料、加工或采购等过程中获得短期周转资金（通常不超过 180 天），从而使出口合同得以顺利履行，有助于在企业自身资金紧缺而又无法争取到预付货款的支付条件时，把握贸易机会，顺利开展业务。

（5）其他成本。其他成本，如关税、清关费用或外汇汇率管制所产生的换汇成本等，对总体成本核算也会产生影响。近年来我国外汇汇率波动较大。一般来说，建议卖方采取必要的措施管控汇率风险，如采用内部对冲或外汇衍生工具套期保值等。

仍以"打包贷款"贸易融资为例，国内出口商收汇通常为外币（如美元），上游国内采购备货须采用人民币支付。出口商可以采用美元融资，结汇成人民币后支付给供应商。若上游供货合同也以美元计价，如合同规定国内出口商向供应商支付从银行贸易融资实际结汇所得人民币金额，对于出口商来说，收、付汇（还本付息）均为美元，内部对冲汇兑风险。值得一提的是，根据我国外管局发布的《国家外汇管理局关于进一步推进外汇管理改革完善真实合规性审核的通知》（（2017）汇发 3 号文），允许具有货物贸易出口背景的境内外汇贷款办理结汇。"打包贷款"属于货物贸易出口方向融资品种，贸易背景真实、合法、有效的"打包贷款"可以办理结汇。

如企业无法内部对冲，采用外汇衍生工具套期保值是"次优"选择，虽然可能发生相关费用，但与潜在的巨大损失相比是绝对值得的。在本章第四节，我们将就如何防范汇率风险做详细的介绍。

2. 成本指标

从盈利能力角度了解成本和价格是非常重要的，一些财务指标可以达到这个目的。

（1）出口换汇成本。出口换汇成本（Export Cost For Foreign Exchange，ECFFE）是某商品出口净收入一个单位的外汇所需要的出口国本币的成本。计算公式如下：

出口换汇成本 = 出口总成本（出口国货币）－出口退税额（如有）/出口外汇净收入（外汇）这个比率反映了本国货币成本和外汇收入之间的关系，它表明为了赚取一个单位的外汇，出口方必须支付多少单位的本国货币，与现行汇率相比，可直接反映本次交易是否盈利。

举例，假如国内出口某商品的出口换汇成本是 6.0，当时的汇率是 1 美元兑换 6.8 元人民币。这个数据的意义是国内出口商为了赚 1 美元，必须付出 6 元人民币的成本。但是，他可以将 1 美元在货币市场兑换 6.8 元人民币，净赚 0.8 元人民币。

这笔交易是盈利的。很明显，这个比率越小，出口商就可以赚取越多的利润。

（2）出口利润率。出口利润率（即出口盈亏率），是衡量某笔交易盈利能力的一个指标，是盈亏额与出口总成本的比例，反映每单位货币的成本能产生多少利润。实践中，多用出口商本国货币计算，公式如下：

出口利润率＝出口收入－出口总成本（退税后）/出口总成本 x 100%

例如，国内某商品的出口总成本是 6 万元人民币。出口收入是 1 万美元。当时汇率 1 美元兑 6.8 元人民币，出口商可获得 6.8 万元人民币。出口利润率约为 [（68 000－60000）/60000]＝13%，表示出口商每 1 元人民币成本赚取 13% 的利润。

（三）价格计算与换算

贸易术语是商品价格不可分割的组成部分，不同的贸易术语表示不同的成本。例如，FOB 不包括从装运港到目的港的运费和保险费。CFR 相较 FOB 包含主要运费。CIF 相较 FOB 包含主要运费和保险费。

在商务谈判中，一方可能希望采用某种贸易术语，另一方可能不同意，希望采用不同的贸易术语。这是很常见的现象。因此，全球贸易参与者不仅要了解一般价格的构成原则和成本核算，还要了解主要贸易术语之间的价格换算。

1. FOB 价格

如果卖方是中间商或代理商而不是制造商，FOB 价格可能包括下列项目（如表 7-3 所示）。

表7-3　FOB价格常见项目

	出厂价格
+	卖方管理费用
+	利润
+	当地运输成本
+	当地运输保险（如必要）
+	仓储费用，码头装卸费用等
+	出口清关费用
－	FOB（指定装运港）价格

FOB 价格按卖方当地货币计算。如果决定以外币报价，可以采用有效汇率将其转换为外币。

2.CFR 价格

CFR 价格以 FOB 价格为基础。CFR 价格与 FOB 价格的主要差别在于，CFR 包括从装运港到目的港的主要运输费用（简称国外运费），这意味着：

CFR 价格 =FOB 价格 + 装运港到目的港的主要运费

但是，即使贸易条件是 FOB，卖方也有可能预付运费。FOB 条件虽然买方通常负责租船订舱，但在某些情况下，买方可能委托卖方订船并装载货物。如果卖方被授权提前支付运费，运输单据上往往标明"运费预付"字样。运费可包括装卸费、集装箱清关费、集装箱破损费等。如果采用信用证结算，且信用证明确规定运输单据上的附加运费（Additional Charges）不可接受，则该附加费不应在单据上注明。这些附加费用可以通过具体金额或使用相关术语来表示，例如，船方不管装货（FI）、船方不管卸货（FO）、船方不管装货及卸货（FIO）等。

3.CIF 价格

CIF 价格以 FOB 和 / 或 CFR 价格为基础。计算如下：

CIF 价格 =FOB 价格 + 装运港到目的港的主要运费 + 国外保险费

CIF 价格 =CFR 价格 + 国外保险费

CIF 价格和 CFR 价格的差额是国外保险费。保险公司通常根据 CIF 价格加价计算保险费，加价幅度一般为 10%。这样计算虽然保险费略高，但被认为是对被保险人的一种保护。因为这种情况下，如果货物因保险单承保的损因而遭受全部损失，被保险人可以向保险公司索赔并获得高于商品合同价值的赔偿。除了所有的成本和损失外，被保险人甚至可以由此获得一些机会成本的补偿。因此，保险费计算如下。

保险费 =CIF 价格 ×（1+10%）× 保险费率

4.FCA、CPT 和 CIP

这三个贸易术语类似 FOB、CFR 和 CIF，主要区别在于采用不同的运输方式。FOB、CFR 和 CIF 适用于海运，FCA、CPT 和 CIP 适用于各种运输方式。三者价格的换算关系如下。

CPT 价格 =FCA 价格 + 国外运费

CIP 价格 =CPT 价格 + 国外保险费

二、定价方式

商品价格，通常是指商品的单位价格，简称单价。国际贸易的单价比国内贸易的更复杂，一般由计量单位、单位价格金额、计价货币和贸易术语四部分组成。例如，每公吨 1000 美元 CIF 上海。其中，计量单位是公吨，单位价格金额 1 000，计价货币是美元，贸易术语是 CIF 上海。

国际货物买卖的定价方式通常由各方协商确定，一般采用固定价格，即在订立合同时把价格确定下来，事后无论发生什么情况均按确定的价格执行合同。实践中，有时也采用非固定价格或滑动价格。

1.固定价格

固定价格是各方协商一致，并在销售合同中明确具体价格的定价方法。例如，每公吨 1 000 美元 CIF 上海。一旦价格确定，各方必须严格执行。

固定价格是国际市场和我国对外贸易的普遍做法，其利弊也是显而易见的。优点在于价格是固定的、具体的、明确的，有助于卖方核算利润。然而，商品的价格在国际市场上通常是波动的。一旦价格固定下来，卖方或买方必须承担价格波动的风险，除非采用有效的方法对冲风险，如采用衍生工具。如果价格的波动特别剧烈且没有对冲，遭受不利影响的一方很有可能会选择各种借口违约，以避免巨大损失。因此在采用固定价格时，必须高度重视对方信誉。建议对市场趋势也要进行深入研究，并在必要时采用套期保值对冲价格波动风险。

2.非固定价格

某些商品国际市场价格变动频繁，波幅较大，或者交货期较远，买卖双方对价格趋势难以预测，为了促成交易，可以采用非固定价格签约，包括：暂不固定价格和暂定价格。

（1）暂不固定价格。采用此种定价方式，通常在进出口合同中要明确定价时间。例如，在有色金属品交易中，价格通常是由某段时间内伦敦金属交易所（London Metal Exchange，LME）现货或期货价格水平决定。如一份镍进出口合同规定，价格取决于某个月内 LME 镍 Spot 收盘价的平均值。

（2）暂定价格。采用此种定价方式，买卖双方可在合同中先规定一个暂定价格，待日后交货期前一段时间，再由双方按照当时市价商定最终价格。例如在合同中规定，"每公吨 1 000 美元 CIF 上海，该价格为暂定价，于装运月份 10 天前由买卖双方另行协商确定价格。"

非固定价格的好处在于解决双方之间的价格纠纷。当谈判出现僵局时，非固定价格这种灵活的定价方式往往对买卖双方都相对公平。值得注意的是，虽然在签订合同时价格条款是以某种方式确定，但未来的具体价格可能仍不确定。由于一方违约，合同可能无法履行。在实践中，为了照顾好彼此的利益，混合定价是一种折中方式。例如，若交易日期和装运日期接近，则使用固定价格。相反，可使用非固定价格；或者一部分货物采取固定价格，一部分货物采取非固定价格。

3. 滑动价格

有的交易，特别是资源密集型的商品，可能需要很长时间才能完成，甚至几年也不罕见。当宏观经济发生变化时，煤、油、钢铁、橡胶等原材料的市场价格可能经历剧烈调整。通货膨胀在价格决定中也发挥关键作用，因为高通货膨胀会增加相关成本，如电力、水、劳动力等。因此，对于长期交易，经常引入价格调整条款，或称为滑动价格。卖方必须转嫁通货膨胀或成本波动等负面影响，以保证利润。

滑动价格是指在合同中规定一个初始价格，交货时或交货前按一段时间内工资、原材料价格变动的指数予以相应调整，以确定应支付的最终价格。

滑动价格通常可用以下公式表示：

$$P = P_0 \times (A + B \times \frac{M}{M_0} + C \times \frac{W}{W_0})$$

其中，P 代表商品交付时的最终支付价格；

P_0 代表合同订立时约定的初始价格；

A 代表运营成本和利润占价格的百分比；

B 代表主要材料成本占价格的百分比；

C 代表工资成本占价格的百分比；

M 为计算最后价格时引用的有关原料的价格或指数；

M_0 为合同订立时同时引用的有关原料的价格或指数；

W 为计算最后价格时引用的有关工资的价格或指数；

W_0 为合同订立时同时引用的有关工资的价格或指数。

值得一提的是，上述价格调整条款里的数据和指数来源应事先商定。

例如，某国内水电承包商承建非洲某水电站，合同规定的初始价款 2 亿美元，建设期 4 年，业主根据工程进度按月支付承包商合同款。其中，为减少水泥、钢铁、燃料、工资等成本波动影响，商务合同中援引了下述价格调整条款：

$$P_n = a + b\frac{L_n}{L_0} + c\frac{F_n}{F_0} + d\frac{D_n}{D_0} + e\frac{C_n}{C_0} + f\frac{S_n}{S_0}$$

其中，"P_n" 是第 n 期付款价格调整总系数；

a 是固定系数 10%；

b.c、d、e、f 是各种成本要素的占比，分别代表当地员工工资、中国员工工资、燃料、水泥、钢铁；

L_n、F_n、D_n、C_n、S_n 是第 n 期付款时，各成本要素的价格指数；

L_0、F_0、D_0、C_0、S_0 是合同签署日时，各成本要素的基准价格指数。

成本要素权重及价格指数来源如表 7-4 所示。

表 7-4　要素权重及指数来源表

		权重	指数来源
a	固定系数	10%	
b	当地员工工资	20%	当地统计局
c	中国员工工资	10%	中国统计局
d	燃料	20%	当地统计局
e	水泥	20%	当地统计局
f	钢铁	20%	当地统计局

三、佣金、折扣和税费

（一）佣金

国际贸易中许多交易是通过中间商或代理商进行的。这些中间商或代理商将收取一定的酬金以促进交易，这种酬金称为佣金。

佣金与商品价格直接相关。包含一定比例佣金的价格称为含佣价格，通常要高于净价。

含佣价格通常在价格末尾以佣金率表示。例如，1000 美元 / 公吨 CIF 上海，包括 1% 的佣金，在贸易术语后面加上大写的"C"表示佣金（Commission），如 1000 美元 / 公吨 CIFC1% 上海。

佣金有不同的计算方法，大多数情况下佣金基于发票价格或合同价格。佣金额、佣金率、含佣价、净价的计算关系如下。

（1）已知含佣价和佣金率，计算佣金额佣金 = 含佣价 × 佣金率

（2）已知含佣价及佣金额，计算净价 = 含佣价－佣金额

（3）已知净价和佣金率，计算含佣价 = 净价 /1 － 佣金率

（二）折扣

折扣（Discount）是为了促进交易而从净价中扣除的金额。折扣可以降低商品价格，提高市场竞争力。当卖家进入一个新的市场时，折扣经常被用作一种营销策略。有时，折扣对于库存货物处理很有帮助。折扣的表达方式与佣金表达方式相

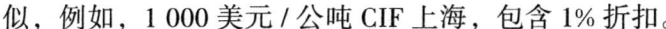

似，例如，1 000 美元 / 公吨 CIF 上海，包含 1% 折扣。

（三）进出口税费

进出口税费，是指在进出口环节中由海关依法征收的关税、消费税、增值税等税费。征收关税和其他税、费是海关的任务之一。我国进出口税费征收的法律依据是《中华人民共和国海关法》《中华人民共和国进出口关税条例》及其他有关法律行政法规。海关征税工作遵循准确归类、正确估价、依率计征、依法减免、严肃退补、及时入库的原则。

1. 关税

准许进出口的货物、进出境物品，由海关依法征收关税。进口货物的收货人、出口货物的发货人、进出境物品的所有人是关税的纳税义务人。从报关业务的角度来看，关税分为进口关税和出口关税。

（1）进口关税。进口关税是指一国海关以进境货物和物品为课税对象所征收的关税。从征税的主次程度来看，进口关税可分为进口正税和进口附加税。进口征税是按海关税则法定进口税率征收的进口税。进口附加税是对进口货物除征收正税之外另外征收的进口税，一般具有临时性，主要包括反倾销税、反补贴税、保障措施关税、报复性关税等。我国海关征收关税、滞纳金等，应当按人民币计征。进出口货物的价格及有关费用以外币计价的，海关按照该货物适用税率之日所适用的计征汇率折合为人民币计算完税价格。

进口关税按照计征方法可分为从价税、从量税、复合税、滑准税等。

①从价税（Ad valorem Duty）指以货物的价格作为计税标准，以应征税额占货物价格的百分比为税率，价格和税额成正比例关系，这是包括我国在内的大多数国家使用的主要计税标准。从价计征关税的计算公式为：应纳税额 = 完税价格 × 关税税率。

②从量税（Specific Duty）指以货物的计量单位如重量、数量、容量等作为计税标准，以每一计量单位货物的关税税额为税率。从量计征关税的计算公式为：应纳税额 = 货物数量 × 单位关税税额。我国目前征收从量税的进口商品主要包括冻鸡、石油原油、啤酒、胶卷等。例如，我国对税号 02071200 "冻的整只鸡" 的最惠国税率为 1.3 元人民币 / 千克。

③复合税（Compound Duty）指在海关税则中，一个税目中的商品同时使用从价、从量两种标准计税，计税时按两种税率合并计征的一种关税。从价、从量两种计税标准各有优缺点，混合使用两者可以取长补短，有利于关税作用的发挥。复合税应征税额 = 从价部分的关税额 + 从量部分的关税额 = 货物的完税价格 × 从价税

191

税率 + 货物计量单位总额 × 从量税税率。我国征收复合税的进口商品主要包括录像机、放像机、摄像机、非家用型摄录一体机、部分数字照相机等。

④滑准税（Sliding Duty）也称滑动税，是指在海关税则中，对同一税目的商品按其价格高低而适用不同档次税率计征的一种关税。滑准税是一种关税税率随进口商品价格由高至低而由低至高设置来计征关税的方法，即进口商品价格越高，其关税税率越低；进口商品价格越低，其关税税率越高，目的是使该种进口商品，不论其进口价格高低，其税后价格保持在一个预定的价格标准上，以稳定进口国国内该种商品的市场价格，免受国际市场影响。

（2）出口关税。出口关税，是指海关以出境货物、物品为课税对象所征收的关税。

征收出口关税的目的主要是：①增加财政收入；②限制重要原材料大量输出，保证国内供应；③提高以使用该国原材料为主的国外加工产品的生产成本，削弱其竞争能力；④反对跨国公司在发展中国家低价收购初级产品。我国目前征收的出口关税都是从价税。应征出口关税税额 = 出口货物完税价格 × 出口关税税率。其中，出口货物完税价格 =FOB 价格 /（1+ 出口关税税率）。

（3）暂准进出境货物关税。按照《中华人民共和国进出口关税条例》规定，经海关批准暂时进境或者暂时出境的下列货物，在进境或者出境时，纳税义务人向海关缴纳相当于应纳税款的保证金或者提供其他担保的，可以暂不缴纳关税，并应当自进境或者出境之日起 6 个月内复运出境或者复运进境；经纳税义务人申请，海关可以根据海关总署的规定延长复运出境或者复运进境的期限。

在展览会、交易会、会议及类似活动中展示或者使用的货物；文化、体育交流活动中使用的表演、比赛用品；进行新闻报道或者摄制电影、电视节目使用的仪器、设备及用品；开展科研、教学、医疗活动使用的仪器、设备及用品；在前述所列活动中使用的交通工具及特种车辆；货样；供安装、调试、检测设备时使用的仪器、工具；盛装货物的容器；其他用于非商业目的的货物。

上述所列暂准进境货物在规定的期限内未复运出境的，或者暂准出境货物在规定的期限内未复运进境的，海关应当依法征收关税。

2.其他税收

目前货物进口环节海关代征税主要有增值税和消费税两种。

（1）增值税。增值税是以商品的生产、流通和劳务服务各个环节所创造的新增价值为课税对象的一种流转税。增值税由税务机关征收，进口环节增值税由海关征收。进口环节的增值税以组成价格作为计税价格，征税时不得抵扣任何税额。计算公式如下。

组成计税价格 = 关税完税价格 + 关税 + 消费税

应纳税额 = 组成计税价格 × 税率

需要注意的是，进口货物增值税的组成计税价格中已包括已纳关税税额，如果进口货物属于消费税应税消费品，其组成计税价格中还要包括进口环节已纳消费税税额。

（2）消费税。消费税是以消费品或消费行为的流转额作为课税对象而征收的一种流转税。消费税由税务机关征收，进口环节消费税由海关征收。

消费税的计税依据分别采用从价和从量两种计税方法。实行从价计税办法征税的应税消费品，计税依据为应税消费品的销售额。实行从量定额办法计税时，通常以每单位应税消费品的重量、容积或数量为计税依据。

目前国家规定应征消费税的商品共有四种类型：第一类：一些过度消费会对人的身体健康、社会秩序、生态环境等方面造成危害的特殊消费品，如烟、酒、酒精、鞭炮、焰火等；第二类：奢侈品等非生活必需品，如贵重首饰及珠宝玉石、化妆品等；第三类：高能耗的高档消费品，如小轿车、摩托车等；第四类：不可再生和替代的资源类消费品，如汽油、柴油等。

四、支付货币

商品价格是以一定的金额和货币币种构成。货币币种可以是出口国的货币，也可以是进口国的货币，甚至可以是双方商定的第三国货币。一般来说，计价货币和付款货币是相同的。例如，销售合同金额为 1 万美元，而买方也将向卖方支付 1 万美元。但是在某些情况下可能有所不同，例如销售合同规定金额为 1 万美元，同时规定买方应按约定的汇率（例如提单日美元 / 人民币的汇率）向卖方支付等值的人民币。

由于许多国家采用浮动汇率机制，国际主要货币间的汇率经常波动。从签订合同到交易完成通常需要一段时间，如果货币汇率大幅波动，将直接影响双方的经济利益。目前国际市场上各种货币的地位是不同的。有些正在减弱，而有些正在增强。欧元兑美元、英镑兑美元、美元兑日元等主要货币的汇率在一年内波动超过10% 是常见的。事实上，当美国联邦公开市场委员会（FOMC）会议召开或公布重要经济数据时，在几分钟内汇率的波动可能就超过 1%。

我国于 2015 年 8 月 11 日启动了新一轮外汇改革，伴随人民币国际化持续推进，人民币兑主要外币的汇率波动也将越来越显著。比如 2016 年底美元 / 人民币汇率超过 7.00，然而到 2017 年底该汇率已上升至 6.25。

因此，交易时选择一种有利于己方的货币是明智的。如允许，可以进行套期保值。

1. 有利货币

理论上讲，趋势强劲的货币对卖方有利，而趋势较弱的货币对买方有利，即通常所说的"收硬付软"。

何谓是趋势强劲的货币？以美元为例，美元是过去几年走势强劲的一种货币。美联储不断加息，美元进入升值周期。根据汇率平价理论，美元兑其他货币的价格更高。这种趋势并非固定不变，它根据经济周期呈现周期性的波动。一项调查显示，过去40年来美元指数。与联邦基金利率之间存在着密切的关系。当经济繁荣时，联邦基金利率会上升，美元指数走强。反之亦然。

与美元相比，从2018年开始人民币呈现相对疲软的趋势，美元/人民币汇率已达到7.0。

2. 汇率避险

交易双方采取措施控制汇率风险是非常必要的。很多情况下，企业因缺乏有效的避险措施而遭受巨大损失。可以采取多种措施来避免或减轻企业汇率风险。

（1）本币支付。用本国货币付款是明智的。随着人民币国际影响力的不断增强，人民币在越来越多的国家和地区被广泛接受。以公开发布的我国人民币跨境支付CIPS系统数据为例，无论是交易笔数还是交易金额，近些年都呈现快速增长。2018年中国的CIPS系统交易额比上年增长八成，达到26万亿元。截至2019年4月，包括中资银行在内，全世界有865家银行参加CIPS系统。人民币国际化方兴未艾。

对于企业来说，可能的话最好选择人民币作为合同的计价和支付货币，因为这样做不会产生汇率风险。

（2）内部对冲。内部对冲适用于同时拥有进、出口业务的企业。如果进、出口交易的货币相同，企业可以使用内部对冲来避免汇率风险。例如，某企业有100万美元的出口收汇，同时需要支付100万美元的进口货款。该企业可以用这笔美元收汇直接支付，而不必将其兑换成任何货币。

（3）金融衍生品。如企业无法采用上述两种方式规避汇率风险，可以采用金融衍生品。衍生产品的用途和特点各不相同，远期结售汇和买入单边期权是常用的衍生工具。当采用衍生产品时，企业必须理解为什么选择这种衍生产品，是出于套期保值的目的，还是投机？毕竟，衍生品是一把双刃剑，如果使用不当也可能导致损失。

第四节　客户开发与管理

一、客户开发前的准备工作

（一）掌握市场基本状况

在进行跨境电商客户开发之前，掌握目标市场的基本状况是至关重要的准备工作。了解目标国家或地区的经济状况、消费习惯、购物偏好、法规政策等方面的信息，将有助于我们更好地把握市场的潜力和机遇，并制定相应的市场进入策略。

首先，我们需要了解目标市场的国内生产总值（GDP）、人均收入水平以及消费支出的趋势。这将帮助我们评估市场的购买能力和潜在需求，并根据市场规模和增长趋势制定合适的销售策略。

其次，我们需要了解目标客户的购买习惯、偏好品类、喜好的购物渠道等信息。这可以通过市场调研、消费者行为数据以及与当地消费者的交流来获取。这些了解将帮助我们定位产品，提供符合目标客户需求的产品特色和服务。此外，了解目标市场的海关进口规定、贸易条款、税务政策等，可以帮助我们避免法律风险，并合理规划物流、报关和支付方式等。同时，还需了解目标市场的知识产权保护和消费者权益保障等相关政策，以确保业务的可持续发展和客户的信任。

最后，我们需要研究和分析目标市场的竞争对手，包括当地和其他跨境电商企业。通过了解竞争对手的产品、品牌形象、定价策略、销售渠道等信息，我们可以评估自身的竞争优势和劣势，并制定差异化的市场定位和营销策略，以吸引和留住目标客户。

（二）关注竞争对手

跨境电商市场竞争激烈，关注竞争对手是客户开发前的必要准备工作。通过研究竞争对手的产品、品牌形象、定价策略、物流配送等方面的信息，我们可以了解他们的优势和劣势，从中吸取经验教训，并制定相应的差异化策略来突出自身的竞争优势。

（三）构建客户开发的信息渠道

为了进行有效的客户开发，构建可靠的信息渠道至关重要。这包括通过跨境电商平台、社交媒体、行业展会、贸易团体等渠道来获取目标客户的信息。跨境电商平台提供了一个直接接触目标客户的途径，而社交媒体和展会等渠道则可以加强与客户的互动和沟通。

（四）客户数据信息资料的整理分析

在客户开发前，需要对已有的客户数据进行整理和分析。这包括对客户的购买记录、偏好、地理位置等信息进行综合分析。通过客户数据的整理和分析，我们可以识别出潜在的目标客户群体，了解他们的需求和购买行为，并为客户开发的后续策略制定提供数据支持。

二、客户开发的方法

在跨境电商中，有多种方法可以进行客户开发。

一是通过优化产品和服务，提供有竞争力的价格和品质，以吸引目标客户的关注和购买。这包括对产品的定位和定价策略的优化，提供符合目标市场需求的产品特色和附加价值，以及建立可靠高效的物流和售后服务体系。

二是通过线上线下的市场推广活动来扩大知名度和影响力。这可以包括在跨境电商平台上的广告投放、社交媒体的推广、参加本地展会和活动等。这些活动有助于提高品牌曝光度和客户认知度，吸引更多的目标客户前来了解和购买产品。

三是与本地合作伙伴进行合作也是一种有效的客户开发方法。通过与当地的经销商、代理商或合作伙伴建立合作关系，可以借助其在本地的资源和网络，快速扩大客户群体，降低进入壁垒。

第五节　签订合同

在国际贸易中，书面合同不仅是买卖双方建立合同关系的依据，而且是买卖双方履行合同的依据以及合同生效的依据。

一、书面合同成立的时间与条件

（一）书面合同成立的时间

《公约》规定，合同成立的时间是接受生效的时间，而接受生效的时间，又以接受通知送达发盘人或者按照交易习惯和发盘要求做出接受行为时为准。在国际贸易中，合同成立的时间有两种情况，一是在买卖双方就交易条件达成协议的时候，一项发盘被受盘人有效地接受，买卖双方就达成合同关系；二是双方当事人在洽谈交易时约定双方的合同关系在签订正式书面合同时成立。一般情况下，买卖双方约定的合同成立时间有两种情况。第一种情况是以签订合同时合同上写明的日期为准；第二种情况是以收到对方确认合同的日期为准。

（二）书面合同成立的有效条件

书面合同成立的有效条件包括以下六个方面。

（1）合同必须经过发盘和接受才能成立。

（2）合同的当事人必须有订立合同的能力。

（3）合同的标的和内容必须合法。

（4）合同必须真实地反映当事人的意思。

（5）合同的形式必须符合法律规定的要求。

（6）合同必须有对价或合法的约因。英美法认为，对价（Consideration）是指当事人为了取得合同利益所付出的代价。法国法则认为，约因（Cause）是指当事人签订合同所追求的直接目的。

二、书面合同的形式和基本内容

（一）书面合同的形式

一般来说，书面合同的形式有合同（Contract）、确认书（Confrmation）和协议书（Agreement）三种形式。

1.合同（Contract）范例

跨境电商购销合同

买方（Buyer）：XXX 有限公司

卖方（Seller）：YYY 有限公司

第一条 产品描述（Product Description）

...

第二条 数量（Quantity）

...

第三条 价格（Price）

...

第四条 交货日期（Delivery Date）

...

第五条 支付方式（Payment Terms）

...

第六条 其他条款（Other Terms）

...

签署：

买方（Buyer）：_____

卖方（Seller）：_____

日期（Date）：_____

2. 确认书（Confirmation）范例

跨境电商订单确认书

买方（Buyer）：XXX 有限公司

卖方（Seller）：YYY 有限公司

尊敬的 YYY 有限公司，

我们同意以下跨境电商订单条款：

产品描述（Product Description）：

...

数量（Quantity）：

...

价格（Price）：

...

交货日期（Delivery Date）：

...

支付方式（Payment Terms）：

...

请确认。

XXX 有限公司

回复：

尊敬的 XXX 有限公司，

我们确认并同意上述订单条款。

YYY 有限公司

3. 协议书（Agreement）范例

跨境电商合作协议

甲方（Party A）：XXX 有限公司

乙方（Party B）：YYY 有限公司

根据《中华人民共和国民法典》及相关法律法规，甲乙双方在平等、自愿、公平和诚实信用的原则基础上，就跨境电商合作事宜达成如下协议：

第一条 合作内容

...

第二条 合作期限

...

第三条 权利与义务

...

第四条 风险分担

...

第五条 保密条款

...

第六条 违约责任

...

第七条 争议解决

...

第八条 其他事项

...

签署：

甲方（Party A）：_____

乙方（Party B）：_____

日期（Date）：_____

请注意，以上范例仅供参考，实际合同应根据双方的具体事宜为准。

上述中，以合同和确认书两种形式居多。合同可以分为销售合同（Sales Contract）和购买合同（Purchase Contract）两种形式。确认书一般包括销售确认书（Sales Confirmation）和购买确认书（Purchase Confirmation）两大类。

（二）书面合同的基本内容

（1）约首。一般包括合同的名称、合同编号、缔约双方的名称和地址、电报挂号、电传号码、传真号码等内容。

（2）本文。本文部分是合同的主体，包括合同的各项基本条款，如商品品名、品质、数量（或质量）、包装、价格、交货条件、运输、保险、支付、检验、索赔、不可抗力和仲裁等项内容。

（3）约尾。载明合同使用的文字及其效力、合同正本的份数以及双方当事人签字等内容。

【思考题】

（1）交易磋商的流程有哪些？

（2）简述贸易术语基础知识。

（3）国际商品定价构成与方式有哪些？

第八章　订单处理与结算

【情境导入】

小 A 是一位跨境电商公司的新员工,他担任的职务是订单处理和结算。在刚开始工作时,小 A 发现公司在订单处理和结算方面存在许多问题,如订单处理时间长、结算流程不规范等。这些问题影响了公司的客户体验和客户满意度,也影响了公司的业绩和发展。

随着时间的推移,小 A 开始重视跨境电商的订单处理和结算,他决定通过学习来提高自己的技能和知识水平。

小 A 阅读了一些跨境电商订单处理与结算方面的书籍,包括了跨境电商的订单处理流程、结算方式、风险管理等方面的知识。这些书籍让他对跨境电商订单处理和结算的理论和实践有了更深入的了解。他还主动联系了一些跨境电商领域的专家,了解他们在订单处理和结算方面的实践经验。通过专家的指导和建议,他学会了如何优化订单处理和结算流程,提高公司的效率和准确性。

通过学习,小 A 成功地掌握了跨境电商订单处理和结算的核心知识和技能,并将它们应用到了实践中。小 A 的工作表现得到了显著的提升,小 A 优化了订单处理流程,从而缩短了订单处理的时间。这让公司的客户得到了更快速和准确的订单处理服务,提高了客户的满意度。

同时,小 A 优化了结算流程,通过规范化流程、减少人工操作等方式提高了结算准确性。这降低了公司的风险和损失,提高了公司的利润率。由于小 A 优化了订单处理和结算流程,提高了客户的满意度和订单处理速度,增强了客户的信任和忠诚度。这为公司带来了更多的重复业务和口碑传播。

通过优化订单处理和结算流程,小 A 降低了公司的运营成本。这让公司能够更好地控制成本,提高了公司的竞争力和盈利能力。

总之,小 A 通过学习跨境电商订单处理和结算相关知识,掌握了订单处理流程、结算方式、风险管理等实用技能,成功地优化了订单处理和结算流程,提高了客户满意度、降低了公司的运营成本,为公司带来了可观的效益和利润。

【学习目标】

(1)熟悉支付与结算的要点与流程。

(2)掌握物流管理的相关事项。

(3)了解出口退税的相关知识。

(4)熟悉售后与申诉的相关知识。

第一节 订单处理

跨境电商订单处理是指在国际贸易中，卖方收到买方的订单后，按照约定的流程和要求对订单进行处理的过程。以下是跨境电商订单处理的关键步骤和注意事项。

一、订单接收与确认

一旦收到买方的订单，卖方需仔细核对订单内容，如产品描述、数量、价格、交货期等信息。如有任何问题，卖方应及时与买方沟通并达成一致。确认无误后，卖方需向买方发送订单确认书或进行在线确认。

二、生产或采购准备

卖方根据订单内容进行生产或采购准备，包括原材料采购、生产排期、品质控制等。确保按照订单要求的规格、质量和数量生产或采购商品。

三、货物打包与验货

在生产或采购完成后，卖方需对商品进行打包和验货，确保产品质量符合标准，同时保证包装安全、合规且便于运输。如有特殊包装要求，需按照买方的指示进行。

四、物流安排

卖方需根据订单中的交货期和交货方式，选择合适的物流公司和运输方式。在安排物流时，要充分考虑运输成本、时效、安全性等因素。同时，卖方需向买方提供货物追踪信息，以便买方实时了解货物动态。

五、出口清关

卖方需准备好相关出口文件，如发票、装箱单、提单等，以便顺利进行出口清关。在清关过程中，要确保商品符合目的国家的进口规定和标准，避免产生不必要的麻烦和费用。

六、付款与结算

根据订单中的支付方式和支付条件，卖方需要收取货款。通常的支付方式有信用证、电汇、托收等。卖方需关注支付时效，确保按时收到货款。

七、售后服务

卖方在完成订单交付后，需提供相应的售后服务，如商品退换、质量问题处理等。建立良好的售后服务体系，有助于维护客户关系并提高客户满意度。

第二节　支付与结算

跨境支付（Cross-border Payment）指两个或两个以上国家或者地区借助一定的结算工具和支付系统实现资金跨国和跨地区转移的行为。如中国消费者在网上购买国外商家产品或国外消费者购买中国商家产品时，由于币种不一样，就需要通过一定的结算工具和支付系统实现两个国家或地区之间的资金转换，最终完成交易。

一、跨境电商支付方式

货到付款、信用卡支付、传统银行转账以及第三方支付平台支付等，是跨境电商常见的支付方式。由于跨境电商选择的商业平台和商业模式不同，跨境支付方式及支付机构也不同。

（一）跨境电商支付方式分类

按商业模式不同划分可划分为 B2B 模式和 B2C 模式

（1）B2B 模式。外贸领域规模以上 B2B 电子商务企业主要采取传统跨境大额交易平台模式，为境内外会员商户传递采购商和供应商等合作伙伴的服务信息和商品信息，构建网络营销平台，促进双方交易的完成。中国制造、阿里巴巴国际站等即属于此类。大宗交易平台仅提供卖家和买家信息，提供商家互相认识的渠道，因而结算主要以线下支付为主，涉及的金额较大，与传统贸易一样通常采用电汇（T/T）、信用证（L/C）、西联汇款等方式。

（2）B2C 模式。以米兰网、兰亭集势和速卖通等为代表的零售、小额批发为主的 B2C 平台，主要以提供交易、在线支付、物流、纠纷处理、售后等服务为主，这种平台模式多采用线上支付，借记卡、信用卡、第三方支付机构是其主要的支付方式，同时也支持西联汇款和 T/T 等线下支付方式。

（二）按贸易方向和资金流向不同划分

（1）进口购付汇。跨境电商进口业务涉及跨境购汇支付。国内银行购汇汇出、境外电商接受人民币支付、第三方购汇支付等是主要的购汇途径。其中，第三方支付的基本流程如下：在跨境电商平台上，境内消费者提交订单后，第三方支付机构和境外卖家会同时接收到订单信息，第三方机构从消费者在该机构中设置的合作银行进行购付汇操作，将商品货款转付给境外卖家，同时把相关支付信息传递给境外卖家，卖家通过跨境物流运输商品，最终消费者拿到所购买商品。

（2）出口收结汇。跨境电商出口业务涉及跨境收入结汇。结汇途径主要包括以下几种：以结汇或个人名义拆分结汇流入、国内银行汇款、第三方收结汇、借助地下钱庄等。其中，第三方支付的基本流程如下：在跨境电商平台上，境外消费者下单成功后，海外第三方支付机构和境内卖家都会接收到订单信息，境外消费者通过银行、信用卡组织、支付公司等方式向 PayPal 等海外第三方支付机构支付商品货款，海外第三方支付机构会通过收结汇的模式与境内合作的第三方支付机构进行交易，向境内卖家支付商品货款，卖家通过跨境物流运输商品，境外消费者收到商品后确认收货。

二、跨境电商支付方式比较

（一）银行电汇

在传统贸易结算中，电汇（T/T）是一个重要的结算方式，此种方式也适用于跨境电商较大金额的付款。

（1）优点。跨境电商交易中，如果选择电汇，通常会要求先付款后发货的前 T/T 模式，以此确保卖家利益不受到损害；在汇款手续费方面，银行设置了最高限，但对汇款金额没有限制；对汇款人的身份也不做限制。

（2）缺点。办理汇款业务一般需要汇款人亲自到银行柜台处理，受时间和空间的限制；银行占据了 T/T 的主要份额，比新兴线上跨境支付工具有着更高的手续费；卖方选择前 T/T 的方式会将风险转嫁到买方，使得交易不能快速完成。

（二）西联汇款

西联汇款（Western Union）的电子汇兑金融网络发达，全球覆盖面广，在中国有多家合作银行，对于1万美元以下的中等交易金额尤其适用。

（1）优点。收款人不承担手续费；采用全球安全电子系统，商家可通过密码对款项信息进行核实，确保每笔汇款及时、安全达到；汇款手续简便，汇款速度快；代理网点众多，包括机场、火车站、邮局、银行和外币兑换点等；西联汇款还联合国内银联电子支付完善了在线汇款方式，可将汇款从线下转变为线上，增加了便利性。

（2）缺点。买方承担汇款费用，尤其在小额款项中收费相对较高；如果买卖双方是初次交易，采取先付款后发货的方式，买家可能会因为承担的风险较大而放弃交易；当前只能用单一美元货币结算汇款。

（三）国际信用卡方式

信用卡同时具备了信贷功能和支付功能，可以进行透支消费，在一定期限内，还能享有免息还款的权利。在跨境电商B2C零售交易平台，国际信用卡支付方式适合进行低于1000美元的小额支付。

（1）优点。消费者付款过程操作便捷，简单方便；欧美地区客户有着提前消费的习惯，信用卡保有量大；信用卡支付在恶意拒付的情况下会直接对持卡人的信用状况造成影响，这就有效降低了可能存在的拒付风险；如果信用卡交易过程中出现纠纷，银行会对当笔交易的金额进行冻结，而不是对持卡人的整个账户进行冻结。

（2）缺点。为支付网关的通道维护，国际信用卡需要支付开户费和年服务费；通常情况下，信用卡会对信用额度进行限制，有的还会限制日交易额和单笔交易额；不同的国家有不同的信用卡普及率，如中东等地区和国家中，信用卡持卡率明显较低。

（四）第三方支付

传统的线下跨境支付模式已经无法满足小额跨境消费支付需求，这就为跨境电商的第三方支付方式提供了生长的土壤，如PayPal，Moneybookers，Payoneer，WebMoney等众多在线支付方式层出不穷（表8-1）。第三方支付比线下支付方式更适合于跨境电商零售业务，也受到了更多个人和企业的喜爱。

（1）优点。支付过程方便快捷，支付成本较低；网络环境下不再受到时空分布的影响，能随时完成跨境支付业务；在第三方支付平台的担保下，买卖双方能更好地达成跨境交易。

（2）缺点。第三方支付平台有着较高的提现手续费；收款方的资金容易出现沉淀，如果流动性管理效率不高，可能导致支付风险和资金安全问题；当前未能实施强制性付款约束，第三方支付机构一般会偏向交易纠纷中的客户利益，可能导致卖方出现拒付风险。

表8-1　几种跨境支付方式对比

项目	T/T	西联汇款	信用卡	PayPal
到时间	T+2 ~ 5	约 10 分钟	实时	实时
费用	30 美金以上	电讯费 + 手续费	开户费 + 年费 + 手续费	S0.3+3.4% ~ 4.4% 的提现费
风险	卖家信用风险	卖家信用风险	买家拒付风险	买家拒付风险。账户冻结风险

三、影响跨境电商支付方式选择的主要因素

（一）跨境支付方式的普及率

跨境支付方式的覆盖范围和普及率是一个重要的前提和基础，不同的支付方式在不同的市场中有着不同的普及率。金融环境成熟的欧美国家，支付技术和电子商务发展较为成熟，第三方支付和信用卡支付的覆盖范围和普及率较高，成为跨境支付过程中的首选方式。而在东南亚、非洲等地区，金融环境较为落后，信用卡普及率较低，常用的跨境支付方式是货到付款。

（二）交易主体的使用偏好

跨境支付方式会因目标消费群体的偏好和习惯不同而有所不同。全世界范围内，不同地区和国家的消费习惯有着较大的差异，中国消费者更习惯使用微信支付和支付宝，欧美国家更喜好 PayPal，俄罗斯消费者更忠于 QiwiWallet 等本土支付工具，印度和非洲等发展中国家的消费者则更多地选择货到付款方式。

（三）跨境支付方式的使用成本和风险

从事跨境电商的卖家在回收货款时要承担更多的成本，面临更多的风险。海外资金提款费率高、周转慢、结汇难以及汇率变动风险等都会影响货款的回收。不同的支付方式收费标准不同，同时卖家在兑换货币的过程中还会产生汇兑成本。

此外，资金在第三方支付平台中会有沉淀，从而产生时间成本。

（四）跨境支付方式的特征与优势

不同跨境支付方式合作的平台和使用范围不同，手续费、交易时间、支付流程、风险以及合作门槛等都存在差异（表8-2）。跨境电子交易主体在进行商务活动时，要结合这些方式各自的优缺点和适用条件，从自身情况出发选择适合的跨境支付方式。

表8-2　常用跨境电商零售 出口平台收款方式比较

平台	收款方式	支持币种	入账费用	提现费用	货币转换费	提现时间
亚马逊	Payoneer	多币种	美元 1%，欧元和英镑免费	1%~2%	无	T+1~2
	WorldFirst	多币种	分币种，$1000 以下 $30	无	1% ~ 2.5%	T+0 ~ 1
	Pingpong/ 连连等国内机构	多币种	0.5% ~ 1%	无	银行即时汇率结汇	T+0-3
速卖通	国际支付宝 ESCROW	CNYUSD	中国供应商会员 3%，普通会员 5%	人民币免费，美元 $15	银行即时汇半结汇	即时
cBay	PayPal	多币种	$0.3+3.4% ~ 4.4%	人民币 12%，美元 $35	2.5%	T+3 ~ 7 或更长
Wish	Payoneer	多币种	无	1%~2%	无	2 小时
	易联支付	CNY	1%	无	无	T+5 ~ 10

注：以上资料根据公开信息整理，具体以支付机构官方最新信息为准。

四、传统跨境支付和第三方跨境支付

（一）传统跨境支付

传统跨境支付平台主要有银行电汇、国际信用卡（如 Visa、MasterCard、JCB、American Express、Diners Club）、专业汇款公司（如西联、速汇金）等。这类支付机构具有和银行直属相连的特点，即时性直接付款，安全性高，但模式单一，在交易欺诈、退换货方面没有很好的安全保障。

（1）银行电汇——最早的跨境汇款方式。银行电汇是最早被使用，并且至今仍然被普遍使用的一种跨境汇款方式。在银行柜台或者网上银行都可以办理。银行电汇主要采用 SWIFT（环球同业银行金融电讯协会）通道来实现跨境汇款。银行电汇的跨境支付流程为：汇出银行在接受汇款人申请后，用电传形式将付款申请单发到当地的汇人行，汇入行将一定的款项付给指定的收款人。

（2）Visa——全球最大的信用卡组织。Visa 是目前世界上最大的、由全世界金融机构参与的、非营利性的信用卡国际组织。Visa 为全球 200 多个国家和地区的消费者、企业、银行和政府提供服务。全球有多达 24 亿张活跃使用的 Visa 卡。2017年 8 月，Visa 向中国央行申请在中国建立银行卡的清算机构，是第一家 提出申请的境外卡组织。Visa 支持的特色技术有 Android Pay、Apple Pay、Samsung Pay、芯片卡。

（3）西联——专业汇款公司。西联的全称是西联国际汇款公司，在全球汇款公司中处于领先地位。西联拥有世界上最先进、最广泛的电汇汇兑金融网络，代理网点遍布全球近 200 个国家和地区。西联可以选择的汇款方式包括：合作银行网点汇款、电子渠道（网上银行和手机银行）汇款。西联在我国的合作银行有光大银行、上海浦东发展银行、中国邮政储蓄银行等。

（二）第三方跨境支付

易观数据显示，截至 2018 年上半年，第三方网络支付两巨头占比合计 35.2%，第三方移动支付占比合计 93.1%。随着行业加速洗牌，这一比重将持续上升。在买卖双方之间缺乏信用保障和法律支持的情况下，第三方支付机构成立的资金支付"中间平台"，在买家、银行、卖家之间建立流程，保证了资金流和交易的安全。

（1）PayPal——全球最大第三方支付企业。PayPal 在欧美市场已成为仅次于信用卡支付的第二大支付方式，业务涉及全球 196 个国家，与全球约 1.6 万家著名金融企业达成合作伙伴关系。2005 年，PayPal 正式进入中国市场，与上海网付易公司合作共同设立贝宝品牌。PayPal 目前主要是为从事跨境电商的商家和境内消费者"海淘"提供跨境支付业务。

（2）Payoneer——创新型跨境支付平台。Payoneer 是万事达卡组织授权的具有发卡资格的机构，持有美国货币服务企业执照和欧洲 E-money 金融服务执照。Payoneer 于 2012 年进入中国市场，支持六大主要币种，海外用户可选择信用卡等多种支付方式，首创跨国用户免费转账，覆盖世界各地 40 多家合作电商平台。Payoneer 不仅能够一站式轻松地从海外 B2C 平台收款，而且将业务拓展到 B2B 外贸担保支付以及电商生态圈金融领域。

（3）支付宝。支付宝（Alipay）是独立的第三方支付平台，处于全球领先地位，并为广大用户提供安全快速的电子、网上、手机支付体验。目前支付宝覆盖超过 100 个国家和地区，拥有 18 种外币，吸纳了 5 万家海外商家，主要分布在日本、新加坡等亚洲地区。支付宝的综合支付市场份额在我国占比 39%，其中移动支付市场份额占 53.73%。

（4）中国银联。中国银联是中国银行卡机构的联合组织。中国银联主要借助银联互联网认证支付系统（ CUPSecure），与境外流行的银行卡收单服务机构合作，推出在线跨境购物支付业务。中国银联进行跨境网上支付的特点是，绑定银联卡，直接扣除相应的金额，用户无须支付任何货币转换费，即可完成交易。中国银联与 PayPal、日本三井住友、香港东亚银行等境外主流机构合作开展业务，主要服务于日本、美国等市场，其业务覆盖 150 多个国家和地区，超过百万家网上商户。

（5）财付通。财付通是腾讯集团旗下的第三方支付平台。财付通网络支付以微信支付钱包、手机 QQ 钱包为入口，具体业务类型包括网关支付、快捷支付、余额支付，应用产品包括微信转账、条码支付、理财通等。微信支付的功能已向境外商户开放，目前支持九大币种的结算，并且支持 Web 网上支付、移动端支付、线下支付。

五、跨境支付企业的收费模式

开展跨境外汇互联网支付业务需要在外管局监管下进行，业务范围主要包括货物贸易、留学教育、航空机票、酒店住宿、国际运输、旅游服务、国际展览、国际会议、软件服务、通信服务等领域。其中，货物贸易、留学教育、航空机票、酒店住宿业务占据第三方跨境支付 80% 以上的业务，它们的主要收费模式有：

（一）支付交易服务费

跨境支付业务分为进口和出口。进口业务是资金出境，即跨境支付公司通过与境外的银行、第三方支付公司建立合作，利用国际卡组织建立的清算网络，帮助国内的企业实现境外资金分发。出口业务是资金入境，即跨境支付公司与境外的第三方支付公司合作建立分发渠道，帮助境外的买家和支付机构完成资金入境及境内分发。

手续费和支付解决方案为主要收入来源。通道手续费是支付机构最稳当的收入来源，一般有两种收费方式：一种是按照交易规模流水收费；一种是按照支付笔数收费或者规定上限，两种兼有。汇率差等非常规性收入是支付机构换汇时锁定费率和实时汇率的价差以及离岸在岸的汇率价差与汇率浮动收入等。B 端支付解决方案是支付机构对每个不同行业的不同需求所提供的一体化产品支持，收取项目开发费用。

综合支付服务提高议价能力。国际支付头部公司的费率水平高于同行，这类公司的特点在于，成立时间较长，技术和风控能力领先，支持的支付工具币种、覆盖的国家地区较多，具有较强的综合能力。国际支付头部公司费率获得溢价的同时，还能通过数据积累提供增值服务获得收入。

（二）增值服务费

（1）跨境贸易增值服务。跨境电商需要对资金流和物流进行统一管理。跨境支付与交易流程结合紧密，可基于支付提供综合性服务，包括货物通关、物流仓储等，确保交易的安全性。主要的跨境贸易增值服务有：

①海关企业备案服务为进出口跨境电商企业提供企业备案和商品备案服务；

②保税仓服务是服务于进口跨境电商企业的货物备案和直购模式；

③海外仓服务是服务于出口跨境电商企业的货物批量发往海外仓；

④支付单报关服务为跨境电商平台推送支付单给海关通关服务；

⑤身份验证服务是提供身份信息验证接口，验证消费者姓名和身份证号是否真实有效；

⑥国际物流服务为跨境电商企业提供国内外海运空运和清关服务。

（2）跨境营销服务。跨境营销主要服务于进口电商业务。跨境支付公司为海外商家提供销售页面、营销、支付等中国本地化服务，业务模式为 B2B、B2B2C 相结合。此外，跨境支付公司可以为境外商家一次性对接国内多条销售渠道，同时为国内渠道对接海外商品服务。

（3）跨境供应链金融。跨境支付公司有开展供应链金融的数据基础，根据商家的具体情况和需求提供定制化的金融服务。商家可在线申请贷款，放款和还款便捷。供应链金融或将成为中国跨境支付公司未来重要的盈利模式。

六、跨境贸易人民币结算

（一）跨境贸易人民币结算概述

国务院常务会议 2009 年 4 月 8 日正式决定，在上海和广州、深圳、珠海、东莞等城市开展跨境贸易人民币结算试点。人民币走向国际化迈开了关键的一步，有利于人民币国际地位的逐步提升。而上海多功能金融中心的形成，特别是金融市场体系的完善，为推进人民币国际结算试点、逐步走向国际化提供了基础支持，提升了人民币在国际货币体系中的地位，成为未来国际货币多元化中的"一极"。

2011 年 8 月 23 日，人民银行、财政部、商务部、海关总署、税务总局和原银监会联合发布《关于扩大跨境贸易人民币结算地区的通知》，明确河北省、山西省、安徽省、江西省、河南省、湖南省、贵州省、陕西省、甘肃省、青海省和宁夏回族自治区的企业可以开展跨境贸易人民币结算；吉林省、黑龙江省、西藏自治区、新疆维吾尔自治区的企业开展出口货物贸易人民币结算的境外地域范围，从毗邻国家扩展到境外所有国家和地区。至此，跨境贸易人民币结算境内地域范围扩大至全国。

所谓跨境贸易人民币结算，是指经国家允许指定的、有条件的企业，在自愿的基础上，以人民币进行跨境贸易的结算。商业银行在人民银行规定的政策范围内，可直接为企业提供跨境贸易人民币相关结算服务。跨境贸易人民币结算的业务种类包括进出口信用证、托收、汇款等多种结算方式。

（二）人民币跨境结算的三种方式

目前，我国已建成人民币跨境支付系统（Cross-border Interbank PaymentSystem，简称 CIPS），专门用来处理人民币跨境结算。但是在此之前，整个市场有三种方式实现人民币跨境结算：代理行模式、清算行模式和"NRA（境外机构境内账户）"模式。

1.代理行模式

此种模式需要境内具备国际结算业务能力的银行与境外银行签订人民币代理结算协议，为其开立人民币同业往来账户，然后代理境外银行进行跨境人民币收、付、结算等服务。

业务场景：境外企业 A 和境内企业 B 做生意，A 需要支付一笔款项给到 B，而且约定此次交易使用人民币结算。

前置工作：A 在境外花旗银行开设结算户，B 在境内农业银行开设结算户；花旗银行与中国银行签署"人民币代理结算协议"，中国银行为花旗银行开设"人民币同业往来账户"；花旗银行和中国银行使用 SWIFT（环球同业银行金融电讯协会）连接。中国银行和农业银行通过 CNAPS 连接。

SWIFT：环球同业银行金融电讯协会，是国际银行同业间的国际合作组织，成立于 1973 年。

CNAPS：中国现代化支付系统，为商业银行之间和商业银行与中国人民银行之间的支付业务提供最终资金清算的系统，如图 8-1 所示。

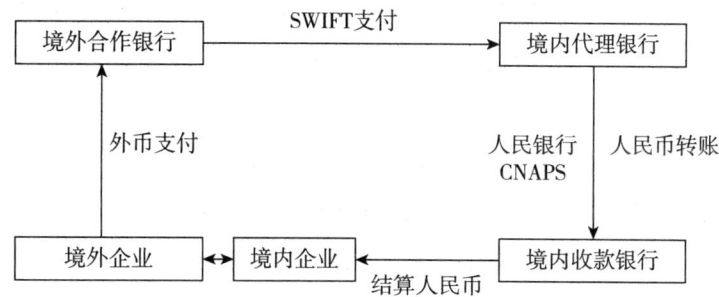

图 8-1　代理行模式：出口场景

业务步骤：

（1）A 发起支付指令给花旗银行，花旗银行判断其余额后，扣款；

（2）花旗银行通过 SWIFT 发送指令给中国银行，中国银行判断其人民币同业往来账户余额后，扣款；

（3）中国银行通过 CNAPS 转账给农业银行；

（4）农业银行结算给商户 B。

整个流程中，SWIFT 与 CNAPS 的主要作用就是实现跨行之间的支付清算。

进口场景类似，如图 8-2 所示：

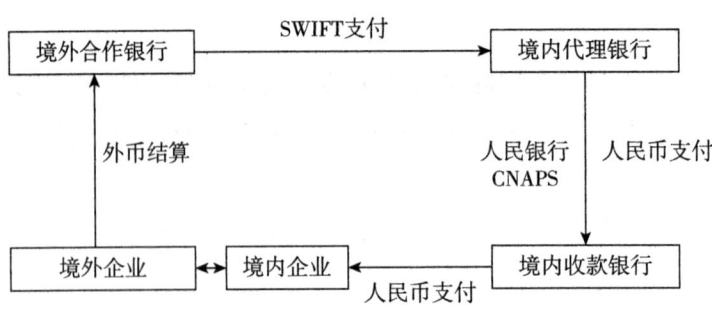

图 8-2 代理行模式：进口场景

2.清算行模式

此种模式需要央行指定境外某银行（一般为境外分行）为人民币境外清算行。由境外清算行与境外商业银行签订人民币代理结算协议，并为其开立人民币同业往来账户，然后代理境外银行进行跨境人民币收付等服务。

业务场景：境外企业 A 和境内企业 B 做生意，A 需要支付一笔款项给到 B，而且约定此次交易使用人民币结算。

前置工作：A 在境外花旗银行开设结算户，B 在境内农业银行开设结算户；

中国人民银行（央行）指定中国银行某境外分行（商业银行），作为该地区的人民币清算行；

花旗银行在中国银行境外分行开设人民币同业往来账户，存入资金；

花旗银行和中国银行境外分行使用 SWIFT 或者当地的结算系统连接。

中国银行境外分行与境内的中国银行之间有行内连接系统，总行与境内农业银行通过 CNAPS 连接，如图 8-3 所示。

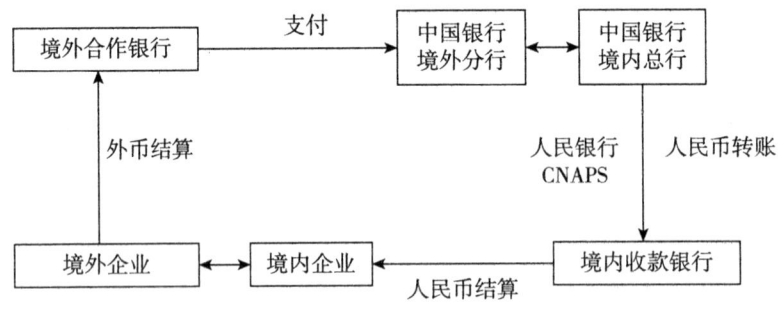

图 8-3 清算行模式

清算行模式和代理行模式在给收付款两方体验上区别不大，核心在于资金的结算地不同。

代理行模式的前提是国内的银行具备国际结算业务能力。代理行主要通过

SWIFT 与境外银行连接，当境外银行和境内代理银行之间做结算时，此笔资金为国际结算（境外结算）。

清算行模式的前提是，国内银行在境外的分行被中国央行（人民银行）指定为境外人民币清算银行。这样清算行与境外银行之间是一个"能力共享"的形式，资金的结算在清算行的内部系统。如上例子，资金是在中国银行行内完成清算的（境外分行和境内总行之间）

3.NRA 账户模式

NRA（Non-Resident Account）账户就是境外企业直接在境内银行开设的结算账户。

此种模式的付款流程和境内企业 B2B 收付的流程几乎一模一样，如图 8-4 所示。只是境外机构在境内银行开设 NRA 账户的流程和手续比较复杂。

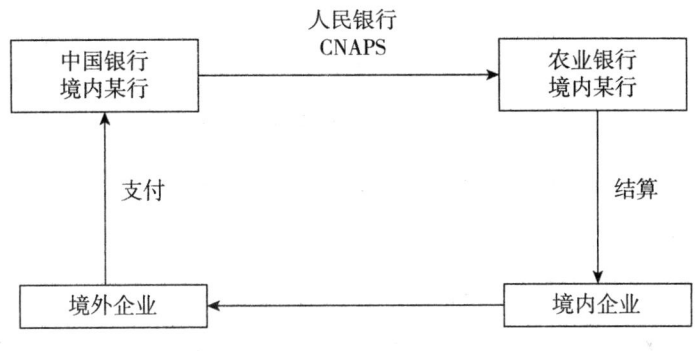

图 8-4　NRA 账户模式

人民币 NRA 账户和 OSA（fishore Account，离岸账户）账户性质不一样：①NRA 属于境内账户，OSA 属于境外账户。②NRA 需要交纳利息税，OSA 无利息税。③NRA 有外汇管制，监管属于外管局；OSA 无外汇管制，监管属于银保监会。

NRA 账户监管较为严格，受到国家外汇管制，用途也比较单一，所以该模式的跨境结算不多。

（三）人民币跨境支付系统

NRA 账户模式由于各种政策法规的问题，使用的并不普遍。而代理行模式、清算行模式都具有先天的不足，因为它们依赖于国内的 CNAPS 系统，但是 CNAPS 设计时主要是为了满足国内业务的需求。

因为跨境支付的参与各方不在一个经济主体，受交易时间、政策等因素的影响，CNAPS 系统并不能很好地处理这些异常情况。

由于国内银行和境外银行之间大都需要通过 SWIFT 进行连接，而 SWIFT 的控制权均在境外机构手中，所以人民币跨境结算全部依赖此系统风险也是很大的。

传统的三种人民币跨境结算方式存在不足，难以满足人民币跨境结算日益发展的需求，再加上人民币国际化的需求，迫切要求有新的系统来承载此服务。

因此，人民币跨境支付系统（CIPS）应运而生。

境内境外银行直接接入 CIPS 系统，就可以实现人民币的收付功能。如图 8-5 所示：

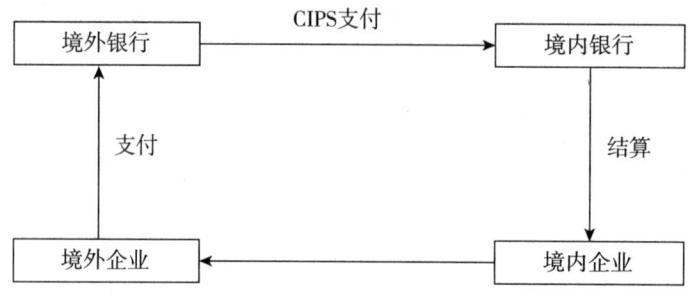

图 8-5　人民币跨境支付系统

CIPS 整体架构可以理解为类似于 SWIFT 的中国版，它可以使得全球人民币结算摆脱对 SWIFT 的依赖。

CIPS 与 SWIFT 的关系类似于银联与 VISA。

我们知道现在全球经济的核心是贸易，贸易的核心是生产和贸易；生产的核心是工业化科技，而贸易的核心是金融。金融的核心是货币，货币就像血液一样支配着全球的资源流动，支付结算系统就是血管。

SWIFT 的位置就是血管的枢纽，而 SWIFT 是以美元为核心的跨境结算系统。现在我们的人民币要国际化，要走出去，我们就要有自己的血管，要掌握自己的枢纽。

第三节　物流管理

一、我国跨境电商国际物流管理的模式

由于区域经济发展阶段与特征存在差异，区域间资源要素禀赋也各不相同，因此我国不同地区跨境电商环境下的国际物流管理模式也存在一定的差异性。但总体来说，目前国内跨境电商国际物流管理的模式主要归纳为两大类，一是传统物流管理模式，二是新兴物流管理模式。

（一）传统物流管理模式

传统的物流管理模式主要有国际快递管理、国际邮政小包管理两类。

（1）国际快递管理模式。国际快递是一种基于快递运输，并结合跨境电子商务的传统物流模式。国际快递管理的关键就是依托国际快递公司，解决跨境电子商务物流环境下的商品运输和配送问题。目前，该领域国内的知名跨国公司包括 UPS、USPS、FedEx、DHL 等，本土涉足跨境电商国际快递的企业有邮政快递、顺丰速递、圆通快递等。

国际快递管理虽然是一种传统的物流管理模式，但是这种管理使得整个物流过程在时效性与服务质量等方面具备了比较优势，能够充分满足全球的客户需求。但是，这种管理模式也存在几大缺点，一是管理成本高，而是目前国际快递的特色专线尚未开通，这都导致了物流价格偏高，从而对客户体验造成影响。

（2）国际邮政小包管理模式。国际邮政小包管理的关键就是依托邮政联盟，解决跨境电子商务物流环境下的商品运输和配送问题。主要是通过个人邮包的形式对外发货，在此过程中对邮包的包装、仓储、运输和配送等进行全面管理。

国际邮政小包存在着管理成本低、通关便捷等先天优势，但是这种管理模式也存在着实际物流过程中丢包率高、时效性低等问题。此外，采用这种物流模式，因对邮包的形状、重量、体积等有要求而加大了管理难度。

（二）新兴物流管理模式

新兴物流管理模式主要有以下五类。

（1）海外仓管理模式。海外仓是近期不断兴起的跨境电商国际物流模式。海外仓的管理模式为：跨境电商企业在境外的目的地直接建立仓库，将货物预先直接运送至仓库，并以跨境电商的形式进行网上销售，当消费者的订单生成时，跨境电商企业利用仓库直接进行商品的运输和配送。

这种管理模式与传统模式相比，具有物流时间短、物流管理成本低的优势，同时在商品检验、商品退换货等方面也有更好的管理方案。但是，海外仓管理模式也存在海外投资庞大的劣势。

（2）边境仓管理模式。边境仓是一种建仓库设在商品输入国相邻的国家，这是它与海外仓最明显的不同。在物流管理方面，边境仓与海外仓则基本相似。从实际物流运营来看，边境仓也拥有自身优势，一是能有效避开商品输入国政治、税收、法律等风险，二是能充分享受自贸区物流政策红利，提高物流效率。

（3）集货物流管理模式。集货物流也是近年来不断兴起并被广泛运用的物流业态。集货物流的管理模式主要分为两种，一种是通过建立仓储物流基地或中心进行管理，另一种是通过设立跨境电商的战略联盟，共建国际物流基地或中心进行管理。总的来说，集货物流管理模式也具有压缩物流管理环节的优势，使得跨境电商国际物流的运行效率明显提高。

（4）保税区（或自贸区）物流管理模式。保税区（或自贸区）物流，是跨境电商不断发展下的重要产物。这种物流的管理模式可表达为：首先将商品运输至保税区（或自贸区）的仓库，然后通过跨境电商企业对外销售，确定订单后，再由保税区（或自贸区）直接进行商品分拣、检验、包装，最后从仓库运输出去。保税区（或自贸区）物流管理模式的最明显优势，就是充分享受了保税区或自贸区的平台优势和政策优势。

（5）第四方物流（4PL）管理模式。相对而言，第四方物流是目前国际上较为先进的国际物流业态，因此在物流管理模式上也较为先进。从管理来看，第四方物流不直接参与物流作业，但它主要负责为其他各种物流作业提供规划方案和信息咨询，主要包括物流供应链设计、物流管理流程的整合设计、物流信息技术咨询和其他服务等。因此，第四方物流本质上就是为物流作业提供中介服务。

二、几种跨境电商物流选择以及对比

跨境电商物流模式的选择直接制约了跨境电商的客户购物体验、风险控制和成本控制，所以跨境电商卖家们选择合适的跨境物流就显得尤为重要了。

（一）邮政小包

受到我国跨境电商发展层次的影响，我国为跨境电商提供专业跨境电商物流支持的企业还较少。当前，跨境电商物流业务主要由邮政物流承担，邮政物流也是我国当前主要的跨境物流服务企业。当前在跨境物流上，邮政小包物流模式是比较常见的，这也是我国电商向海外销售产品的主要方式。在国家的大力支持下，邮政网络已经覆盖了全球绝大部分国家或地区。根据我国邮政部门发布的数据显示，截至2015年底，邮政小包能够达到的国家或地区已经超过230个。由于邮政在经营过程中有国家的大量补贴，因此其向消费者提供的国际货运业务收费相对低廉。因此，很多电商企业在进行跨国物流的过程中，一般会选择邮政小包的模式。但是，这种模式也存在一定的不足，主要表现为：货物运输的速度较慢，单个小包的质量与体积受到较为严格的限制，丢包率也相对较高。例如，邮政小包的运输时间大部分超过30天，并且有时难以查询包裹的物流信息，对电商时效性有较大负面影响。

（二）国际快递

由于邮政小包的整体运输效率较低，因此作为邮政小包的补充，国际快递的跨境物流模式也逐步发展起来。国际快递主要由 DHL、TNT、UPS 和 FEDEX 等 4 家大规模的快递公司经营，这 4 家快递公司在全球已经形成较为完善的物流体系，几乎覆盖全球的各个重点区域。该物流模式依托于统一的信息化平台操作，其显著性的优点在于：货物运输时间较短，能够向消费者提供实时的物流信息，货物在运输过程中的丢包率较低。例如，邮寄一件 500g 的产品到美国，采用 FEDEX 只需要 5 天左右，是邮政小包速度的 6 ～ 7 倍。但是，国际快递的物流模式成本较高，一件 500g 的物品寄往美国需要 121 元人民币。而且，国际快递对于运送的物品类型有较大限制。因此，国际快递的业务范围受到了较大限制。当前国内的顺丰等快递企业也在逐步开展国际快递业务，这对于促进跨境物流发展起到了实际的促进作用。

（三）专线物流

在国际物流中，专线物流也是一种较为常见的跨境电商物流模式，这种跨境物流模式往往采取包舱运输。即集中一大批货物，在统一的时间内包下飞机进行专门运输，这种运输方式还依赖所在国本地的物流企业。在飞机抵达目的地后，具体的分流任务则由当地物流企业承担。这种专线物流对于那些短时间内发货量较大，发货目的地较为集中的跨境电商企业而言是一种较为合适的方式。专线物流的成本、费用以及包裹的损坏率均居于上述两种模式之间。

总体而言，跨境电商物流模式的选择直接制约了跨境电商的客户体验、风险控制和成本控制。只有信息化、专业化和集约化的现代物流模式才能更好地支持跨境电商发展。在物流模式的选择上应考虑以下因素：第一，充分考虑产品的性能，在效率、成本等各个方面进行综合评估选择合适的物流模式。第二，以根据产品的市场销售阶段不同灵活选择物流模式。比如在产品淡季时选择价位较低的邮政小包，旺季时选择国际快递。

三、跨境电商货物发运

（一）国际物流货物包装与装箱

1.选择包装材料的原则

（1）包装材料与产品的相互对等性原则。

（2）包装材料与流通条件相适应原则。

（3）包装材料与承担的功能相协调原则。

（4）色彩与包装协调原则。

（5）包装与产品内涵匹配原则。

2. 包装步骤

（1）包装：外包装要和保护材料、缓冲材料和物品成为一体，物品之间（一个外包装内含有多个物品时）或物品与外包装内壁之间不应有摩擦、碰撞和挤压。

（2）打包：尽可能使用全新坚固的箱子，并使用缓冲材料把空隙填满，以箱子不鼓胀为宜。

（3）封装：用宽大的胶带（宽6厘米以上）或封箱带来封装。封箱带可通过十字交叉的方法拉紧箱子。

3. 包装箱的选择

（1）常用的货物包装材料有纸箱、泡沫箱、牛皮纸、文件袋、编织袋、自封袋、无纺布袋等。常用的包装辅材有封箱胶带、警示不干胶、气泡膜、珍珠棉等。其中以纸箱包装最为常用。

（2）按做纸箱用的纸板（瓦楞板）可以分为三、五、七层纸箱，纸箱的强度以三层最弱、七层最高。服装等不怕压、不易碎的产品，一般用三层箱就够了；玻璃、数码产品、电路板等贵重物品，建议最好用五层箱再配以气泡膜，以确保产品在运输途中的安全性。

（3）按纸箱的形状可以分为普箱（或双翼箱）、全盖箱、天地盒、火柴盒、异型箱（啤盒）等。

4. 不恰当的包装方式

（1）连体包装。以带子、绳索、胶带或气泡膜将两个相同或不同大小商品连体包装，容易出现松弛、分离等情况，需要根据实际情况确定是否更换包装。

（2）内件无定位包装。内件在包装内容易出现滚动、易损坏。一般需要附加缓冲防震材料或更换更加合适的包装箱。

（3）内件无内装保护。内件有锋利角部的物品如零件等，要先用胶带将瓦楞纸板片绑到所有锋利或凸起的边缘以进行保护，并在包装内填充足够的缓冲防震材料。

（4）内件无分隔。多件易碎品装入同一个包装时，需要采取相应的内件分隔措施。

（5）包装重心。货物笨重重心明显偏向一边或货物包装经积压或原始形状近圆形，容易滚动。需要更换包装。

（6）重货包装强度不够。重货必须选择强度达到要求的单层或双层瓦楞纸箱进行包装。

（7）没有内包装的小件物品。内件为手表、读卡器、纽扣、螺丝等小件物品时，必须首先按一定量分隔独立包装后，再外套包装箱，以免遗漏丢失。

（8）超出原包装箱容量的包装。对原包装箱进行裁剪后重新使用，如出现超出原包装箱容量的情况，为避免货物撑破包装，将视内件和外包装情况，更换新的外包装。

（9）商品包装与运输包装较紧密。商品包装与运输包装较紧密时也是一种不恰当包装，应在商品包装与运输包装之间填充缓冲材料，以免物流供应商或海关查验时划伤内件。

5. 不恰当的包装材料

（1）使用带子、绳索或胶带进行缠绕的商品包装。拆除带子、绳索，附加气泡膜、包装箱等。

（2）重复使用之盒子或箱子。必须去除包装外侧所有标签、号码、地址信息及一切有可能影响操作人员识别的粘贴物品和信息。

（4）易破损的材料。如泡沫、塑料、编织袋等。

（5）公文包、行李袋、行李箱等。不接受公文包、行李袋作为外包装的货物。

（二）B2B 物流发货

1. 通过一达通平台线上发货

（1）阿里巴巴一达通是中国专业服务于中小微企业的外贸综合服务行业的开拓者和领军者，搭建了"数据＝信用＝财富"外贸平台的信用体系。

（2）一拍档即"达通"的拍档，通过引入外贸生态链条上的各类第三方服务企业（如货代、外贸进出口代理、报关行、财税公司等），为一达通客户提供出口配套服务，是当地的外贸综合服务中心。

2. 线下发货

（1）国际海运。国际海运（International Ocean Shipping）是水上运输的构成部分，从狭义的角度来看，它是指以船舶为运输工具，以海洋为运输通道，从事有关跨越海洋运送货物和旅客的运输经营活动。

国际海运的经营方式可分为两大类：一是定期船运输，也称班轮运输（件杂货、散货、重大件货物、集装箱）；二是不定期船运输，也称租船运输（大宗散装货物），分航次租船和定期租船。

（2）班轮运输。班轮运输（liner shipping），又称定期船运输，是指在一定的航线上，按照公布的船期表，以既定挂靠港口顺序进行规则的、反复的航行和运输的船舶营运方式。

班轮运输具有"四固定"特征：开行日期、航线港口、运价费率、责任。

班轮运输的主要单证：各个国家港口的规定有所不同，但主要单证是基本一致的。装货港编制的单证包括以下几种。

托运单（booking note，B/N）订舱单是指由托运人根据买卖合同和信用证上有关条款的规定，向承运人或其代理开具装货单（shipping order，S/O）和收货单（mates receipt，M/R）等货物运输的凭证。

提单（Bill of Lading，B/L）是承运人在接管货物或把货物装船之后签发给托运人，证明双方已订立运输合同，并保证在目的港按照提单所载明的条件交付货物的一种凭证。其中包括过驳清单、货物残损单和货物溢短单、提货单（Delivery Notice）

提货单是收货人凭正本提单或副本提单随同有效的担保向承运人或其代理人换取的，可向码头堆场或货运站提取货物的凭证。

（3）国际海运集装箱。集装箱，又称货柜或货箱，英文名称是 Container，是具有一定强度、刚度和规格，专供周转使用的大型装货容器。集装箱按制造材料分类可分为钢制集装箱、铝制集装箱、不锈钢集装箱三种；按用途分类可分为通用干货集装箱、冷藏集装箱、通风集装箱、罐式集装箱、框架集装箱、平台集装箱、开顶集装箱、散货集装箱、动物集装箱、保温集装箱、挂式集装箱十一种。

集装箱的装箱方式：整箱、拼箱。整箱（Full Container Load，FCL）是指货主自行将货物装满整箱以后，以箱为单位托运的集装箱。拼箱（Less Than Container Load，LCL）是指代理人接受货主托运的数量不足整箱的小票货物后，根据货物性质和目的地进行分类整理，把去同一目的地的货物集中到一定数量拼装入箱。由于一个集装箱内有不同货主的货物拼装在一起，所以叫拼箱。

集装箱货物的交接地点有集装箱码头堆场（Container Yard，CY）、集装箱货运站（Cargo Freight Station，CFS）、发货人收贷人的工厂或仓库（Door，DR）

集装箱货物的交接方式有九种，分别是：①门到门（Door to Door；②门到场（Door to CY）；③门到站（Door to CFS）；④场到门（CY to Door）；⑤场到场（CY to CY）；⑥场到站（CY to CFS）；⑦站到门（CFS to Door）；⑧站到场（CFS to CY）；⑨站到站（CFS to CFS）。

国际海运集装箱进口流程分别是：①索偿；②进口货运资料；③到货通知；④赎单；⑤卸船和理箱；⑥换取提货单；⑦报关报检；⑧提运重箱；⑨归还空箱。

国际海运集装箱班轮运费包括基本运费和附加运费。

基本运费（Basic Freight Rate）即运输每批货物所应收取的最基本的运费，整个运费的主要构成部分。

附加运费（Surcharge or Additional）包括是一种分别是①超重附加费（heavy lift add）；②超长附加费（long length add）；③转船附加费（transhipment surcharge）；④燃油附加费（bunker adjustment factor，缩写 BAF）；⑤直航附加费（direct surcharge）；⑥港口附加费（port add）；⑦港口拥挤费（port congestion surcharge）；⑧选卸附加费（aditional on optional discharging port）；⑨绕航附加费（deviation surcharge）；⑩货币贬值附加费（devaluation surcharge 或 currency adjustment factor，CAF）；旺季附加费（Peak Season Surcharges，PSS）。

（4）国际空运。国际空运即国际航空运输，是指根据有关各方所订合同，以航空器作为运输工具，不论在运输中是否有间断或转运，其出发地和目的地是在两个缔约国或非缔约国的主权管辖下的领土内的约定的经停地点，将货物运输至目的地的运输方式。

国际空运经营方式：班机运输（Scheduled Air Line）；包机运输（Chartered Carrier）。

飞机按机身的宽窄，可分为窄体机和宽体机。其中窄体机宽约3米，有两排座椅、一条走廊，在两个下货舱装运散货，常见的窄体机有以下型号：B737、B757、A318、A319、A320、MD90；宽体机机身宽4.72米以上，有三排座椅、两条走廊，可以在主货舱或下货舱装运集装器货物或散货，常见的宽体机有以下型号：B747、B767、B777、B787、A330、A340、A380、MD11等。

飞机按用途可分为全货机、全客机、客货混合机三种。

飞机装载限制有三种分别是重量限制、总容积限制、舱门限制。

①重量限制：以常见的载体机型 B737 为例，其载重量为 5～8t，B737-200 型与 B737－300 型载重量 5731kg（前货舱 2269kg，后货舱 3462kg），B737-800 型载重量 8408kg（前货舱 3558kg，后货舱 4850kg）。

②总容积限制：以常见的窄体机型 B737 为例，B737-200 型与 B737-300 型货舱载货体积为 24.7m³ 后货舱 3462kg），B737-800 型货舱载货体积为 45m³。

③舱门限制：以常见的窄体机型 B737 为例，其舱门高度为：86cm 和 88cm，但同样是窄体机型的 A320，其舱门高度为 124cm。

国际空运运价与运费有以下几种情况。

①空运运价。空运运价又称费率，是指承运人对所运输的每重量单位货物（千

克或磅）所收取的自始发地机场至目的地机场的航空费用。

②空运运费（Freight Charges），指航空公司将货物自始发地机场运至目的地机场所应收取的航空运输费用。该费用根据每票货物所适用的运价和货物的计费重量计算而得。）

③计费重量（Chargeable Weight）。计费重量是指用以计算货物空运运费的重量。货物的计费重量或者是货物的实际毛重，或者是货物的体积重量（6000 立方厘米折合 1 千克），根据国际航空运输协会（以下简称国际航协）的规定，取两者中比较大的那个重量为计费重量。

④最低运费（Minimum Charge），指货物自始发地机场至目的地机场空运运费的最低限额。货物按其适用的空运运价与其计费重量计算所得的空运运费，应与货物最低运费相比，取高者。

航空货运单是由托运人或以托运人的名义填制的托运人和承运人在承运人航线上运输货物所订立的运输合同证明。航空货运单分为主运单（Master Air Waybill）和分运单（House AirWaybill）。

四、跨境电商进出口报关整体流程

（一）跨境电商如何报关

一般跨境电商报关需要提供以下资料：

（1）出口委托书。

（2）出口货物明细单。

（3）装箱单（PACKING LIST）。

（4）发票（INVOICE）。

（5）出口许可证、出口单证文件等。

跨境电商报关的路径：

（1）进口：报关主体——报关企业（受跨境电商企业委托）。报关企业向试点平台填报申报清单（即视为报关），海关进行审单（订单、运单、支付单、申报清单比对）、风险布控等操作。

（2）出口：报关主体——跨境电商企业。跨境电商企业向试点平台填报申报清单（即视为报关），海关进行审单等操作。

商品离境后由物流企业登陆试点平台进行离境信息确认，电商企业定期集中勾选已离境商品信息（发起出口归并集报）后告知报关企业，由报关企业登陆电子口岸进行报关（与传统模式相同）并告知电商企业报关单编号，跨境电商企业登录试点平台回填报关单编号，海关审核后进行强制通关并打印报关单退税联、结汇联。

（二）出口报关整体流程

1. 准备报关单证

在货物抵达海关之前，需要准备好清关所需的单证，包括商业发票、产品清单、报关委托书、运输公司装货单、核销单等。在货物出口清关之前，一定要检查单证是否齐全，避免因为单证的问题被海关扣货，影响货物的运输时效。

2. 正式报关

在准备好资料之后，开始正式报关。正式报关需要将详细的资料提交给海关，海关工作人员会进行审核、查验，如果一切没有问题之后，会放行。需要注意的是，如果货物超过当地海关的关税起征点，还需支付对应的关税。

3. 陆运报关

陆运运输可分为包车和拼车两种方式，一般出口到中国香港地区以及泰国、越南等国家，都会选择这种运输方式。

陆运报关可以使用整体报关流程来操作，如果货量多，一定要提前准备好各种单证信息。如果货量少，可以与第三方公司合作出口报关业务，比较省时省力。

4. 海运报关

海运出口运输方式有两种，分别为散货拼箱出口、整柜出口。散货拼箱出口，可以在交货给船运公司之前，做好报关资料，将报关资料和需出口的产品，一起送到船运公司。也可以先把货交给船运公司，再把清关资料送过去。

整柜出口由于货量比较多，建议大家提前准备好各种资料、文件，包括发票、合同、装箱清单等，确保货物的运输效率。

海运两种运输方式的报关地点不同，散货报关地点有盐田仓、外运仓、八达仓等，整柜报关地点有盐田港、蛇口港。

5. 空运报关

货物空运出口，由快递公司安排报关，大家可以提前准备好报关文件。也可以将清关资料交给快递公司，委托快递公司协助报关。不过需要注意的是，快递公司会收取一定的操作费用。

在报关之前，不仅需要准备全报关资料，还要注意目的国海关的政策、要求。

五、商家如何进行跨境电商物流的布局与选择

就企业而言，应加快推进跨境电商企业和国际物流企业的协同发展跨境电商和国际物流之间存在着相互促进、相互融合的内在联系，但是从前面的分析可以看出，我国跨境电商和国际物流之间有较多方面存在不协同。从原因来看，最为主要的还在于我国的国际物流发展水平不高，难以与跨境电商增长带来的物流需求相适应。要促进跨境电商与国际物流协同发展，应从国际物流的内在要素出发进行改进，以不断发挥效应。

第一，从物流要件出发，推进跨境电商和国际物流协同。结合国际物流管理模式和跨境电商发展背景趋势，应从战略、资源和供应链等方面促进跨境电商和国际物流之间协同发展，争取降低跨境物流成本、提高物流效率。应制定跨境电商国际物流发展战略，设定跨境电商和国际物流企业的共同战略目标、战略方向和实施重点，从战略上加强对跨境电商国际物流模式的管理。应加强跨境电商企业和国际物流企业之间的有形、无形资源共享，提高跨境电商国际物流管理模式。应加强物流供应链的管理与整合，尤其对仓储、包装、运输、维护保障等方面整合与优化。

第二，从信息技术出发，推进跨境电商和国际物流协同。应充分运用现代信息技术，对国际物流供应链上的订单、分拣、包装、仓储、运输、检验、配送等各个环节进行改进，强化物流供应链管理，促进跨境电商企业和国际物流企业在整个供应链上紧密衔接。

第三，从人才竞争力出发，推进跨境电商和国际物流协同。企业应加大对人才的管理力度，一方面应优化人才引进方式，积极招引国际物流人才，强化人才储备；另一方面应优化人才培育渠道，强化国际物流人才培育；此外应积极完善人才考核、薪酬等机制。

就政府而言，应积极优化国际物流企业运营管理的基础条件优化我国跨境电商国际物流管理模式，仅依靠跨境电商企业和国际物流企业是不够的，还必须要有完善的政府配套政策和服务体系作为支撑。因此，下一步应加强政府自身完善，积极优化国际物流企业运营管理的基础条件。

第一，完善国际物流相关法律法规和政策，为国际物流企业管理提供法律和制度保障。首先，应加快制定与国际物流发展相匹配的法律法规和政策体系，对国际物流的发展战略、方向、标准和国际物流法律地位等做出明确规定。其次，加强政府的区域联动，打破行政壁垒。应强化区际政府之间以及政府内部各部门之间的职能和工作协调，提升各部门对国际物流管理的能力，为强化国际物流管理模式的协

调发展提供重要支撑。

第二，强化国际物流的有效投资，为国际物流企业的发展提供重要的资金支持。对于海外仓、边境仓、集货物流、第四方物流等国际物流管理模式而言，资金短缺往往是一个重要的问题，直接影响企业的国际物流运力和效率。因此，有必要加强政府对国际物流的有效投资，为国际物流企业的发展提供重要的资金支持。首先，应积极改善物流基础设施，特别完善铁路、公路和物流港口设施，并精准开发际航线。其次，改良传统的运输工具及运输方式，提高货物的运力和周转效率，为国际物流管理的提升奠定更好的基础。再次，改革仓储、包装、运输和配送等物流环节的方式，从策略、技术等方面予以政府支持，例如加大对货物装载技术创新、物流安全服务的财政支持、提供就近采购和直接出口策略等，争取进一步降低国际物流成本，提高国际物流效率。

第四节　出口退税

出口退税是指国家运用税收杠杆奖励出口的一种措施。例如，2015 年 10 月，南京出口跨境电商南京快悦电子商务有限公司首票退税申请成功，首笔入账金额为963 元。该企业截至 8 月底，在南京海关隶属金陵海关通过"简化归类"后出口商品货值共计 305 万元，申报退税总额 19 万元。但是，从客观上来讲，跨境电商出口退税面临着三大难题，导致出口退税进程迟缓。

一、跨境电商出口退税难题

目前的问题是，出口企业无法向海关进行跨境贸易电商业务的出口申报，也享受不到一般贸易企业的出口退税。具体举例来说，现在的生产商出口一货柜产品到海外，其中有 1/3 可能走的是传统贸易出口代理商渠道，2/3 通过跨境贸易电商出口。但是由于海关没有对应的分类部门对接，所有的产品都只能通过一般贸易申报。而且出口企业也无法从上游厂商那里拿出有效数据证明自己是一家跨境贸易电商企业，这也就导致即便有出口退税政策，跨境电商企业也难以享受政策的优惠。

如：A 公司为已经获取出口退（免）税资历备案的跨境电商外贸公司，属于增值税一般纳税人。现 A 公司通过设立在境内跨境电商第三方平台开展日常的出口业务，并按月支付平台服务费。

2016 年 5 月 15 日，国外 M 客户通过互联网平台向 A 公司采购一批高尔夫球，增值税税率为 17%、退税税率为 13%，花费税税率为 10%，合同签署的总出售金额为 10000 元人民币（FOB 价）。

5 月 22 日，A 公司从国内生产企业 B 公司购进该批数目的高尔夫球，取得增值税专用发票，发票金额总计为 8000 元人民币，增值税税额为 1360 元；同时，获得该批高尔夫球花费税专用缴费书，注明花费税税额为 800 元。

5 月 25 日 A 公司办理出口离境手续，并取得海关出口货物电子报关单，此时 M 客户已经在网上平台支付了税款。当月 A 公司登记外销收入账，与次月在增值税纳税申报期内申报了出口退税。后 A 公司增值税退税 1040 元，花费税应退税额 320 元。

案例剖析：

（1）取得资历能力出售退（免）税政策：A 公司属于增值税一般纳税人，且已经向税务机关办理了出口退税资历备案，具备规定的退（免）税政策的根本资历。

（2）拥有凭证信息能力办理退（免）税：依据相干规定，出口货物取得海关出口货物报关单电子信息，在退（免）税申报期限截止前申报内进行收汇；同时，如果时外贸企业，公司必须在购进产品时获得有效的增值税专用发票、花费税专用缴纳书以及海关进口增值税，并且上传的信息需与海关出口货物电子信息一致对应，能力不影响退（免）税的办理。而 A 公司在申报的进程中，供给了相干单据，且信息符合规定。

因此，增强出口退税政策的懂得是非常重要的。目前，跨境电商出口退税面临三大难题："不愿退""不好退""不能退"。

（1）"不愿退"。虽然国家制定了各种扶持中国跨境电商发展的各项政策和公告，如《关于实施支持跨境电商零售出口有关政策的意见》《关于跨境电商零售出口税收政策的通知》《关于外贸综合服务企业出口货物退（免）税的公告》等，但是电商企业要实现出口退税还需要支付相关登记报关等费用，这对于零售电商企业来说是一笔显著的手续成本。而且出口企业还担心交易数据会被税务部门用作征税依据。因此，它们不愿意主动申报相关信息，更不愿意按照"先征后退"办法办理出口退税，试点电商企业参与退税的热情并不高涨。

（2）"不好退"。电商企业零售出口商品种类多.境外目的地多，出口口岸渠道多的"三多"特点增加了出口退税难度。而出口退税涉及生产、流通、海关、商务、外汇、税务等多环节，各职能部门之间协作配合不到位，信息共享不充分，要件传递不通畅也增加了退税的难度。

（3）"不能退"。电商零售出口企业以中小微企业为主，信息化水平低.运行机制不健全.行业自律不高等特点，直接影响企业出口退税。其上游企业多以小微企业或小作坊为主不愿意开具增值税发票，即使开具增值税发票也需电商企业垫付增值税税款.出口企业宁可"不征不退"。

针对三大难题提出相应的建议：

（1）制定对电商零售出口企业尤其是小微企业的阶段性（临时性）税收政策加大政策宣传和合理引导，让电商企业吃下定心丸，提高电商出口退税的积极性。

（2）进一步完善电商出口通关作业模式，在清单验放的基础上简化汇总申报操作.减少企业申报成本，提高电商企业通关的便利程度。

（3）健全跨境电商监管部门间协调配合机制。由各职能部门共同参与构筑跨境电商公共数据管理平台，建立跨部门职能有机统一的出口退 税管理机制。海关部门加强对出口货物的真实性核查；税务部门打破异地或口岸限制，实施跨境电商企业征退税一体化管理。

二、跨境电商出口企业享受退税的条件

同时符合下列条件的电子商务企业，可以享受增值税、消费税退税政策：

（1）电子商务出口企业属于增值税一般纳税人并已向主管税务机关办理出口退（免）税资格认定。

（2）出口货物取得海关出口货物报关单（出口退税专用）.且与海关出口货物报关单电子信息一致。

（3）出口货物在退（免）税申报截止之日内收汇。

（4）电子商务出口企业属于外贸企业的，购进出口货物取得相应的增值税专用发票，消费税专用缴款书（分割单）或海关进口增值税、消费税专用缴款书，且上述凭证有关内容与出口货物报关单（出口退税专用）有关内容相匹配。

不满足以上条件但同时符合下列条件的，适用增值税、消费税免税政策：

（1）电子商务出口企业已办理税务登记。

（2）出口货物取得海关签发的出口货物报关单。

（3）购进出口货物确定合法有效的进货凭证。

三、出口退税形式

（1）出口免税并退税，指货物在出口销售环节不征增值税，对货物在出口前实际承担的税收负担，按规定的退税率计算后予以退税。

（2）出口免税不退税，指货物在出口销售环节不征增值税，而且因为这类货物在前一道生产、销售环节或进口环节是免税的，因此出口时该货物的价格中是不含税的，也无须退税。

（3）出口不免税也不退税：出口不免税是指国家限制出口的某些货物在出口环节视同内销，照常征收；出口不退税是指这些货物不退还出口前实际负担的税款。适用这个政策的主要是税法列举限制出口的货物。

四、出口退税货物应具备的条件

（1）必须属于增值税、消费税征税范围的货物。

（2）必须是报关离境的货物。

（3）必须是在财务上做销售处理的货物。

（4）必须是出口收汇并已核销的货物。

出口货物的退税率是出口货物的实际退税额与退税计税依据的比例，增值税的退税率是由国家规定的，根据货物的不同主要有 17%、15%、13%、11%、9%、8%、6%、5% 等，2018 年 5 月 1 日起由于增值税税率由 17% 降低为 16%.出口退税税率最高也调整为 16%，其余的出口退税率也根据所征收的税率调低而做相应调低，具体可查询国家税务总局网站。

第五节　售后与申诉

跨境电商销售过程中的必要阶段，售后服务一直是销售过程中的痛点与难点。售后服务问题如果不能够及时解决，不仅影响着买家的购物体验，还可能会导致店铺差评从而影响店铺排名。那么跨境电商卖家在遭遇售后服务问题时应该如何解决呢？

一、跨境电商售后问题与解决

第一，客户在完成付款后要求修改订单地址。如果是买家下单了产品但卖家还没有进行发货需要修改地址时，这类问题会较为简单。卖家只需要向买家确认修改的地址是否准确，就可以将相应的信息提交到后台进行修改了。针对产品已经发货但买家需要修改订单地址的情况，一般的解决方式是由卖家向买家重新发出一个产品到买家确定的新地址。然后对已经发出的产品进行拦截退回。如果所销售的产品单价较高，卖家不愿冒风险的话，可以向买家发送邮件说明情况，与买家进行沟通协商处理方案。

第二，客户要求取消订单。要求取消订单的诉求是售后服务中最常见的问题。针对没有发货的产品，在买家取消订单后卖家可以在后台查看买家取消订单的原因。针对已经发货的产品，卖家需要先与卖家沟通询问需要取消订单的原因。如果买家不愿意留下产品，可以等到产品包裹签收后退货，再由卖家向买家补款。

第三，物流问题。买家在网上购物后想要了解产品的货物情况是人之常情。由于物流问题导致买家没有收到产品，需要及时安抚买家情绪并重新为买家发出新的产品或者为买家进行退款。

第四，退换货问题。就退换货问题而言卖家在处理时尽量秉持多退少换的方略。选择换货会使卖家的成本大幅提升，不如直接为买家发送一个符合要求的产品。

第五，差评问题。跨境电商售后问题的处理其根本就在于为了降低差评率。但如果还是出现了差评情况，卖家首先要分析原因。如果是恶意差评的情况，卖家可以提交平台审核。如果买家所提交的差评理由合理，卖家需要及时的安抚买家情绪并做出应对。这样一来是有一定概率使买家删除差评的。

跨境电商售后服务问题的解决，需要卖家对买家抱着真诚的服务态度来处理。才能够有效地降低产品的差评率，提高店铺排名。

二、跨境电商售后管理

跨境卖家很容易进入这样一个思维盲点，只关注流量和销售等前端绩效，而忽视供应链和售后服务等后端绩效。事实上，后端也蕴含着巨大的利润"潜力"。那么，跨境电商怎么做好售后管理？

（1）高效完善的售后处理流程。每一个需要解决的售后问题都是一个可能爆发的"雷点"。如果处理不当、不及时或再次出错，它将爆炸。因此，一套高效完善的售后处理流程至关重要。"高效率"意味着能够及时处理客户的售后问题，提高工作效率，降低人工成本。"尽善尽美"是指确保售后问题的解决无遗漏，避免二次失误。

（2）利用售后分析提高利润。跨境电商的回报比例为 3% ~ 5%，这是对利润的极大侵蚀。售后问题的优化和改善并不难，可以收回一两分的利润。

需要对售后数据进行详细分析，以了解各种售后类型的比例，以及哪种类型对利润的影响最大。更重要的是，需要诊断和分析这些问题的根本原因，并制订解决这些问题的计划和方案，以便最终降低成本并增加利润。

（3）改进和优化产品，实现"质"的飞跃。通过售后分析和改善业务问题来增加利润是有上限的。如果能增加两个利润点，那将是一个很好的成绩。不断改进和抛光产品，提高产品质量，增强产品竞争力。

客户服务人员应定期将售后发现的产品质量问题整理成数据报告，并反馈给产品部和采购部。产品部、采购部对数据报告进行筛选和分析，确定问题的重点和优先级，形成解决方案和计划，并实施。

三、跨境电商平台申诉

作为跨境电商平台的卖家，政策环境千变万化，卖家也会受到巨大影响，各种原因下架的商店不计其数，有的甚至被封。作为卖家一定要知道其中的原因在哪里，更要知道如何改进，了解平台申诉流程步骤至关重要。下面介绍一下阿里巴巴国际站平台申诉的一般步骤。

（1）登录阿里巴巴国际站：使用您的注册账号和密码登录阿里巴巴国际站（www.alibaba.com）。

（2）打开申诉页面：在登录后的主界面上，找到并点击"申诉"或"投诉与申诉"等相关选项，进入申诉页面。

（3）选择申诉类型：根据您的具体情况，选择适当的申诉类型。例如，可以选择产品质量问题、交付延迟、违反交易条件等。

（4）提供申诉信息：根据平台要求，填写相关申诉信息，包括订单号、交易金额、申诉原因、相关证据材料等。确保提供准确、清晰的信息以支持您的申诉。

（5）提交申诉：在完成申诉信息填写后，点击提交申诉按钮，将您的申诉提交给阿里巴巴国际站平台。

（6）等待处理：一旦您提交了申诉，阿里巴巴国际站平台将开始处理您的申诉。处理时间可能会有所不同，具体取决于申诉的复杂性和平台的工作负荷。

（7）平台调解或仲裁：阿里巴巴国际站平台可能会与相关方进行调解，协助解决纠纷。如果调解无法达成一致，平台可能会进行仲裁，并根据仲裁结果做出决定。

请注意，以上步骤仅为一般情况下的申诉流程，实际流程可能会因具体案件和平台政策而有所不同。在申诉过程中，建议您遵守平台规定的操作流程，并尽可能提供清晰、准确的信息和证据，以增加申诉成功的机会。如遇到复杂情况或需要进一步帮助，建议您直接与阿里巴巴国际站平台的客服团队联系，以获取专业的指导和支持。

【思考题】

（1）支付与结算的流程是什么？

（2）我国跨境电商国际物流管理的模式有哪些？

（3）熟悉售后与申诉的步骤要点是什么？

第九章　大数据环境下跨境电商网络安全与监管

【情境导入】

2021年12月28日，网信办发布了《网络安全审查办法》，该法第七条规定"掌握超过100万用户个人信息的网络平台运营者赴国外上市，必须向网络安全审查办公室申报网络安全审查。"随着网络用户的剧增和互联网的普及，掌握100万用户个人信息对跨境电商企业而言并不困难，跨境电商活动全生命周期流程与数据紧密相关，对用户信息的分析利用和掌握成为跨境电商企业的重要竞争内核，数据信息成为企业的重要估值标准。

小A最近发现自己的电商网站遭受了网络攻击，导致网站无法正常运营。这次攻击让她深刻认识到跨境电商网络安全的重要性。同时，她也了解到跨境电商大数据环境下的监管问题，这使她意识到在跨境电商中，网络安全和监管是两个重要的方面。

为了解决这些问题，小A开始积极学习跨境电商大数据环境下跨境电商网络安全与监管相关知识。她首先浏览了一些相关网站和博客，了解了跨境电商大数据环境下的网络安全和监管方面的一些基本概念和原则。然后，她参加了一些线上和线下的课程和培训，深入学习跨境电商大数据环境下的网络安全和监管方面的专业知识和技能。此外，她还加入了一些网络安全和跨境电商相关的社群，与其他从业者交流经验和思路。

通过不断的学习和实践，小A获得了深入的跨境电商网络安全和监管知识，并且掌握了一些实用技能，如安全策略的制定、网络防御的技术应用、跨境电商监管法规的遵守等。在实际工作中，她积极应用所学的知识和技能，有效地防范了网络攻击，并且使自己的网站符合了跨境电商监管法规。这不仅提高了她的工作效率，还增强了她的竞争力和信誉度。

综上所述，小A通过对跨境电商大数据环境下的网络安全和监管方面的学习，提高了自己的专业素养，有效地解决了自己在工作中遇到的问题，并且在行业中赢得了更多的信任和认可。

【学习目标】

（1）熟悉用户信息的安全管理相关知识。

（2）了解交易数据的安全管理相关知识。

（3）掌握支付工具的安全管理相关知识。

（4）掌握税收监管的安全管理相关知识。

第一节　用户信息的安全管理

本节研究的用户信息仅限于私营部门掌握的信息，既包括消费者数据，也包括员工数据，既包括直接信息，也包括间接信息。这里的私营部门既包括电子商务平台企业，也包括采用电子商务的企业；既包括买卖有形商品的企业、商家，也包括专营娱乐项目、游戏、聊天社区等无形商品和服务的网络商家；既包括从事交易的电子商务企业，也包括交易前、交易中、交易后的信息撮合平台、网络支付公司以及物流公司。但是，本节研究的用户信息具有一个共同点，就是都要进行跨境传输，即跨境电子商务场景中的用户信息。

本节研究的是广义跨境电子商务，涉及个人信息跨境流动的商务活动大多可以纳入研究范围中，场景选择和界定依据具有以下特点：

一、存在个人数据的跨境流动

跨境电子商务的场景选择首先要满足一个条件：存在用户数据的跨境流动。网络零售是一个基本的场景，消费者在国外跨境电子商务网站上浏览商品信息、注册个人信息、留下物流信息及财务信息等，从而实现了用户信息的跨境流动。

云计算经常利用设在不同国家的数据中心复制、镜像所收集的个人数据，导致经常会出现个人数据的跨境转移。跨国公司的子公司地处不同国家和地区，集团成员之间传输消费者数据和员工数据时，个人数据就实现了跨境流动。发达国家通常把数据处理加工业务外包到其他国家以降低成本，可以实现个人数据的大规模转移。

（一）需收集外国居民的个人数据

跨境电子商务企业服务于外国市场，通常需要收集国外消费者的数据。跨境零售网站收集国外消费者的个人数据才可以进行货物销售，跨境服务提供商如酒店、旅游、餐饮等企业可以通过网站接受外国消费者的预定；搜索引擎收集当地居民的用户信息才能满足当地的搜索需求；云计算服务提供商收集当地消费者的用户信息才能为其提供云服务；外国的收集软件服务商收集了当地居民的用户数据才能为其提供定位等职能服务；跨境经营投资为了更好地占领当地市场也需要收集居民的个人信息。

（二）受到外国隐私保护法律的约束

跨境电子商务企业要服务外国市场，经常会受到外国隐私保护法律的约束。例如，跨境投资，企业除了要熟悉东道国关于投资经营方面的法律以外，还需了解当地关于个人信息保护方面的法律，包括个人信息的收集、存储、使用、披露、跨境传输等规定，避免受到当地法律的制约。云计算服务商要了解当地的法律和政策，了解东道国政府是否允许其将当地居民的信息向其他国家的数据中心转移。收集服务提供也需了解用户所在地法律对个人信息使用的规定。搜索引擎收集各国居民的个人信息并建立关联，也要遵守信息主体所在国关于个人信息采集和使用的法律规定。

（三）进行个人信息的跨境交互

微信、脸书等网络社交工具也可纳入本教材的研究范围。首先，此类企业属于营利性质；其次，网络社区通过聊天、朋友圈等交互功能可以实现个人信息的频繁跨境流动。网络社区聚集了大量的个人信息，可以说是与个人信息关系最为紧密的跨境电子商务网站，与搜索引擎一样，在面对个人信息保护法律的监管时首当其冲。近几年，谷歌和脸书就是被欧盟法律重点惩罚的对象。

二、隐私保护国际协调机制

电子商务的无国界特点对传统法律管辖权提出了空前的挑战，各国隐私保护法律在保障跨境传输的本国居民信息安全方面显得力不从心。各国法律的出发点都是保护本国居民数据安全，根据"属人"原则，希望把本国法律的管辖权扩展到别国，而别国法律通常要施行自己的法律主权，因此导致各国法律间的冲突不断增加。在网络经济繁荣的背景下，个人信息在全球范围内迅速流动、频繁跨境，给各国法律的适用带来了很多困惑。网络中的个人信息保护问题已经从一国拓展到世界范围，需要各国之间的合作与协调，为个人信息在全球范围内的安全流动撑起一把保护伞。为了达到这个目的，需要构建区域乃至全球的隐私保护协调机制。

（一）双边协调机制

1.法律互助机制

如果两国隐私保护法律就管辖权问题争执不下时，就建立双边的法律互助机制。该机制可以就管辖权分配问题进行协商、达成共识，在涉及本国公民信息以及对方国家企业的案件处理上寻求对方国家的法律协助。

2. 合同约定机制

当个人信息出口方与进口方所在国家或地区没有对等的隐私保护法律时，则个人信息控制者在进行个人信息跨境传输前通常要与信息接收方订立合同，以合同条款的形式约束后者的隐私保护行为。欧盟规定，如果欧盟企业要向不具有"充分保护地位"的国家或地区传输个人信息时，应与数据接收方签订欧盟委员会制订的"标准合同款"。欧盟通过合同条款的约束，使输出到境外的欧盟个人信息也能享受与欧盟境内同等的保护，而各国法律都保护基于自愿基础上的合同。通过合同约定机制可以实现双边的法律协调。

3. 行业自律机制

美国与欧盟之间通过行业自律模式实现了双边的隐私保护协调。根据1998年生效的欧盟个人数据保护指令的规定，由于美国没有全国性的私营领域的隐私保护法律，因此，欧盟并不认可美国具有"充分保护地位"，不允许欧盟企业向美国传输个人数据。然而，美欧之间互为重要的贸易伙伴，美国也不愿意失掉整个欧洲的个人数据业务；美国很多跨国公司都在欧盟设立了子公司，如果不允许个人数据的自由传输，会对跨国公司的业务形成桎梏，为了能够打通美欧之间的隐私保护壁垒，美国商务部积极与欧盟委员会协商，创建了"安全港框架"，以行业自律的形式实现了双边的隐私保护协调。

（二）多边协调机制

电子商务的发展不可能只局限于两三个国家之间，因此建立双边协调机制仅适用于贸易关系非常紧密的国家之间。电子商务在世界范围内的蓬勃发展使得个人数据的保护问题也需要在全球视野中解决，因此需要构建区域性甚至全球性的多边协调机制。在构建多边协调机制的过程中，区域和国际经济组织应起到重要的引领和组织作用，克服单个国家仅重视本国利益的短视，以促进本区域电子商务发展并且兼顾个人数据保护为目的，努力把成员国纳入一个共同的平台上，使之对跨境电子商务中的个人信息保护问题达成协议和共识。

（三）对我国的启示

1. 建立独立的数据保护当局

建立独立的数据保护当局（DPA）是世界范围内的主流模式，在世界上90多个拥有全国统一隐私保护立法的主权国家中，绝大多数国家都有独立的DPA。建立独立的 DPA 对内对外都有好处：对内而言，独立的 DPA 可以对公共机构和私营领域的隐私保护行为进行客观公正的监管，专注地处理可能涉及不同法律的隐私保护案件；对外而言，有了独立的 DPA，才可以加入世界 DPA 的专业组织，使我国真正参与到隐私保护的国际多边协调机制当中。另外，加入 APEC "跨境隐私规则"（CBPR）的前提也要求申请国需要有一个公共机构先加入 "跨境执法安排"，该机构需对经过 CBPR 认证的本国企业拥有完全的执法权力，并在自愿的基础上与其他 CBPR 加入国的隐私执法部门进行执法合作。因此，我国应该建立独立的 DPA，代表国家参与数据隐私保护国际多边协调机制。

2. 颁布统一立法

不论是机构性还是非机构性的多边协调机制都鼓励各国颁布统一的个人数据保护法律，并且以现有的指南、框架、公约、指令以及将来的条例作为立法的基础。世界上已经至少有 100 多个独立司法管辖区颁布了全国统一的个人信息保护法律，其中包括 90 多个主权国家，可见在隐私保护方面进行全国统一立法是主流模式。另外，多边法律协调是世界的大趋势，如果我国要立法，应尽量依据影响力比较大的国际经济组织颁布的指导性文件，便于我国将来参与国际多边协调机制。欧盟的个人数据保护指令和欧洲委员会的公约保护水平最高，法律最为严格，但是与我国关系较远，也不太适合我国的发展水平；如果一开始就制定严格的个人数据保护法律有可能会打击我国的电子商务产业。相比较，APEC "隐私框架" 充分考虑亚太各国的文化差异和经济发展水平，规定比较笼统，作为亚太地区法律多边协调的最低要求，而且与 CBPR 的入门标准基本一致。因此，我国可以考虑根据 APEC "隐私框架" 制定全国统一的个人数据保护法律。

3. 参与国际多边协调机制

从隐私保护国际多边协调机制的格局来看，各个区域经济组织都在加强区域内多边协调的基础上产生了向外拓展的意愿，希望在构建全球隐私保护规则的过程中掌握主导权和话语权。区域经济组织的行为有时体现了其背后大国之间的博弈。例如，美国想通过 CBPR 增加与欧盟较量的筹码，欧盟通过 "安全港" 的失效对美国数据行业进行遏制。美国在与欧盟较量的过程中也进行了联手，如推动 CBPR 与欧盟 BCR 的互认，发达国家正是在这种竞争与合作的关系中重塑全球隐私规则，争夺规则的主导权。

从总体趋势来看，加强全球隐私保护是大趋势，国际多边协调机制正在从区域化向国际化发展，将来会逐渐达到完善和成熟，成为发达国家构建的另一个规则壁垒，就像现在的知识产权一样。当规则构建完毕，游离于规则之外的国家就会处处碰壁，被迫地服从新的规则，并且以行业遭受沉重打击为代价。我国是电子商务大国，跨境电子商务发展势头良好，并且正在积极向国外市场挺进，如果将来遭遇隐私规则的制裁，将对我国电子商务造成巨大的打击。作为经济发展大国，我国应主动参与国际规则的制定，增加话语权。隐私保护规则关乎我国跨境电子商务的前途，因此，我国应积极参与数据隐私保护国际多边协调机制，尽早学习规则，参与规则的制定。在上述机构化与非机构化的多边协调机制之中，APEC 的"跨境隐私则"较为适合我国的国情，我国本也属于亚太区域的大国。因此，我国要加入数据隐私保护国际多边协调机制可以从 CBPR 入手。另外，当我国建立独立数据保护当局之后，也应积极参与世界 DPA 的专业组织和大会。

第二节　交易数据的安全管理

一、跨境电子商务交易数据安全问题

（一）信息泄露

电子商务中的信息泄露表现为贸易双方的相关信息内容被攻击者窃取，如商业机密等。攻击者获取信息的方式主要有两种：一是窃听，信息在网络传送过程中，攻击者可在传输通道上对数据进行非法截获 .监听，获取通信中的敏感信息，造成网上传输信息泄露；二是通过攻击数据库服务器，即利用 WEB 程序或网络数据库的缺陷，通过多种技术手段，绕过网站系统、WEB 程序或网络数据库的安全限制，直接从网站中获取机密信息。

（二）操作系统漏洞

每个操作系统都是有漏洞的，而网络的入侵者为了在电子商务活动中得到利益，利用系统本身的安全漏洞进入系统，获取数据操作权限，从而为所欲为。那么，这些漏洞是如何产生的呢？首先是没有及时为系统打补丁，再有就是可能借助第三方软件打补丁时，在设置中，总是选择默认的最低级别。再有，就是没有为系统加强防护，如防火墙系统、入侵检测系统。还有就是别有用心的人给你下载的木马病毒。这些都是给入侵者提供了便利条件。

（三）黑客的攻击

黑客是电子商务安全中最大的危险。其目的就是窃取信息，如商业机密和个人的账号密码，以获得经济利益。而黑客也是现有安全威胁中最大的隐患。他们的攻击方法和手段之多，让人防不胜防。

二、加强跨境电子商务数据安全的保障措施

（一）加强电子商务安全管理工作

电子商务安全隐患归根到底还是人的问题，即管理问题。但是，在实际网络安全运行管理过程中人们往往只关注技术方面的安全隐患，注重技术管理，对人的管理不够重视，对网络安全中人为因素造成的安全隐患并没有做详细分析与处理，导致网络安全管理工作滞后于网络技术的发展。实际上，不管是从技术上还是从人为的操作汇总都应该由人来设计、配置、组织、管理、调整、维修等。建立一个综合性的网络管理团队，提高网络安全管理能力，为网络安全运行提供一个良好的内部环境。

（二）电子商务的安全保障技术

1. 数据加密技术

数据加密技术是为提高信息系统及数据的安全性和保密性，防止秘密数据被外部破坏所采用的主要技术手段之一。对网络传输的信息进行加密，在通道上传输密文，可以有效地防范攻击者对信息内容的真实解读。数据加密就是按照规定的密码算法，将敏感的明文数据变换成难以识别的密文数据。通过使用不同的密钥，可用同一加密算法，将同一明文加密成不同的密文。当需要时可使用密钥将密文数据还原成明文数据，称为解密。密钥加密技术分为对称密钥加密和非对称密钥加密两类。对称加密技术是在加密与解密过程中使用相同的密钥加以控制，它的保密核心主要取决于对密钥的保密。特点是数字运算量小，加密速度快，但相对地，密钥管理安全性的代价较高，一旦密钥泄露，将直接影响信息的安全。

2. 入侵检测技术

入侵检测系统可以被定义为对计算机和网络资源的恶意使用行为进行识别和相应处理的系统。它从计算机网络系统中的若干关键点收集信息，并分析这些信息，看看网络中是否有违反安全策略的行为和遭到袭击的迹象。包括来自系统外部的入

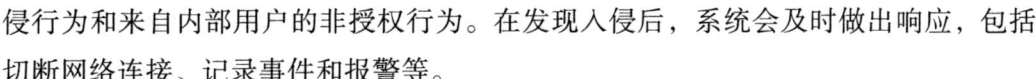

侵行为和来自内部用户的非授权行为。在发现入侵后，系统会及时做出响应，包括切断网络连接、记录事件和报警等。

3. 防火墙技术

防火墙的主要功能是加强网络之间的访问控制，防止外部网络用户以非法手段通过外部网络进入内部网络（被保护网络）。它对两个或多个网络之间传输的数据包和链接方式按照一定的安全策略对其进行检查，来决定网络之间的通信是否被允许，并监管网络运行状态。它能有效地控制内部网络与外部网络之间的访问及数据传输，从而达到保护内部网络的信息不受外部非授权用户的访问和过滤不良信息的目的。简单防火墙技术可以在路由器上实现，而专用防火墙可提供更加可靠的网络安全控制方法。虚拟专用网即是用于网络交易的一种专用网络，它通过一个公用网络建立一个临时的、安全的链接，是一条穿过混乱的公用网络的安全、稳定的隧道。

4. 个人身份认证技术

在电子商务网络平台的安全隐患之中，不法分子对数据信息的篡改比较常见，对电子商务平台的正常发展影响极大。而个人身份认证技术则可以有效地解决这一问题。个人身份认证指的是通过认证交易双方的某个参数与保存的数据的真实性与完整性，从而对交易双方进行准确的身份确认，以防止不法分子对用户的真实信息进行盗取与篡改，从而造成不必要的经济损失，并影响到电子商务网络平台的安全性。

总而言之，随着网络技术的发展与普及，跨境电子商务的发展越来越受到重视，而数据安全与电子商务有着密不可分的关系。在实际运行中，我们不能对这些安全隐患掉以轻心，必须重视它们，采用积极有效的措施解决安全隐患问题。加强网络安全运行的管理工作，提高网络安全技术，促进电子商务交易的发展。

第三节　支付工具的安全管理

近年来，随着互联网技术的进步和国内消费者需求的升级，国内对进口产品的需求呈现爆发式增长。同时，跨境电子商务交易规模的迅速扩大，则得益于跨境支付的发展。当下，在智能手机渗透率逐渐提高、支付方式不断创新和民众消费观念日益变化等因素的共同作用下，跨境电子商务和跨境支付将迎来最佳发展时机，也将有一大批企业驶向跨境支付市场的"蓝海"。当我们看到跨境支付这片"蓝海"时，也要清醒地认识到，在"海面"下时刻都会出现惊涛骇浪，危及消费者的财产安全。因此，在客观、全面审视跨境支付行业运行模式及风险的基础上，应合理、渐进式的构建跨境支付监管框架。

一、我国跨境电子商务支付现状

2000 年以来，我国第三方支付产业依托电子商务的发展，经历了从萌芽到迅速发展的过程，如今已经渗透到几乎所有的支付领域和支付场景。随着跨境电子商务的发展，新的市场需求不断被激发，新的支付场景不断出现。如海外自助游的兴起、酒店机票订购、留学教育、软件服务等服务贸易支出呼唤新的支付方式出现；国内消费者"海淘"服装、母婴用品、视频等货物贸易支出也需要支付方式的创新。跨境电子商务在实现商品和服务跨国流动的同时，必然需要资金的跨国流动，并且要实现货物流（服务流）和资金流的匹配，即跨境支付是跨境电子商务交易顺利完成的一个重要环节。

（一）跨境支付的一般模式

跨境支付是指两个或两个以上的国家或地区之间因国际贸易、国际投资及其他方面而发生的国际债权债务，求助一定的结算工具和支付系统实现的资金跨国和跨地区转移的行为。

1. 传统的商业银行跨境汇款模式

该模式可以理解为线上下单、线下支付模式，即境内消费者通过电子商务平台查询、搜索海外商品信息，挑选商户，再通过向海外商户"了解交易信息"后，发出订单信息，待消费者完成付款后，由海外商户通过国际快递发货。在此模式下，消费者需要应对海外商户的要求通过银行柜台或网上银行购汇，填写汇款申请表，按照订单金额汇入海外商户指定账户，并承担汇款后海外商户不发货等风险。

2. 第三方支付机构参与下的跨境互联网支付模式

该模式是指境内消费者通过电子商务平台提供的海外特约商户，选择自己希望购买的商品，以电子订单的形式发出购物请求，然后通过与第三方支付机构账号绑定的银行卡，支付相应的人民币给第三方支付机构即可完成付款；第三方支付机构将货款划转到境外商户的开户银行。当然，除了我们所熟知的消费者（付款人）在境内、商家（收款人）在境外交易模式"海淘"外，通过第三方支付平台进行的交易还有购买者在境外、商家在境内交易模式境外购买。这两种交易模式除了方向相反外，并无实质的不同，在此不做区分，一并讨论。

（二）我国跨境支付发展现状

1. 外贸情况

2022 年我国外贸进出口同比 2021 年增长 7.7%，据海关统计，2022 年我国货物贸易进出口总值 42.07 万亿元人民币。其中，出口 23.97 万亿元，增长 10.5%；进口 18.1 万亿元，增长 4.3%。我国货物贸易进出口总值 42.07 万亿元人民币。

从市场看，2022 年我国对东盟、欧盟等主要贸易伙伴的出口都保持较快增长。我国对东盟、欧盟、美国分别进出口 6.52 万亿、5.65 万亿和 5.05 万亿元，分别增长 15%、5.6% 和 3.7%。同期，新兴市场加速开拓，对"一带一路"沿线国家进出口增长 19.4%，占我国外贸总值的 32.9%，提升 3.2 个百分点，其中出口增长 20%，拉动整体出口增长 6.1 个百分点。我对 RCEP 其他成员国进出口增长 7.5%，对非洲、拉丁美洲出口分别增长 14.8%、14.1%。

东南亚市场发展势头较好，RCEP 发挥了一定的作用，真正实现增长的是印尼、马来西亚、新加坡、菲律宾、泰国和越南这六个国家，因为它们经济发展较好，对稳定我国外贸发挥了积极作用。一带一路沿线国家贸易一直保持着高速增长。

从产品看，2022 年我国工业制品出口增长 9.9%，拉动整体出口增长 9.4 个百分点。其中，我国机电产品进出口 20.66 万亿元，增长 2.5%，占进出口总值的 49.1%。太阳能电池、锂电池和汽车出口分别增长 67.8%、86.7% 和 82.2%。

劳动密集型产品出口也保持较快增长，上涨 8.9%，占出口总值的 17.9%。其中，箱包、鞋和玩具出口分别增长 32.6%、24.4% 和 9.1%。

2023 年经济有望总体回升：当前我国经济恢复的基础尚不牢固，外部环境动荡不安，但我国经济韧性强、潜力大、活力足，长期向好的基本面依然不变，今年经济有望总体回升，要更加坚定推动外贸稳规模、优结构的信心。

2. 跨境支付行业情况：机遇与挑战并存

"跨境支付是跨境电商行业最具变数的市场之一。一方面跨境电商市场规模不断扩大，跨境支付行业作为刚需自然也跟着壮大；另一方面，巨大的市场吸引了各类企业的加入，迅速增加的企业数量也导致了恶性竞争的发生。"

除了第三方跨境支付公司在不断发展，各大电商平台也逐渐推出了自己全新的支付收款方案，不过第三方支付公司并不会因为官方平台推出自己的支付手段而受到很大的影响，这主要由跨境电商卖家的三个需求层面的性质决定的。

（1）卖家需求的多样性。虽然亚马逊等电商平台推出了官方收款服务，但仍会有不少卖家使用第三方跨境支付公司的收款服务，这些服务也不会因为有官方服务的出现而消失，因为跨境电商卖家的需求是多样化的。

（2）卖家需求的动态性。跨境电商卖家对支付的需求是动态发展的。早期的跨境卖家可能主要依靠平台开店，但现在的销售渠道越发丰富，不仅电商平台，还有不少的独立站建站平台都可以成为卖家发展个人品牌的渠道。不同平台就会用到不同的支付手段，这就要求跨境支付企业能根据不同的要求提供相应的收付款解决方案。

（3）卖家需求的多场景性。现在跨境电商卖家会涉及给国内外供应商进行付款，还会给各类跨境服务商付款，有的款项是在国内支付，有的款项是在海外支付，这个时候需要跨境支付公司能实现收付的一体化。跨境电商行业的市场非常大，不是一家公司就能把整个蛋糕给吃掉，因此良性竞争是对行业有利的。

二、跨境电子商务支付面临的主要风险

跨境电子商务和跨境支付在迎来最佳发展的同时，也会滋生一系列风险，主要包括以下方面：

（一）交易真实性识别风险

跨境电子商务支付关系到个人和企业交易的资金安全和信息安全，涉及金融稳定。相对目前较为成熟的银行监管系统，通过支付机构进行支付的交易难以保证其真实性。交易的真实性是跨境电子商务运行和发展的生命线。若非如此，跨境电子商务交易平台可能会沦为欺诈盛行之地，成为逃避监管的法外"飞地"和跨境洗钱、网络赌博、贪污贿赂、网络诈骗等各种犯罪滋生的温床。

交易真实性包括交易主体的真实性和交易内容的真实性。与一般进出口贸易相比，跨境电子商务支付的真实性更加难以把握，主要有以下两方面的原因：从交易主体方面来说，第三方支付机构缺乏身份识别的有效手段，很难做到"了解你的客户"。按照2015年1月国家外汇管理局发布的《关于开展支付机构跨境外汇支付业务试点的通知》（汇发〔2015〕7号）（以下简称"7号文"），第三方支付机构负有对客户身份真实性审核的义务。但是，因以下几个方面的原因，第三方支付机构目前还难以履行此义务：一是第三方支付机构目前尚未使用公安部的身份联网核查系统，难以确保个人身份信息的真实性；而且对重号身份证、一代身份证、虚假身份证、转借身份证等也缺乏有效的甄别措施。二是境外客户的身份审查更加困难。困难之一是境外客户是否配合提供身份信息；困难之二是审核人员缺乏有效手段对诸如客户的职业、收入情况、通信地址等信息进行核实。三是对法人客户身份信

息的审核存在漏洞。审核机构对组织机构代码证等的过期、失效、吊销、作废缺乏有效的监督手段和监督工具。支付机构常用的通知更新手段是打电话、发邮件等，但经常遇到电话无法接通等无法联系到法人客户的情况。由于第三方支付机构的法人客户众多，又牵涉海外商户，此问题不容小觑。国家外汇管理局在贸易背景真实性审核方面有具体的要求，但跨境交易的内容真实性审核也同样存在一定困难。由于第三方支付平台获取境外客户的实际控制人股权结构等信息存在困难，难以判断客户的财务状况、经营范围与资金交易情况是否相符。

因此，无法核实跨境交易金额和交易商品是否匹配。加之，对境外客户进行尽职调查的成本相对较高，造成审核工作流于形式。网上交易的部分商品或服务属于虚拟产品，对虚拟产品如何定价缺乏衡量标准，有可能出现以跨境支付为幌子向境外非法转移资金，为境内账款转移到境外提供便利渠道，还有可能出现网络诈骗和欺诈交易。国际上比较先进的支付机构如 PayPal 账户的功能已经不再局限于跨境电子商务平台。对买卖双方基于邮件联系达成交易而产生的付款请求，此邮件信息是否能够被认定为交易真实性的材料，目前这一问题还没有答案。支付机构可以通过比对订单信息、物流信息、支付信息等方式，确认现金流与货物流或服务流是否匹配，但这同样存在一定困难。从信息获取渠道角度看，电子商务平台和支付平台是两个不同的主体，支付机构仅负责支付事项，并不掌握订单信息和物流信息；从信息质量角度看，支付机构从电子商务平台和物流公司获取的信息可能滞后，信息的准确性也受到影响。总之，第三方支付机构审核跨境交易的内容真实性和主体真实性都存在不少困难，跨境电子商务支付存在交易真实性识别风险。

（二）洗钱和资金非法流动风险

（1）根据我国《反洗钱法》的规定，履行反洗钱义务的主体包括金融机构和特定的非金融机构，第三方支付机构作为非金融机构负有反洗钱的义务。《支付机构反洗钱和反恐怖融资管理办法》是中国人民银行对支付机构制定的规章，但并未明确规定跨境电子支付中的反洗钱内容，第三方支付机构跨境支付缺少直接的具体规定和规范指引。

（2）对如何甄别洗钱和合法资金流动缺乏可靠手段。同一个跨境交易主体既在境内注册成为第三方支付机构客户，又在境外注册成为海外商户，或者境内机构客户通过在境外设立关联公司的方式，自己与自己交易，绕过国内外汇管理限制，进行跨国资金转移、洗钱等。跨境支付有可能沦为"网上地下钱庄"活动的舞台。

（三）备付金管理风险

第三方支付的主要优势在于通过支付机构的自身信用来弥补交易双方信息不对称造成的信用缺失问题。付款方首先把资金汇入支付机构，在支付机构得到付款方付款确认后，根据支付机构支付规则，付款方默认付款，支付机构再支付给收款方。因此资金不可避免地会在支付机构账户上有一定时间的停留而成为沉淀资金。资金在"非金融机构"沉淀有可能产生诸多风险：一是资金被挪用的风险。在跨境支付业务中，因信息不对称，监管部门难以掌握支付机构备付金管理和使用情况，支付机构也无须缴纳存款准备金，支付机构可以轻易挪用客户备付金，备付金被挪用的风险加大。二是流动性风险，在跨境支付业务中支付机构需要在不同备付金账户之间，包括境内外不同备付金账户之间进行资金调度，以满足正常的客户资金结算需要。支付机构操作失误、调度不及时等可能会造成结算资金不足，引发流动性风险，尤其是涉及境内外账户之间的资金调度，因结算周期长、业务操作复杂等因素，支付机构面临更大的流动性风险。7号文第四章用五个条文专门规定了账户管理问题要求"支付机构应将客户外汇备付金账户资金与自有外汇资金严格区分""支付机构为客户办理结售汇及跨境收付业务均应通过外汇备付金账户进行""外汇备付金账户不得提取或存入现钞，不得在无交易情况下预收、预存"等。

（四）逃避个人结售汇限制的风险

我国目前的资本项目尚未完全放开，经常项目基本处于可自由兑换。但对个人结售汇实行年度限额管理，个人年度结售汇限额不超过等值5万美元。通过第三方支付机构进行的跨境支付境内消费者在完成订单确认后向第三方支付机构付款，再由第三方机构向银行集中购汇，银行再按照第三方支付机构的指令，将资金划入目标账户。一方面，第三方支付机构只能获取交易双方有限的交易信息，如订单号、银行账号等，银行无法获取个人信息，这样就很难执行个人年度结售汇管理政策。另一方面，如何认定分析结售汇也存在一定困难。

从国家外汇管理局前期试点监测情况来看，试点业务多为C2C个人"海淘"等小额交易，人均结售汇金额不足60美元。境内消费者一天之内几次或十几次小额购物，算不算分析结售汇。对此，大多银行并没有按照国家外汇管理局颁布的《关于进一步完善个人结售汇业务管理的通知》的规定进行业务办理，就是说默认了PayPal等支付企业使用虚拟电子账户来识别用户，对银行账号和信用卡账号保密，屏蔽资金的真实来源与去向。这将影响国际收支核查工作的有效性，银行无法正常履行相关部广的规定，不利于跨境电子商务支付在国际收支方面的申报。

（五）国际收支的申报管理监测风险

（1）支付机构成为国际收支申报主体，这一情况既存在"越位"的问题，又存在"缺位"的问题，支付机构的定位不甚明确。7号文第十二条规定："支付机构应当根据本指导意见要求报送相关业务数据和信息，并保证数据准确性、完整性和一致性。银行应按照国际收支申报及结售汇信息报送相关规定，依据支付机构提供数据进行相关信息报送。"支付机构在跨境的外汇收支管理中，实际上承担着与银行类似的职责，既要执行外汇管理政策，又要监督交易行为，也就是说支付机构既是运动员又是裁判员。

（2）支付机构是以营利为目的的商业企业，让其承担管理职责存在义务和权利的冲突，容易滋生监管缺位和监管腐败问题。另外，因《外汇管理条例》没有规定跨境支付结售汇的具体内容，支付机构的法律地位也缺乏上位法的依据。外汇收支统计中存在问题。由于支付机构直接充当跨境电子商务的收付款方，境内外交易主体不发生直接的资金收付行为，因此，国际收支申报的收付款主体是支付机构，而不是实际的交易双方，申报时间与资金实际的跨境收支时间不吻合，增加了监测难度，并为以后的调查审核工作带来了不可估量的难度。

（3）实名认证系统不完善。一方面，国家外汇管理局对支付机构的用户，包括跨境电子商务企业和个人，没有进行实名认证管理，无法核实企业是否具有对外贸易经营权，并且部分从事跨境电子商务交易的企业未办理外汇收支企业名录登记。这样就增加了后续管理的难度，可能造成货物贸易总量核查出错。国家外汇管理局仅对支付机构进行了实名认证管理，但是，认证后这些用户名单并没有直接进入外汇监管系统，给监管带来不便。因此，就存在另一方面的问题，即支付机构对企业和个人用户没有进行区别管理。而实际上，个人项下资金流动相应的申报和审核标准有别于企业。如果两种主体的资金没有进行严格区分和监测，监管难度同样会加大。

三、我国跨境电子商务支付的监管现状

跨境支付行业在进一步发展壮大的同时，若没有相应监管配套措施的跟进，必将滋生一系列风险，制约其繁荣、有序发展。因此，在客观、全面审视跨境支付行业运行模式的基础上，需以发展和创新为理念，合理、渐进地构建跨境支付监管框架。

金融市场具有风险易传导、波及面广、涉及金额较大等特点，尤其是在金融市场全球化、混业经营已经成为趋势的背景下，系统性风险像一把"达摩克利斯之剑"，悬在各国监管机构的头顶。监管机构对金融市场的监管可谓用心良苦、极为谨慎努力地在保持金融稳定和防止产生金融抑制之间寻求平衡。跨境支付市场是新生事物，也是金融市场的一部分，如何在促进跨境电子商务发展的同时，保持金融稳定，不出现系统性风险，同样考验着我国监管机构的监管水平。2012—2016 年，我国相关监管机构发布了一系列针对跨境支付的监管规定和政策，反映了监管机构对发展跨境电子商务的重视，以及对跨境支付市场发展的谨镇态度。

（1）2012 年 12 月，中国人民银行表示将在支付系统中增加跨境支付清算功能。

（2）2013 年 2 月，国家外汇管理局制定了《支付机构跨境电子商务外汇支付业务试点指导意见》，在上海、北京、重庆、浙江、深圳等地区开展试点，允许参加试点的支付机构集中为电子商务客户办理跨境收付汇和结售汇业务。

（3）2013 年 3 月，《银行卡收单业务管理办法（征求意见稿）》中增加了跨境支付管理的相关条款。

（4）2013 年 3 月，全国政协委员、国家邮政局局长马军胜在全国政协十二届一次会议上提交提案指出跨境网购在跨境支付、进出通关、退（征）税、结汇以及跨境寄递等方面的阶段性障碍亟待突破。

（5）2013 年 9 月，支付宝、财付通、快钱、汇付天下等 17 家第三方支付企业获得跨境支付业务试点资格。

（6）2014 年 7 月，试点支付机构增至 22 家；2015 年 1 月，国家外汇管理局在总结五地试点经验的基础上，正式下发了《关于开展支付机构跨境外汇支付业务试点的通知》（汇发〔2015〕7 号）。本次试点以"试机构，不试地区""守住风险底线，拓宽业务范围"为原则，将试点推广至全国，进一步扩大了服务贸易种类及单笔交易金额上限。

（7）2015 年 3 月，国务院批复浙江省政府，下发《关于同意设立中国（杭州）跨境电子商务综合试验区的批复》（国函〔2015〕44 号）；2015 年 5 月，国务院下发《关于大力发展电子商务加快培育经济新动力的意见》（国发〔2015〕24 号）。

（8）2015 年 6 月 20 日，国务院办公厅正式下发《关于促进跨境电子商务健康快速发展的指导意见》，提出完善电子商务支付结算管理的要求。

（9）2016 年 1 月 15 日，国务院下发《关于同意在天津等 12 个城市设立跨境电子商务综合试验区的批复》（国函〔2016〕17 号）。总体来看，现有相关规定主要是国家外汇管理局单独制定政策，而其主要考虑的是外汇管理政策的执行情况，对报关、货物和服务贸易真实性审核、第三方支付机构管理、用户身份管理等缺乏管理经验，难以制定详尽而有效的管理规定。也就是说，单靠国家外汇管理局一家专业性机构，难以监管涉及多个监管部门的规定和政策，制定的规定和政策往往是相互割裂和片面的，也难以形成监管合力。

第四节　税收监管的安全管理

一、跨境电子商务税收问题及对策

跨境电子商务的最大特点在于通过电子商务平台达成交易，继而借助快递、邮寄等方式通过跨境物流送达商品、完成交易的商业活动，因而有着全球性、无形性、匿名性、即时性、无纸化等特征。而其与传统货物流转方式最大的不同之处还在于货物及服务进出口不一定 都经过海关监管，如邮寄。因此，海关和税务部门也不能完整或很难完整掌握到电子商务企业出口的确切信息量。

根据我国进出口税收政策规定，只有通过海关签发的出口货物报关单出口的跨境交易货物，才能退还增值税和消费税。目前跨境电子商务主要通过快递、邮寄等方式出口，首先这些方式是否都在海关监管之下出入境，其次跨境电子商务发生的行为如何适用进出口税收政策，税务部门如何监管。再者从事电子商务企业如何办理相关业务和备齐资料，这些都是跨境电子商务行为过程中需弄清楚的。从最早推行跨境电子商务的杭州市来看，杭州市在 2013 年 7 月设立了中国（杭州）跨境电子商务产业园，目前推行的出口业务模式为"清单核放、汇总申报"，利用信息化手段实现通关全程无纸化，使得企业能快速且规范的结汇和办理出口退税。从园区运作看，海关、外管、检验检疫、税务等部门与电子商务企业一起入驻，这样电子商务企业就能很方便地享受一站式服务 。

上海海关对跨境电子商务也主要以"清单汇总报关"监管，目前的一些中小型电子商务为节省成本大都将商品作为个人物品，以快件或邮寄方式通关，因此，海关要求电子商务以月度为单位在系统进行集中申报，海关按一般出口货物监管。

2013 年 9 月，广州市获批为跨境电子商务试点城市，海关总署批复，同意广州在 B2C 一般出口（邮件、快递）B2B2C、保税出口、B2B 一般出口三类业务进行跨境贸易电子商务服务试点。广州市与国内其他城市不一样的地方在于，其他城市要求电子商务企业直接与海关对接，这对一些未接触过外贸业务的企业有困难，广州市则明确有外贸经营业务的服务企业对接海关，将跨境交易和跨境服务区分开来，分工更科学。

二、跨境电子商务税收需重视的问题

从上述我国跨境电子商务运作的几种方式看，跨境电子商务是依据互联网、快递邮寄等基础而发生的商业行为，但实际上它们都是经济全球化的一个链条而已，因而从范围来看，电子商务已实现在任何地方、任何时间都可以做到货物和资金双向流动。而由于互联网的介入，原来由人进行的商业活动则更多地依赖于软件和机器来完成，由传统的返回模式变为直接模式，使得电子商务在距离和时空上占有优势，同时网上交易被无纸化操作和匿名所取代，电子商务呈现出流动性、隐蔽性的特点，这既对传统商业模式带来冲击，也对税收监管带来一些新的问题，应引起重视。

（一）适应电子商务新变化、进一步完善税制

电子商务包括跨境电子商务的交易新方式，改变了货物的固有存在形式，交易对象被转换为"数字化信息"在网上传递，这对税收的"属地原则"和"属人原则"都会带来新的变化。

同时，电子商务信息易于传递、复制、修改及变更等特征又使得电子商务所得划分困难重重，因而现行增值税、消费税、所得税、关税等条例应增加对电子商务征退税的相关条款，进一步完善相关税收政策，以适应电子商务的发展，如财税字〔2013〕96号文下发后，一些企业反映，跨境电子商务出口企业难以取得增值税专用发票，一些电子商务企业从小规模纳税人处购货就因其无法开具增值税专用发票又不到税务机关代开而出现链条断裂办不到出口退税问题。还有的电子商务企业一般都是先发货再申请汇总报关，这样再依据报关数取得增值税专用发票，而销售方认为这种方式与实际货物可能会出现不一致。

（二）紧跟电子商务新特点，进一步加强税收征管

传统税收征管是在有形凭证上进行的，电子商务则以电子凭证出现并传递，使得修改容易、删除不留痕迹、无原始凭证，税收征管失去最直接的实物对象，还有纳税人可用超级密码来掩藏有关信息等，都会对税收征管带来新的困难。对此，税务部门要加紧开发应用有助于适应电子商务税收征管的软件，以提高对电子商务的税收监控能力。同时，要加强与工商、金融等部门合作，密切信息交流，建立起有效的管理平台。

税务部门应掌握电子商务企业的经营和网上交易情况，了解逃避税收的方式信息，以防止电子商务企业偷逃税款，维护国家正当权益。

跨境电子商务涉及税收包括出口货物征退税，而电子货币支付方式会出现匿名交易、货款来源隐瞒、供货途径不详等问题，从而对办理跨境电子商务出口退（免）税造成困难。

（三）关注电子商务新趋势，进一步提高税收效能

1.防范税收流失

电子商务的高流动性和隐匿性使得征税依据难以取得，电子商务企业可以变换在互联网的站点，选择在低税率或免税国家设立站点，以达到避税的目的。电子商务的发展还促进了跨国公司集团内部功能的重新构造和一体化，使得跨国公司操纵转让定价、从事国际税收筹划更为容易。

2.强化货币支付的监控

无论何种交易方式，最终都要结算和支付货币。因此要明确规定交易结算中介的法律责任，企业有保存电子商务交易电子记录的义务，以从根本上确保税务机关的监控手段和能力。

3.加快提高税务干部素质

要顺应时代潮流，税务管理除了自身业务外，电子商务相关的新知识和业务也在不断更新和变化，对此，税务部门要大力培养既懂税收业务知识，又懂得电子商务网络知识的复合型人才，使税收监控走在电子商务的前面。

【思考题】

（1）隐私保护国际协调机制有哪些？

（2）跨境电子商务交易数据安全问题有哪些？

（3）跨境电子商务支付面临的主要风险有哪些？

（4）跨境电子商务税收问题及对策有哪些？

参考文献

[1] 曹春花，孟彧，贲晓婧，等.跨境电商运营实务 [M].武汉：华中科技大学出版社，2020.

[2] 余敏，刘柳锋.跨境电商运营实务 [M].厦门：厦门大学出版社，2022.

[3] 魏异生，王冠辰.跨境电商运营实务 [M].广州：广东旅游出版社，2019.

[4] 张南雪.跨境电商运营实务视频指导版 [M].北京：人民邮电出版社，2022.

[5] 刘瑶.跨境电商运营实务微课版 [M].北京：人民邮电出版社，2021.

[6] 阿里巴巴商学院.跨境电商运营实务跨境营销、物流与多平台实践 [M].北京：电子工业出版社，2019.

[7] 杭晨，张凤久，秦臻.跨境电商运营与管理实务 [M].长春：吉林人民出版社，2021.

[8] 孟盛，邓隽，丁红朝.跨境电商亚马逊运营实务 [M].北京：中国人民大学出版社，2019.

[9] 余以胜，吕星海，杨泽乾，等.全国跨境电商十三五系列教材跨境电商实务速卖通运营与实操 [M].北京：人民邮电出版社，2022.

[10] 黄军明.电子商务实战系列规划教材跨境电商实务速卖通平台运营实战 [M].北京：电子工业出版社，2019.

[11] 王瀚晨，赵云双.中小型外贸企业跨境电商业务运营现状及对策分析 [J].中国储运，2023（3）：103-104.

[12] 陈雨欣，莫丽娅.陕西特色工艺品跨境电商语言服务运营平台研究 [J].现代营销（上

旬刊），2023（2）：153–155.

[13] 本刊讯.盐田港跨境电商运营中心启用 [J].中国航务周刊，2022（51）：28.

[14] 王尧彬.S跨境电商平台商家服务优化研究 [D].上海：华东师范大学，2023.

[15] 朱田秀.我国跨境电商企业的运营风险及防范 [J].商场现代化，2022（22）：22–24.

[16] 陈美荣.基于PGSD能力分析模型的《跨境电商运营数据采集》课程标准开发[J].营销界，2022（21）：60–62.

[17] 徐娟娟.跨境电商运营数据指标评价模型分析 [J].广东开放大学学报，2022（5）：106–112.

[18] 张兰月，申帅.互联网＋电子商务与供应链金融下的跨境电商项目运营探讨 [J].湖北开放职业学院学报，2022（19）：109–111.

[19] 林佳，石建斌.区域跨境电商综合试验区运营优化策略研究：以崇左跨境电子商务综合试验区为例 [J].柳州职业技术学院学报，2022（5）：33–37.

[20] 魏晖荣.后疫情下中小型跨境电商企业运营困境及对策研究 [J].经济师，2022（10）：286–288.

[21] 林洁.应用型本科"跨境电子商务"模块化教学改革与探索：以郑州经贸学院为例 [J].教书育人（高教论坛），2022（27）：98–101.

[22] 陈幸吉.自贸区背景下泸酒企业跨境电商发展策略研究 [J].对外经贸，2022（9）：14–17.

[23] 朱丽丽.跨境电商独立站运营策略研究 [J].商场现代化，2022（17）：31–33.

[24] 汪琼.跨境电商综试区模式下校政企联合培养跨境电商运营人才路径探究 [J].教育信息化论坛，2022（9）：87–89.

[25] 刘莉.全球跨境电商运营中心建设路径分析 [J].对外经贸，2022（8）：26–29.

[26] 史小俊.传统企业向跨境电商转型的模式及运营机理探究 [J].中国市场，2022（24）：186–188.

[27] 程思静，裴雨.中国跨境电商现状及发展对策分析 [J].投资与创业，2022（15）：41–43.

[28] 蒋建华.跨境电商独立站建设探讨 [J].科技经济市场，2022（8）：145–147.

[29] 宋海东.中国首个跨境电商出口嵌入式监管改革试点落地运营 [J].中国航务周刊，2022（32）：21.

[30] 郭粒粒."非遗"保护的创新性路径：大学生跨境电商项目助力"非遗"保护与运营 [J].文教资料，2022（14）：139–142.